社会学概论

李毅 著

不一样的视角　不一样的说法

旅美博士李毅继《中国社会分层的结构与演变》之后又一力作

暨南大学出版社
JINAN UNIVERSITY PRESS
中国·广州

图书在版编目（CIP）数据

社会学概论/李毅著. —广州：暨南大学出版社，2011.3（2012.2 重印）
ISBN 978-7-81135-656-4

Ⅰ. ①社… Ⅱ. ①李… Ⅲ. ①社会学—概论 Ⅳ. ①C91

中国版本图书馆 CIP 数据核字（2010）第 192864 号

出版发行：暨南大学出版社

地　址：中国广州暨南大学
电　话：总编室（8620）85221601
营销部（8620）85225284　85228291　85228292（邮购）
传　真：（8620）85221583（办公室）　85223774（营销部）
邮　编：510630
网　址：http://www.jnupress.com　http://press.jnu.edu.cn

排　版：暨南大学出版社照排中心
印　刷：广州市怡升印刷有限公司

开　本：787mm×1092mm　1/16
印　张：17.25
字　数：442 千
版　次：2011 年 3 月第 1 版
印　次：2012 年 2 月第 2 次

定　价：32.80 元

献给祖国

献给世界一流的中国社会学

1985年1月26日，全国政协副主席与全国各省、自治区、直辖市政协提案工作座谈会代表合影。

前排左起：茅以升博士，缪云台先生，陈再道上将，董其武上将，胡子昂先生，杨静仁副总理，萧华上将，杨成武上将，包尔汉先生，费孝通博士。后排右起第六人为本书作者。

代序　国际社会学视角下的中国社会变革*

新中国六十年顽强奋进，改革开放三十年乘风破浪，使人类社会历史走到了一个转折点。目前中国社会变革的三大当务之急是：尽快把生产模式转变为以自主创新为主，尽快改革城乡隔离、地区隔离的户口制度，尽快颁行《官员财产申报法》和实施党员遗产限额。

今日世界，美国经济总量第一，这并非人类社会的常态。秦汉以降两千多年，中国经济总量世界第一是人类社会的常态。中国经济总量约占世界三分之一，人口约占世界三分之一，一直是人类先进生产力的代表、人类科技教育的高峰、人类文明的灯塔。两三百年的罗马帝国只是昙花一现。直到 1830 年前后，欧洲经济总量才超过中国。直到 1865 年前后，英国经济总量才超过中国。直到 1900 年前后，美国经济总量才超过英国。美国迄今在经济总量方面做了 110 年世界第一。

2010 年	GDP（万亿美元）	人均 GDP（美元）
世界	61.93	8 985
美国	14.62	47 132
中国大陆	5.74	4 283
日本	5.39	42 325
德国	3.31	40 512
法国	2.56	40 491
英国	2.26	36 298
意大利	2.04	33 828
巴西	2.02	10 471
加拿大	1.56	45 888
俄国	1.48	10 521
印度	1.43	1 176
西班牙	1.37	29 875
澳大利亚	1.22	54 869
墨西哥	1.00	9 243
韩国	0.99	20 165
中国台湾	0.43	18 303
中国香港	0.23	31 799

资料来源：

1. http：//www.nationmaster.com/encyclopedia/List-of-countries-by-GDP-（nominal）。
2. http：//www.nationmaster.com/encyclopedia/List-of-countries-by-GDP-%28nominal%29-per-capita。

* 本文为中国教育部科研项目【2008】890 号“国际社会学的学科建设”初步成果之一。

1840年之后，中国百年国耻。东方红，太阳升，中国出了个毛泽东。1949年之后，以朝鲜战争和“两弹一星”为标志，中国重新站立起来了。1960年，中国经济总量世界第四。[①] 2007年，中国经济总量超过德国，成为世界第三。2008年出现的美、日、欧金融危机、经济危机，加速了中国超日赶美的进程。2010年，中国经济总量超过日本，成为世界第二。目前国际学术界普遍认为，不久的将来，中国经济总量可能超过美国，重回世界第一。之后有可能长期保持世界第一。如果中国经济总量能够如期超过美国并长期保持第一，那么，后代人回过头来看，几千年整个人类社会的历史就基本上是一个中国经济总量世界第一的历史。1865年之后的100多年，只不过是几千年中国第一的整个人类社会历史的一个变态。

今日中国和美、日、欧相比最落后的地方，就是不能全面自主创新。今日中国每个对外开放产业的前5名都由外资公司占主导。今日中国28个主要产业中，外资已主导21个产业。[②] 外国人有的，中国人要有，外国人没有的，中国人也要有。中国一定要有自己的装备制造业，要有自己的计算机硬件、软件，要自己建北斗系统，自己造大客机，自己造航空母舰，自己造品牌汽车，自己造品牌药品，自己造品牌手机，自己造高速列车，自己造核电站，自己造海上钻井平台，自己搞环保技术。要有100个世界500强企业，要有20所世界100强大学。要有先进的国防工业，要有自己的太空武器体系、电磁武器系统，要自己造第五代战机，要自己造先进潜艇，要自己造中国的太平洋舰队、印度洋舰队、大西洋舰队，要自己造航天飞机，要自己制造运行太空空间站……做不到这些，就不能在实质上赶上美国，对人类就没有大的贡献。任务带学科，只要大搞自主创新，教育水平、科技水平、文化水平，都会水涨船高。中国现在有足够的钱、足够的人才全面自主创新，完全可以为所当为。中国之所以内需不足、储蓄率过高、外汇储备过大、本科生研究生就业难，一个重要原因，就是各行各业都没有把自主创新、赶超世界先进水平作为主要战略目标。搞不成自主创新，从长远讲，经济、军事、政治、外交、文化、教育，都将受制于人。搞不成自主创新，就会继续做世界加工厂，不仅中国品牌不能进入世界市场，中国市场还会被更多的外国品牌所占领；水污染更严重，更缺水，更缺土地，更缺电，空气质量更坏，蓝领相对更多，白领相对更少，贫富差距更大。在路线、方针、政策上，一定要尽快把一切向钱看转变为一切向自主创新、赶超世界先进水平看，刻不容缓。

中国城乡收入差距为5~8倍，东、中、西部收入差距越拉越大，内需不足，储蓄率过高……最主要的原因，是现行户口制度造成城乡隔离、地区隔离，直接阻碍了中国城市化的正常发展。当前中国的城市化进程落后于中国工业化进程大约20个百分点，这直接缩小了全国商品市场、全国资金市场、全国劳务市场的规模，直接缩小了中国的内需市场，直接压缩了中国工业化的规模和速度，直接减缓了中国的社会经济发展，直接降低了中国产值的总量和增长速度。“2004年城镇高中、中专、大专、本科、研究生

---

① 国家统计局：《新中国60年》，中国统计出版社，2009年，第601页。

② 孙学文：《中国29年来对外开放、创办三资企业的分析研究报告》，http://www.wyzxsx.com/Article/Class4/200806/40986.html。

学历人口的比例分别是乡村的3.4倍、6.1倍、13.3倍、43.8倍、68.1倍。”① 中国人因为户口差异而生来不平等的情况日趋严重。1985年取消粮票的时候，改革现行户口制度的时机就完全成熟了。25年过去了，还没有实质性的改变，非不能也，是不为也。消灭城乡隔离、地区隔离，刻不容缓。

腐败问题，关乎人心向背。如果失控，就会亡党亡国。当今世界，在理论上、实践上，限制腐败，有两个很好的办法，一个是实施《官员财产申报法》，一个是实施党员遗产限额。在中国实施《官员财产申报法》，依法申报家产，依法追究来历不明家产，对中国解决腐败问题所起的原子弹一般的巨大作用，可想而知，颁行《官员财产申报法》刻不容缓。对党员实施遗产限额，多出限额部分交党费，就可以在制度上保证党员的廉洁，特别是各级党员领导干部的廉洁，从而保证党的长期执政地位。

笔者认为，中国有三条道路。第一条道路，走苏联和南斯拉夫的道路，土崩瓦解，万劫不复。第二条道路，走拉美化道路，虽然经济总量超过美国，但不能自主创新，变成一个大墨西哥，在经济、军事、政治、文化、教育各方面，成为发达国家的附庸。第三条道路，走自强之路，真正重回世界第一。自主创新，建立世界经济强国；自力更生，建立世界军事强国；敢打国际货币战争，使人民币尽快和美元、欧元、日元一样成为世界主要货币之一，建立世界金融强国；加强民主法制，尽快颁行《官员财产申报法》和实施党员遗产限额，建立世界政治强国；尽快改革现行户口制度，消灭社会隔离，建立和谐社会；高举中国大旗，建立世界文化强国；解决台湾问题，完成祖国统一大业。

物竞天择，谋事在人。自从盘古开天地，三皇五帝到如今，正如毛主席所说，“中华民族有同自己的敌人血战到底的气概”，这种气吞山河的英雄气概，就是中华民族的浩然正气。中国能不能真正重回世界第一，能不能长期保持世界第一，主要在于能不能继承和发扬中华民族的浩然正气。秦皇汉武，缔造中国，开疆拓土，二百多年，尸积成山，血流成河，扫灭六国，荡平匈奴，消灭封建制度，创立民族国家，承前启后，继往开来，为中国领先世界两千年的辉煌奠定了基础。缔造新中国同样辉煌悲壮，高举毛泽东的旗帜，长征两万五千里，设伏平型关，攻上孟良崮，打下济南府；跨过鸭绿江，拿下汉城，守住上甘岭；三年半建成现代工业体系，1956年造出战斗机，1962年边境自卫反击，搞出“两弹一星”，完成三线建设，修通成昆铁路，凿出红旗渠；把中国人均寿命从1949年的30多岁提高到1976年的60多岁；形成美、苏、中“大三角”。从秦汉雄风、盛唐气象，到毛泽东的旗帜，中华民族有气吞山河的浩然正气。中国今后无论有多少艰难险阻，无论有多大的困难，无论有多大的牺牲，只要世世代代继承发扬中华民族的浩然正气，敢于亮剑，就一定能够把中国建设成为经济强国、军事强国、金融强国、政治强国、文化强国，统一祖国，真正重回世界第一，并长期保持世界第一。

李　毅

2010年7月23日于洛杉矶

---

① 国务院发展研究中心课题组：“我国城镇化体制机制问题及若干政策建议”，2007年，http://www.drcnet.com.cn/DRCnet.common.web/DocView.aspx? ChnID=7&LeafID=1&DocID=1617326。

目　录

第二编　社会学手段

第三编　社会体制

第一编 理论与方法

重现罗马帝国的辉煌，一直是西方文明的最高理想。拿破仑之前，西方世无英雄。拿破仑雄才大略，想在工业革命的基础上建立自己的“罗马帝国”，但为时已晚。当时，欧洲主要民族国家大都成形。语言文化，差异甚大。英俄两国，均为强权。拿破仑遂注定失败。英国从不追求称霸欧洲，五百年来一直以破坏欧洲统一为“最高国策”。俄国自知落后，从彼得大帝开始，努力追赶。俾斯麦很务实，只求德国统一，在欧洲搞大国平衡。斯大林可能在脑子里闪过这个念头，这从莫斯科世界首都般的宏伟布局可见一斑。

第一章　什么是社会学

本章将简要讨论以下几个问题：社会学是一门什么样的科学？什么是社会学想象力？社会学主要有哪些分支学科？社会学概论的主要内容是什么？本书的主要内容是什么？

第一节　社会学的性质与学科体系

社会学是对社会作整体研究的科学。科学可以分为自然科学、社会科学、人文科学。简单说来，社会学是经济学、法学、社会学、政治学四大社会科学之一。在社会科学内部，经济学研究经济，法学研究法律，政治学研究政治，那还要社会学来做什么呢？与经济学研究经济、法学研究法律、政治学研究政治不同，社会学把人类社会作为一个整体来研究。

社会学可以分为普通社会学和分科社会学两大部分。普通社会学研究整个社会的整体规律，可以分为三个层次：研究一切社会形态的整体发展一般规律的“一般社会学”；研究某种社会形态的整体发展特殊规律的“特殊社会学”或“形态社会学”，如农业社会社会学、发展中国家社会学、发达国家社会学；研究某一特定社会的整体发展个别规律的“个别社会学”，如中国社会社会学、美国社会社会学。如下图所示，这三个层次之间存在着双向关系。从个别上升到特殊，从特殊上升到一般，一般指导特殊，特殊指导个别。关于社会学的性质，本书采用陈烽先生的观点。

分科社会学是对社会的某一部分作整体性研究的学科。主要包括：社会学史、社会学理论（含发展社会学）、国际社会学、社会研究方法（含历史社会学、比较社会学）、分层社会学、组织社会学、人的社会化、经济社会学、政治社会学、军事社会学、社会保障学、教育社会学、民族社会学、宗教社会学、家庭社会学与性社会学、城市社会学、农村社会学、人口学、环境社会学、社会运动与群体事件研究、社会管理学、法律社会学（含越轨社会学、犯罪社会学）、人类学，等等。

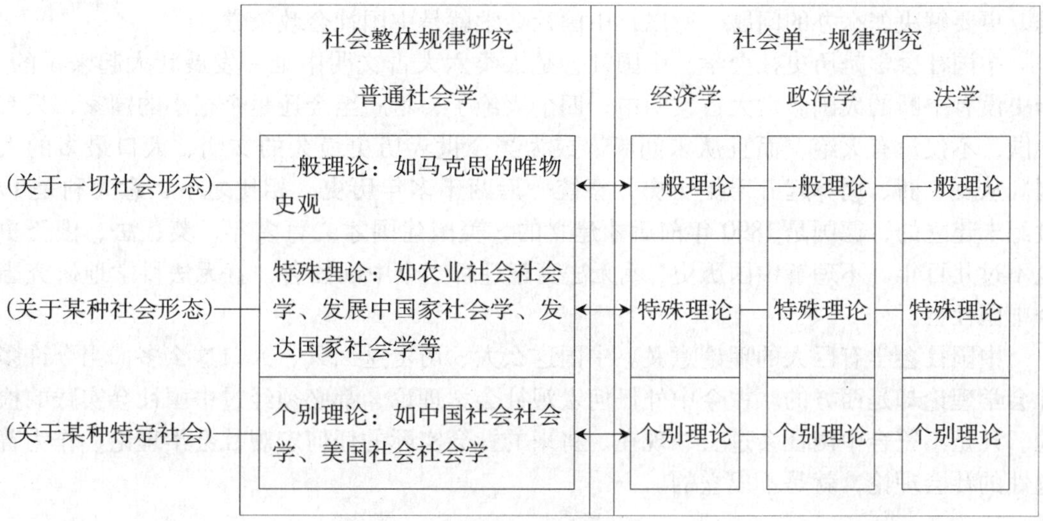

普通社会学与其他社会科学的关系图

第二节　社会学与其他科学的关系

社会学处于社会科学的中心地位。普通社会学对其他社会科学作总体综合，分科社会学对其他社会科学作局部综合。如上图所示，普通社会学与其他社会科学的关系，是研究社会整体发展规律与研究社会某一方面、某一领域的发展规律的关系。普通社会学对其他社会科学具有整体对局部的指导意义，其他社会科学则是它整体综合研究的基础。一般社会学指导其他社会科学的一般理论；特殊社会学指导其他社会科学的特殊理论；个别社会学指导其他社会科学的个别理论。

中国社会学主要研究中国社会。世界各国社会学有一个共同特点，就是主要研究本国社会。比如，美国社会学主要研究美国社会，英国社会学主要研究英国社会，日本社会学主要研究日本社会。中国社会学既研究古代社会，也研究外国社会，古为今用，洋为中用，都是为了更好地研究当今中国社会。

中国社会学是发展社会学。中国社会现在不是农业社会了，是一个工业化过程中的农业社会。中国是个发展中的第三世界国家。专门研究发展中国家的社会学叫做发展中国家社会学，当今中国社会学总的说来属于发展社会学。

中国社会学是战略学，是中国社会整体发展战略学。中国社会学的基本任务是研究中国经验和中国模式。中国社会学作为对社会作整体研究的科学，作为研究社会发展规律的主导科学，对正确制定中国社会经济发展大战略负有重大的责任。在这个意义上，中国社会学就是中国发展战略学。

中国社会学是社会政策学。政策和策略是党的生命。治大国若烹小鲜。运用之妙，存乎于心。说到底，任何理论都要落实到社会政策上。不仅要解决是什么、为什么的问题，更要解决怎么办的问题。所以，中国社会学就是中国社会政策学。

中国社会学是历史社会学。中国社会是人类六大古文明中唯一发展壮大起来了的、历史没有中断的大国。六大古文明中，四个灭绝了，希腊至今还是个很小的国家，只有中国，不仅没有灭绝，而且从未间断，成为当今世界历史最久的文明、人口最多的大国。从夏、商、周算起五千年历史，秦统一后两千多年历史。相比之下，意大利是19世纪末建立的，德国是1890年前后才建立的，美国建国才二百多年，英、法、俄历史也不过几百年。不理解中国历史，就无法真正理解当今中国社会，就无法科学地研究当今中国社会。

中国社会学有巨大的理论意义。中国这么大、历史这么久、人口这么多，当今许多社会学理论却是西方的。古今中外任何宏观社会学理论，都必须经过中国社会实践的检验。凡是不符合中国社会过去、现在、将来的社会实际的任何宏观社会学理论，作为普遍性的社会理论，就是不成立的。

第三节　社会学的意义

学习社会学，就是要培养社会学想象力。社会学想象力，就是需要在纷纭复杂、扑朔迷离的社会形势、社会现象、社会事件中，能够去粗取精、去伪存真、由此及彼、由表及里，透过现象看本质，看到大趋势，看到规律，看到解决问题的大战略，找到合适的社会政策。

社会学至关重要。因为社会学是对人类社会、中国社会，对过去、现在、未来社会发展大趋势作整体研究、整体把握的科学。对人类社会发展的大趋势如果把握不准，就要出大事，文明、国家、民族，就可能灭亡。130年前，美国比巴西、智利、阿根廷落后，后来美国成了世界第一，南美却落后了。60年前，印度社会经济发展的所有指标几乎都领先中国，现在，中国社会经济发展的所有指标几乎都领先印度。20年前，苏联、南斯拉夫土崩瓦解、裂土分疆。这些社会变迁的沧海桑田，都需要社会学高屋建瓴去把握、去总结。社会学家的使命，用中国古人的话说，就是“究天人之际，通古今之变，成一家之言”。社会学的使命，用中国古人的话说，就是“为天地立心，为生民立道，为往圣继绝学，为万世开太平”。

社会学是一门科学。假如科学是一个圆形，圆形内部是已知的东西，圆形外部是未知的东西，无论已知的东西如何增长，未知的东西总是大于已知的东西。这里做一个不大恰当的比喻，如果说，数学知识有百分之九十是确定的，物理学知识有百分之八十是确定的，化学知识有百分之七十是确定的，法学知识有百分之六十是确定的，经济学知识有百分之五十是确定的，那么，社会学知识可能只有百分之三十是确定的。越是不确定的东西，越是要命的东西。

社会学对人类社会作总体研究，非常困难。这里有多重原因。第四章“社会研究方法”将从学术角度进一步讨论这个问题。这里列举几个通俗的原因。第一，人类社会本身正处于剧烈变化发展之中。比如，2008年之前的经济学定理、经济学教科书，在2008年美、日、欧金融危机、经济危机之后，有许多理论都需要重新考虑、重新斟酌。有些经济学说法现在看来显然是错误的，或者过时了，而经济学，一直被认为是社会科学中确定性内容最多的科学。第二，人类社会是由人构成的。人作为一种高级哺乳类动物，有许多事情，科学解释不清楚。比如，中医不是迷信，不是巫术，而是高明的医术，中医的理论基础是阴阳五行理论。而对于现代科学来说，阴阳五行理论是难以解释的。具体说来，针灸是有奇效的，中国人在近两千年前，就准确地发现了穴位的分布。但从现代解剖学的角度，很难解释穴位是什么东西。第三，社会学是很难做试验的。做生物学研究，可以用大量的老鼠做试验。社会学研究，必须尊重人、爱护人，不能用人来做试验。第四，社会学作为科学，要实事求是，要说实话。但人类社会在很多情况下难以接受实事求是，难以接受说实话。鲁迅讲过一个例子，有一家人给孩子做满月，请客吃饭，来的客人都说，这个孩子将来大富大贵、大吉大利、升官发财，这些话都是没有任何科学根据的，但大家皆大欢喜。这时候，有个讲科学的客人来了，说你这个孩子将来肯定要死，主人就把这个客人赶走了。但实际上，只有“肯定要死”这句话是科学的。第五，真理往往在少数人手中。有时候因为利益的冲突，有时候因为文人相轻，有时候纯粹因为无知，使掌握真理的人的日子很不好过。所以，毛泽东多次说，坚持真理，要五不怕：不怕撤职，不怕开除党籍，不怕离婚，不怕坐牢，不怕杀头。

社会学作为科学之所以可能，是因为人类社会的很多现象的确是有规律的。比如说，某人某时某地，发生一个交通事故，发生伤亡，是偶然的。但中国每年发生多少交通事故、伤亡多少人，一个省、一个市每年发生多少交通事故、伤亡多少人，这些都有高度的统计学意义上的规律性。样本越大，规律性越强；样本越大，误差越小。只要按照正确的研究方法，人类社会的很多事情都是可以研究的。即使不能百分之百搞清楚，但搞清楚大趋势，据此制定基本正确的大战略，制定基本正确的社会政策，是完全可能的。

本章小结

社会学是对社会作整体研究的科学。学习社会学的重点，是培养社会学想象力。中国社会学主要研究中国社会，是发展社会学、发展战略学、社会政策学、历史社会学，世界上任何宏观社会学的理论，凡是没有经过中国社会实践检验者，都不能成立。社会学非常重要，研究社会学有极大困难，但是社会运行具有某种统计学的规律性的，因而使社会学研究成为可能。

名词解释

社会学：社会学是对人类社会作整体研究的科学。

社会学想象力：社会学想象力，就是在纷纭复杂、扑朔迷离的社会形势、社会现象、社会事件中，能够去粗取精、去伪存真、由此及彼、由表及里，透过现象看本质，看到大趋势，看到规律，看到解决问题的大战略，找到合适的社会政策。

附录：中华人民共和国国家标准学科分类与代码表（社会学）

（国家质量技术监督局1992年11月1日批准，1993年7月1日起实施）

840 社会学
840.11 社会学史
840.1110 中国社会学史
840.1120 外国社会学史
840.1199 社会学史其他学科
840.14 社会学理论
840.1410 社会学原理
840.1420 社会思想史
840.1499 社会学理论其他学科
840.17 社会学方法
840.1710 社会调查方法
840.1799 社会学方法其他学科
840.21 实验社会学
840.24 数理社会学
840.27 应用社会学
840.2711 职业社会学
840.2714 工业社会学
840.2717 医学社会学
840.2727 城市社会学
840.2731 农村社会学
840.2734 环境社会学
840.2737 家庭社会学
840.2741 青年社会学
840.2744 老年社会学
840.2747 犯罪社会学
840.2751 越轨社会学
840.2754 妇女问题研究
840.2757 种族问题研究
840.2761 社会问题研究
840.2764 社会群体及分层问题研究
840.2767 社区研究
840.2771 社会保障研究
840.2774 社会工作
840.2799 应用社会学其他学科
840.31 比较社会学
840.34 社会地理学
840.37 文化社会学
840.3710 艺术社会学
840.3720 知识社会学
840.3730 道德社会学
840.3799 文化社会学其他学科
840.41 历史社会学
840.44 经济社会学
840.47 军事社会学
840.51 社会心理学
840.5110 社会心理学史
840.5120 社会心理学理论与研究方法
840.5130 实验社会心理学
840.5199 社会心理学其他学科
840.54 公共关系学
840.57 社会人类学
840.61 组织社会学
840.64 发展社会学
840.67 福利社会学
840.71 人口学
840.7110 人口学原理
840.7115 人口经济学
840.7120 人口社会学（包括老年人口学、妇女人口学、发展人口学等）
840.7125 人口学说史
840.7130 人口史
840.7135 人口地理学
840.7140 人口生态学
840.7145 区域人口学
840.7150 人口系统工程
840.7155 人口预测学

840. 7160　人口规划学
840. 7165　人口政策学
840. 7170　计划生育学
840. 7199　人口学其他学科
840. 99　社会学其他学科

中文推荐阅读

相关文献

1. 中国国家统计局：《新中国六十年统计资料汇编》，中国统计出版社，2010 年。
2. 中国国家统计局：《新中国 60 年》，中国统计出版社，2009 年。
3. 世界银行：《2009 年世界发展报告》，清华大学出版社，2009 年。
4. 中国国家统计局：《中国统计年鉴（2009）》，中国统计出版社，2009 年。
5. 李培林等：《社会学与中国社会》，社会科学文献出版社，2008 年。
6. 陆学艺、王处辉：《中国社会思想史资料选辑》（1 ~ 6 卷），广西人民出版社，2005—2007 年。
7. 谭其骧：《中国历史地图集》（1 ~ 8 册），中国地图出版社，1982—1987 年。
8. 张芝联：《世界历史地图集》，中国地图出版社，2002 年。
9. 周谷城：《中国通史》（上、下册），上海人民出版社，1957 年。
10. 钱穆：《国史大纲》（上、下册），商务印书馆，1996 年。
11. 白寿彝：《中国通史》（共 12 卷 22 册），上海人民出版社，1989—2000 年。
12. 郭德宏：《党和国家重大决策的历程》（全 6 卷），红旗出版社，1997 年。
13. ［美］李侃如：《治理中国：从革命到改革》，中国社会科学出版社，2010 年。
14. ［英］马丁·雅克：《当中国统治世界——中国的崛起和西方世界的衰落》，中信出版社，2010 年。
15. ［美］罗伯特·阿特：《美国大战略》，北京大学出版社，2005 年。
16. 摩罗：《中国站起来》，长江文艺出版社，2010 年。

相关刊物

1. 《中国社会科学》
2. 《社会学研究》
3. 《社会》

相关论文

王绍光：《坚守方向、探索道路：中国社会主义建设六十年》，《中国社会科学》，2009 年第 5 期。

相关网站

1. 中国社会学网　http：//www. sociology. cass. cn/shxw/
2. 社会学人类学中国网　http：//www. sachina. edu. cn/
3. 社会学视野网　http：//www. sociologyol. org/

英文推荐阅读

Geography

Liu, Yue (ed.). 2000. *The Atlas of Population, Environment and Sustainable Development of China*. Science Press.

Veeck, Gregory, et al. 2006. *China's Geography: Globalization and the Dynamics of Political, Economic, and Social Change*. Rowman & Littlefield.

Donald, Stephanie Hemelryk and Robert Benewick. 2005. *The State of China Atlas: Mapping the World's Fastest Growing Economy*. University of California Press.

Descriptive Statistics

Mitchell, B. R. 2003. *International Historical Statistics 1750 – 2000*. 4th ed. (3 volumes) Palgrave Macmillan.

The World Bank. *World Development Report*. Oxford University Press.

China State Statistical Bureau. *China Statistical Yearbook*. China Statistical Publishing House.

History

MacNair, Harley Farnsworth (ed.). 1946. *China*. University of California Press.

Fairbank, John King and Goldman, Merle. 1998. *China: A New History*. Harvard University Press.

Cohen, Warren I. 2001. *East Asia at the Center: Four Thousand Years of Engagement with the World*. Columbia University Press.

The Cambridge History of Ancient China: From the Origin of Civilization to 221 B. C.

The Cambridge History of China.

Vol. 1: *The Qin and Han Empires, 221 B. C. –A. D. 220.*

Vol. 3: *Sui and Tang China, 589 – 906 A. D.*

Vol. 6: *Alien Regimes and Border States, 907 – 1368.*

Vol. 7: *The Ming Dynasty, 1368 – 1644, Part 1.*

Vol. 8: *The Ming Dynasty, 1368 – 1644, Part 2.*

Vol. 9: *The Qing Empire to 1800.*

Vol. 10: *Late Qing, 1800 – 1870.*

Vol. 11: *Late Qing, 1870 – 1911.*

Vol. 12: *Republican China, 1912 – 1949, Part* 1.

Vol. 13: *Republican China, 1912 – 1949, Part* 2.

Vol. 14: *The People's Republic, 1949 – 1966.*

Vol. 15: *The People's Republic, 1966 – 1982.*

Chang, Chunshu. 2007. *The Rise of the Chinese Empire: Nation, States, and Imperialism in Early China.* University of Mishap Press.

Spence, Jonathan D. 1999. *The Search for Modern China.* W. W. Norton.

Spence, Jonathan D. and Annping Chin. 1995. *Chinese Century: A Photographic History of the Last Hundred Years.* Random House.

Wang, Dong. 2005. *China's Unequal Treaties: Narrating National History.* Rowman & Littlefield.

Hsu, Chungyueh. 2000. *The Rise of Modern China.* 6th ed. Oxford University Press.

Morton, W. Scott and Charlton M. Lewis. 2005. *China—Its History and Culture.* 4th ed. McGraw.

Haw, Stephen G. 2006. *A Travelers' History of China.* 4th ed. Interlink Books.

China Reader

De Bary, Wm. Theodore and Bloom, Irene (eds.). 1999. *Sources of Chinese Tradition, Vol.* 1. Columbia University Press.

De Bary, Wm. Theodore and Lufrano, Richard (eds.). 2000. *Sources of Chinese Tradition, Vol.* 2. Columbia University Press.

Schurmann, Franz and Schell, Orville (eds.). 1967. *The China Reader.* Random House.

1. *Imperial China: The Decline of the Last Dynasty and the Origins of Modern China: The 18th and 19th Centuries.*

2. *Republican China: Nationalism, War, and the Rise of Communism, 1911 – 1949.*

3. *Communist China: Revolutionary Reconstruction and International Confrontation 1949 to the Present.*

4. *People's China: Social Experimentation, Politics, Entry onto the World Scene 1966 through 1972.*

Schell, Orville and Shambaugh, David (eds.). 1999. *The China Reader: The Reform Era.* Vintage Books.

Saich, Tony (ed.). 1996. *The Rise to Power of the Chinese Communist Party: Documents and Analysis.* M. E. Sharpe.

Cheng, PeiKai, et al. (eds.). 1999. *The Search for Modern China: A Documentary Collection.* W. W. Norton.

Milton, David, et al. (eds.). 1974. The China Reader. *Vintage Books.*

思考题

1. 什么是社会学？
2. 什么是社会学想象力？

第二章　社会学理论

本章简要讨论与建构中国自己的社会学理论体系密切相关的几个重大问题：中国社会思想传统、马克思的唯物史观、毛泽东的社会认识实践论、发展社会学理论、西方社会学理论。

第一节　中国社会思想传统

中国辉煌于世界两千年，不是偶然的。本书后面政治社会学、经济社会学等几章将讨论其原因。中国曾经有过先进的社会思想体系，就是一个重要原因。周秦诸子，两汉经学，魏晋玄学，隋唐佛学，宋明礼学，明清经世致用之学，康有为、严复、孙中山的治世理论，毛泽东思想……这些是中国社会思想传统的主要代表。要创新中国自己的社会学理论，必须吸取中国社会思想传统的精华。

一、天命论、大同、小康

先秦三千年，中国历史上形成了诸多的思想体系。其中，“水能载舟，亦能覆舟”的天命论思想最为光辉，比欧美同类思想早了两三千年。与欧洲封建社会的“君权神授”的天命论完全不同，中国的天命论是以民为本、人民为重的思想。水能载舟，亦能覆舟的天命论思想，是周初统治者在殷鉴不远的迫切形势下，对夏商周朝代更替原因的总结。夏商都自认秉承天命，周朝也不否认夏商在上台的时候秉承天命，但既然夏商周都秉承天命，为什么老天爷要商取代夏、周取代商呢？难道是因为夏商的统治者敬天不够、祭祀不足吗？不是的。老天爷不是从统治者对天的态度和对天的祭祀中观察统治者有没有天命，而是从人民的眼中和口中看统治者有没有天命。周武王大会诸侯伐商誓师词中，就明确说：“天视自我民视，天听自我民听。”①

荀子后来在《王制》篇中回顾总结说：“选贤良，举笃敬，兴孝弟，收孤寡，补贫穷，如是，则庶人安政矣。庶人安政，然后君子安位。传曰：‘君者，舟也；庶人者，水也。水则载舟，水则覆舟。’此之谓也。故君人者，欲安，则莫若勤政爱民矣；欲荣，则莫若隆礼敬士矣；欲立功名，则莫若尚贤使能矣；是君人者之大节也。”② 荀子在《哀公》篇中还说：“孔子曰：……君出鲁之四门以望鲁四郊，亡国之虚则必有数盖

① 《今古文尚书全译》，贵州人民出版社，1990 年，第 212 页。
② 《荀子简注》，上海人民出版社，1974 年，第 79 页。

焉，君以此思惧，则惧将焉而不至矣！且丘闻之，君者，舟也；庶人者，水也。水则载舟，水则覆舟，君以此思危，则危将焉而不至矣！”① 水能载舟，亦能覆舟，不为人民服务，统治者就丧失了天命，人民就要推翻他，就要改朝换代。近三千年前确立的这种思想，中国沿用至今，权为民所赋，权为民所用，情为民所系，利为民所谋。欧美近三千年之后才出现类似的思想，才认识到欧洲中世纪封建社会君权神授的思想是没有道理的，才把人民有权推翻坏的统治、坏的政府写入宪法。

中华民族很早就对人类的理想社会有所规划。这就是沿用至今的大同思想和小康思想，见于《礼记》的《礼运》篇：

昔者仲尼与于蜡宾，事毕，出游于观之上，喟然而叹。仲尼之叹，盖叹鲁也。言偃在侧曰：“君子何叹？”孔子曰：“大道之行也，与三代之英，丘未之逮也，而有志焉。大道之行也，天下为公。选贤与能，讲信修睦，故人不独亲其亲，不独子其子，使老有所终，壮有所用，幼有所长，鳏寡孤独废疾者，皆有所养。男有分，女有归。货，恶其弃于地也，不必藏于己；力，恶其不出于身也，不必为己。是故谋闭而不兴，盗窃乱贼而不作，故外户而不闭，是谓大同。今大道既隐，天下为家，各亲其亲，各子其子，货力为己，大人世及以为礼。域郭沟池以为固，礼义以为纪；以正君臣，以笃父子，以睦兄弟，以和夫妇，以设制度，以立田里，以贤勇知。以功为己，故谋用是作，而兵由此起。禹、汤、文、武、成王、周公，由此其选也。此六君子者，未有不谨于礼者也。以着其义，以考其信，着有过，刑仁讲让，示民有常。如有不由此者，在势者去，众以为殃，是谓小康。”②

大同思想，主张消灭私有制，各尽所能，按需分配，是中华民族的共产主义思想。小康思想，主张在大同理想无法实现的情况下，在私有制条件下，建立公平社会，是中华民族的社会主义思想，所以当今中国政府明确把在中国建立小康社会作为执政目标。康有为的《大同书》③，对大同思想作了详尽的阐述，其系统的程度、详尽的程度，一点都不在早期欧美共产主义有关著作之下。

二、老子孙子、阳儒阴法、以史为教

老子是最伟大的辩证法大师，黑格尔之前西方无人能及老子。老子思想用于军事，就是孙子兵法，它迄今为止还是人类军事思想的最高峰，西方到现在也赶不上。老子思想用于政治，就是韩非的法家法术势政治思想。与韩非法术势政治思想相比，马基雅维里的政治思想是非常肤浅的。老子思想用于个人生活，就是庄子个人主义思想，这是一种超现代、后现代的个人主义思想。

---

① 《荀子简注》，上海人民出版社，1974 年，第 335 页。
② 《礼记》，中华书局，2007 年，第 110～112 页。
③ 康有为：《大同书》，上海古籍出版社，2005 年。

秦朝的意识形态是法家的。法家提倡法治，法律面前人人平等。法家的著名观点是“天子犯法与庶民同罪”。法家提倡土地私有制和郡县制，反对并摧毁了封建制。他们承认甚至提倡个人主义和追求个人利益。法家提倡公平，赏罚分明。是法家辅助秦统一了中国。法家的理论基础是“性恶论”，法治因为性恶而成为必需。法家尽管有效，但作为一个大国的官方意识形态，法家显得有些狭隘、不好看、不好听。汉武帝认识到，如果官方意识形态公开假定人性本恶，鼓励人民追求个人利益，在此基础上要求人民群众互相爱护、互相关心、互相帮助、建立和谐社会，就十分困难。

儒家则正相反，鼓吹尊卑有序，维护封建制度。儒家以“性善”为理论基础，核心是“仁”，特别是统治者要对被统治者有仁爱之心。儒家宣扬道德和教化，劳心者治劳力者，道之以德，齐之以礼，有耻且格，上行而下效之，就能国家昌盛、天下归一。儒家反对个人主义和追求个人利益。在春秋战国时期没有人需要儒家学说，儒家好像丧家之犬。由于战争连年，法家和兵家无疑成为当时的权威。但是，在秦汉大一统之后，儒家学说成为统治这个新兴大一统国家的最佳官方意识形态。

尽管汉武帝表面上独尊儒术，但中国精英根本没有抛弃法家。在其后的两千年里，中国精英阳儒阴法，加上老子和孙子兵法既好看，又好用，形成了前工业社会世界上最先进、最科学、最深刻、最完整的社会思想体系。这个社会思想体系对保持中国的统一和延续，对中国辉煌于世界近两千年起了巨大的促进作用。

《史记》是中华民族的圣经。西方文明，简而言之，以教为史。中国文明，简而言之，以史为教。这个以史为教的传统，是司马迁承前启后，用《史记》确立的。《史记》是一部世界史，总结了到西汉为止治理一个大国（天下）的规律和经验教训。《史记》指出了每一个人，从皇帝到普通百姓的行为方式和行为准则，或重于泰山，或轻于鸿毛，全在自己的抉择。历史，直笔浩浩青史，对保证和维护中国社会的统一和延续发挥了巨大作用。与汉武帝废黜百家、独尊儒术同时，太史令司马迁抛弃了神权，果断地建立了历史的权威。从来就没有上帝救世主，也不语怪力乱神，公共权威的意识形态必须以人为本、以史为鉴。基于历史，司马迁展示了政府的目的不是理想的天国，而是理想的人世。《史记》究天人之际，通古今之变，成一家之言。司马迁之后，《史记》成为中国正史的典范。延续《史记》的伟大传统和体例，历朝历代，在改朝换代之后，撰前朝史，隔代修史，共计有二十六史。这个隔代修史的传统一直持续到今天。2003年夏天，中国政府宣布，将投入巨资，延请数百位名流学者，重修清史。

三、大学

儒家的主要经典是四书五经，四书之首是《大学》：

大学之道，在明明德，在亲民，在止于至善。知止而后有定，定而后能静，静而后能安，安而后能虑，虑而后能得。物有本末，事有终始，知所先后，则近道矣。古之欲明明德于天下者，先治其国，欲治其国者，先齐其家；欲齐其家者，先修其身；欲修其身者，先正其心；欲正其心者，先诚其意；欲诚其意者，先致其知，致知在格物。物格而后知致，知致而后意诚，意诚而后心正，心正而后身修，身修而后家齐，家齐而后国治，国治而后天下平。自天子以至于庶人，一是皆以修身为本。其本乱而末治者，否矣。其所厚者薄，而其所薄者厚，未之有也。

格物、致知、诚意、正心、修身、齐家、治国、平天下。这面旗帜，号召了中华民族无数志士仁人为了中国的统一和延续取义成仁，功不可没。但这种说法也有不切实际的地方，古今中外，那些治国平天下、建功立业的人，并不都是诚意、正心、修身、齐家的人。

第二节　马克思的唯物史观

一、卡尔·马克思

卡尔·马克思（1818—1883）是迄今为止人类最伟大的社会思想家。弗里德里希·恩格斯（1820—1895）是马克思最亲密的战友，是马克思学说的杰出继承者。马克思生于普鲁士莱茵省的特里尔城，父亲是律师，犹太人。马克思在波恩大学和柏林大学的法律系上大学，但主要精力放在历史和哲学上。1841 年毕业并获哲学博士学位，之后毕生从事革命活动。曾被法国、比利时、普鲁士政府逮捕、审判、驱逐出境，并被开除普鲁士国籍，一生颠沛流离。1849 年到伦敦，直至死于贫病交加。恩格斯在马克思墓前的讲话是对马克思一生的最佳总结：

……马克思在他所研究的每一个方面，都有独到的发现。他研究的范围很广，而且没有一种研究是肤浅的。马克思一生主要有两大发现。他发现了人类社会的发展规律，创立了剩余价值学说。

正像达尔文发现有机界的发展规律一样，马克思发现了人类历史的发展规律，即历来为繁茂芜杂的意识形态所掩盖着的一个简单事实：人们首先必须吃、喝、住、穿，然后才能从事政治、科学、艺术、宗教等。所以，直接的物质的生活资料的生产，因而一个民族或一个时代的一定的经济发展阶段，便构成为基础；人们的国家制度，法的观点，艺术以至宗教观念，就是从这个基础上发展起来的。因而，也必须由这个基础来解释，而不是像过去那样做得相反。

不仅如此，马克思还发现了现代资本主义生产方式和它所产生的资产阶级社会的特殊的运动规律。由于剩余价值的发现，而先前无论资产阶级经济学家或社会主义批评家所做的一切都只是在黑暗中摸索。

一生中能有这样两个发现，该是很够了，甚至只要能作出一个这样的发现，也已经是幸福的了。但马克思在他所研究的每一个领域（甚至在数学领域）都有独到的发现，这样的领域是很多的，而且其中任何一个领域他都不是肤浅地研究的……

因为马克思首先是一个革命家。他毕生的真正使命，就是以这种或那种方式参加推翻资本主义社会及其所建立的国家设施的事业，参加现代无产阶级的解放事业，正是他第一次使现代无产阶级意识到自身的地位和需要，意识到自身解放的条件，——这实际上就是他毕生的使命。斗争是他的生命要素。很少有人像他那样满腔热情、坚韧不拔和卓有成效地进行斗争……最后是创立伟大的国际工人协会，作为这一切工作的完成——老实说，协会的这位创始人即使别的什么也没有做，也可以拿这一结果引以为自豪。

正因为这样，所以马克思是当代最遭忌恨和最受诬蔑的人。各国政府——无论专制或共和政府都驱逐他；资产者——无论保守派或极端民主派都纷纷争先恐后地诽谤他、诅咒他。他对这一切毫不在意，把它们当作蛛丝一样轻轻抹去，只是在万分必要时才给予答复。现在他逝世了，在整个欧洲和美洲，从西伯利亚矿井到加利福尼亚，千百万革命战友无不对他表示尊敬、爱戴和悼念。而我敢大胆地说，他可能有过许多敌人，但未必有一个私敌。

他的英名和事业将永垂不朽！

二、马克思的唯物史观综述

无论是马克思本人，还是拥护或反对唯物史观的人都一致认为，《〈政治经济学批判〉序言》第四自然段是对马克思的唯物史观最系统、最完整的阐述。马克思说：

我所得到的，并且一经得到就用于指导我的研究工作的总的结果，可以简要地表述如下：人们在自己生活的社会生产中发生一定的、必然的、不以他们意志为转移的关系，即同他们的物质生产力的一定发展阶段相适合的生产关系。这些生产关系的总和构成社会的经济结构，即有法律的和政治的上层建筑竖立其上并有一定的社会意识形成与之相适应的现实基础。物质生活的生产方式制约着整个社会生活、政治生活和精神生活的过程。不是人们的意识决定人们的存在，相反，是人们的社会存在决定人们的意识。社会的物质生产力发展到一定阶段，便同它们一直在其中活动的现存生产关系或财产关系（这只是生产关系的法律用语）发生矛盾，于是这些关系便由生产力的发展形式变成生产力的桎梏。那时社会革命的时代就到来了。随着经济基础的变更，全部庞大的上层建筑也就或慢或快地发生变革。在考察这些变革时，必须时刻把下面两者区别开来：一种是生产的经济条件方面所发生的物质的、可以用自然科学的精确性指明的变革。一种是人们借以意识到这个冲突并力求把它克服的那些法律的、政治的、宗教的、艺术的或哲学的，简言之，意识形态的形式。我们判断一个人不能以他对自己的看法为根据，同样，我们判断这样一个变革时代也不能以它的意识为根据；相反，这个意识必须从物质生活的矛盾中，从社会生产力和生产关系之间的现存冲突中去解释，无论哪一个社会形态，在它们所能容纳的全部生产力发挥出来以前，是绝不会灭亡的；而新的更高的生产关系，在它存在的物质条件在旧社会的胎胞里成熟以前，是绝不会出现的。所以人类始终只提出自己能够解决的任务，因为只要仔细考察就可以发现，任务本身，只有在解决它的物质条件已经存在或至少是在形成过程中的时候，才会产生。大体说来，亚细亚的、古代的、封建的和现代的资产阶级的生产方式可以看作是社会经济形态演进的几个时代。资产阶级的生产关系是社会生产过程的最后一个对抗形式，这里所说的对抗，不是指个人的对抗，而是指个人的社会生活条件中生长出来的对抗；但是，在资产阶级社会的胎胞里发展的生产力，同时又创造着解决这种对抗的物质条件。因此，人类社会的史前时期就以这种社会形态而告终。

这段话是马克思自己对唯物史观的经典表述。以其为指导，马克思写了《共产党宣言》、《资本论》、《法兰西内战》、《人类学笔记》等重要著作，这些著作中的个别论断，现在已经过时了。但是，这个第四自然段所包含的基本原理，今天看来，仍然是颠扑不灭的、放之四海而皆准的真理。对照当今人类社会、当今中国社会的实际，下面十分简要地解说一下这个著名的第四自然段。

第一，在中国的工业化进程中的农业社会生产力之上，有着庞大的生产关系。这些生产关系的总和构成今日中国社会的经济结构，即有法律的和政治的上层建筑竖立其上，并有一定的社会意识形成与之相适应的现实基础。工业化进程中的农业社会的物质生活的生产方式制约着整个社会生活、政治生活和精神生活的过程。不是中国领导人的意识决定中国的存在，而是中国的存在决定中国领导人的意识。

第二，有两种社会革命，一种是科学技术的革命，另一种是政治法律上层建筑的革命，意识形态的革命。在中国农业社会转变为工业社会的过程中，工业生产力同农业社会的生产关系和上层建筑发生矛盾。这些农业社会的生产关系和上层建筑由于中外反动势力的保护便由生产力的发展形式变成生产力发展的桎梏，于是爆发了1949年之前的中国革命。现在的改革将持续调整生产关系和上层建筑中不适应生产力的部分。在农业生产力向工业生产力和后工业社会生产力的转变过程中，全部庞大的农业社会的上层建筑和意识形态必将或慢或快地变革成为工业社会和后工业社会的上层建筑和意识形态。

第三，资本主义短时间内不会灭亡，因为资本主义所能容纳的全部生产力还没有发挥出来。共产主义社会短时间内还不会出现，因为共产主义存在的物质条件还没有成熟。人类不要提出自己不能解决的任务。

第四，人类社会发展演变划分为哪几个阶段。这个问题，下面专节论述。

三、恩格斯对唯物史观的重要补释

在马克思1883年去世后，甚至在他生前，出现了不少对唯物史观的误解、曲解、攻击、诽谤。面对这些，恩格斯在1895年去世前对唯物史观作了力所能及的补释。直到今天，这仍然是对马克思的唯物史观最全面、最深刻的补释。

根据唯物史观，历史进程中的决定因素归根到底是现实生活的生产和再生产，无论马克思或我都从来没有肯定过比这更多的东西。如果有人在这里加以歪曲，说经济因素是唯一的决定性因素，那么他就是把这个命题变成毫无内容的、抽象的、荒诞无稽的空话。经济状况是基础，但对历史斗争的进程发生影响并且在许多情况下主要是决定着这一斗争形式的，还有上层建筑的各种因素：阶级斗争的各种政治形式和这个斗争的成果——由胜利了的阶级在获胜以后建立的宪法等，各种法权形式以及所有这些实际斗争在参加者头脑中的反映，政治的、法律的和哲学的理论，宗教的观点以及它们向教义体系的进一步发展。这里表现出的这一切因素间的交互作用，而在这种交互作用中归根结底是经济运动作为必然的东西通过无穷无尽的偶然事件（即这样一些事务，它们的内部联系是如此疏远或是如此难以确定，以致我们可以忘掉这种联系，认为这种联系并不存在）向前发展。否则把理论应用于任何历史时期，就会比解一个最简单的一次方程式更容易了。

我们自己创造着我们的历史，但是第一，我们是在十分确定的前提和条件下进行创造的。其中经济的前提和条件归根到底是决定性的。但是政治等的前提和条件，甚至那些存在于人们头脑中的传统，也起着一定的作用，虽然不是决定性的作用。

但是第二，历史是这样创造的：最终的结果总是从许多单个的意志的相互冲突中产生出来的，而其中每一个意志，又是由许多特殊的生活条件，才成为它所成为的那样。这样就有无数互相交错的力量，有无数个力的平行四边形，而由此就产生一个总的结果，即历史事变，这个结果又可以看作一个作为整体的、不自觉地和不由自主地起着作用的力量的产物。因为任何一个人的愿望都会受到另一个人的妨碍，而最后的结果就是谁都没有希望过的事物，所以以往的历史总是像一种自然过程一样地进行，而且实质上也是服从于同一运动规律的。但是每一个人的意志——其中每一个都希望得到他的体质和外部的，终归是经济的情况（或是他个人的、或是一般社会性的）使他向往的东西——虽然都达不到自己的愿望，而是融合为一个总的平均数，一个总的合力，然而从这一事实中绝不应作出结论说，这些意志等于零，相反的，每个意志都对合力有所贡献，因而是包括在这个合力里面的。[①]

历史进程是受内在的一般规律支配的，即使在这一领域内，尽管每个人都有自觉期望的目的，在表面上说，总的说来好像也是偶然性在支配着。人们所期望的东西很少如愿以偿，许多预期的目的在大多数场合都彼此冲突，互相矛盾，或者是这些目的本身一开始就是实现不了的，或者是缺乏实现的手段的。这样，无数的个别愿望和个别行动的冲突，在历史领域内造成了一种同没有意识的自然界中占统治地位的状况完全相似的状况。行动的目的是预期的，但是行动实际产生的结果并不是预期的，或者这种结果起初似乎还和预期的目的相符合，而到了最后却完全不是预期的结果。这样，历史事件似乎总的说来同样是由偶然性支配着的。但是，在表面上是偶然性在起作用的地方，这种偶然性始终是受内部的隐蔽着的规律支配的，而问题只是在于发现这些规律。

人们通过每一个人追求他自己的，自觉期望的目的而创造自己的历史，却不管这种历史的结局如何，而这许多按不同方向活动的愿望及其对外部世界和各种各样的影响所产生的结果，就是历史[②]。

人们自己创造着自己的历史，但是到现在为止，他们并不是按照共同的意志，根据

① 《马克思恩格斯全集》，第37卷，第460～462页。
② 《马克思恩格斯全集》，第21卷，第341～342页。

一个共同的计划，甚至不是在某个特定的局限的社会内来创造这个历史的。他们的意向是相互交错着的，因此在所有这样的社会里，都是那种以偶然性为其补充和表现形式的必然性占统治地位。在这里透过各种偶然性来为自己开辟道路的必然性，归根到底仍然是经济的必然性。①

唯物史观，绝不是简单的经济决定论。生产力、生产关系（经济基础）、政治法律上层建筑、意识形态、历史创造者，这五者之间的矛盾运动关系是非常错综复杂的。生产力决定生产关系，生产关系对生产力有反作用。经济基础决定上层建筑，上层建筑对经济基础有反作用。生产力、生产关系（经济基础）对政治法律上层建筑和意识形态有决定作用。政治法律上层建筑和意识形态对生产力、生产关系（经济基础）不仅有反作用，正如毛泽东所指出，在历史紧要关头还有决定作用。而更为复杂的，是前四者与历史创造者之间的关系。

特别要指出的是，就每一个具体的文明、国家、民族而言，这五者矛盾运动的结果，并不总是发展的、前进的、进步的。相反，世界历史上，古今中外，大多数文明、国家、民族，不仅没有进步，反而衰落了、衰亡了、灭亡了。物竞天择，适者生存。五者之间的矛盾运动，是必然的。谁是适者，谁能生存，不是必然的，是发挥主观能动性干出来的，是偶然的。

四、社会发展阶段理论

马克思、恩格斯、列宁从来没有说过人类社会要经历原始社会、奴隶社会、封建社会、资本主义社会、社会主义社会和共产主义社会这样五个阶段。这个五阶段论，是1930年前后几个苏联理论家的说法。现在看来，这个说法欠妥当。目前在世界上找不到一个国家或地区经历了这五个阶段，全人类更没有经历这五个阶段。

什么是原始社会，还要研究。对于有没有奴隶社会，哪个社会是奴隶社会，也还要研究。如果说有奴隶的社会就叫奴隶社会，中国1949年之前一直有卖身为奴的现象。如果说多数劳动者是奴隶的社会才叫奴隶社会，目前在世界史上，还很难找到奴隶社会；按照这个定义，有一个社会显然是奴隶社会，那就是美国内战之前的美国南方社会。中国先秦有过封建社会时期，欧洲中世纪有过封建社会，但世界上好多地方没有经历过封建社会。

如前所述，马克思在第四自然段中说："大体说来，亚细亚的、古代的、封建的和现代的资产阶级的生产方式可以看作是社会经济形态演进的几个时代。"马克思是个非常严谨的科学家。第四自然段在论述其他问题的时候，表述是肯定的，唯独在这里，马克思用了"大体说来"。马克思首先提到了"亚细亚的"或"亚洲的"（Asian）模式。这里主要是指中国和印度。马克思当时对中国研究有限，但马克思根据有限的研究发现中国的社会形态与欧洲明显不同，欧洲的概念不适合中国，所以马克思用"亚细亚的"

① 《马克思恩格斯全集》，第39卷，第199~200页。

来指称中国等亚洲国家的社会形态。对于欧洲的社会发展形态，马克思用了“古代的、封建的和现代的资产阶级的”三个阶段来划分。古代的，指古希腊、古罗马时代。封建的，指欧洲中世纪。马克思的这种说法，今天看来，也没有任何不妥之处。

马克思关于社会发展形态还有几段重要论述。

他一定要把我关于西欧资本主义起源的历史概述彻底变成一般发展道路的历史哲学理论，一切民族，不管他们所处的历史环境如何，都注定要走这条道路，以便最后都达到在保证社会劳动生产力极高度发展的同时又保证人类最全面地发展的这样一种经济形态。但是我们要请他谅解。他这样做，会给我过多的荣誉，同时也会给我过多的侮辱。①

第一种所有制形式是部落所有制……第二种所有制形式是古代公社所有制和国家所有制……第三种形式是封建的或等级的所有制。②

人的依赖关系（起初完全是自然发生的），是最初的社会形态，在这种形态下，人的生产能力只是在狭窄的范围和孤立的地点上发展着。以物的依赖性为基础的人的独立性，是第二大形态。在这种形态下，才形成普遍的社会物质变换，全面的关系，多方面的需求以及全面的能力体系。建立在个人全面发展和他们共同的社会生产能力成为他们的社会财富这一基础上的自由个性是第三阶段。第二阶段为第三阶段创造条件。因此，家长制的、古代的以及封建的状态随着商业、奢侈、货币、交换价值的发展而没落下去，现代社会则随着这些东西一道发展起来。

社会经济发展是一种自然历史过程，不管人们在主观上怎样超脱各种关系，他在社会意义上总是这些关系的产物。③

正如马克思所说，如果有人把五阶段论说成是一切国家民族都注定要走的道路，并说这是马克思的理论，这不是赞扬马克思，而是侮辱马克思。古今中外，世界各国走什么道路，是由各国人民和各国领导人自己选择的，可能走对，也可能走错。实际情况是，多数都走错了。所以世界史上多数国家和民族，包括一些曾经强盛的国家和民族，衰落了，衰亡了，甚至灭亡了。

五、从秦至清中国社会的性质

用马克思的唯物史观分析中国社会形态的工作，现在还远远没有完成。夏商周之前的社会，是不是可以算作原始社会，可以研究。中国有没有奴隶社会，现在还要研究。夏商社会，肯定不能算作原始社会。夏商社会是不是奴隶社会，还有待研究。但有一点要强调指出，夏商社会是很发达的社会，可以和美国社会相比较。殖民地时期的美国是

① 《马克思恩格斯全集》，第19卷，第190页。
② 《马克思恩格斯全集》，第3卷，第25～27页。
③ 《马克思恩格斯全集》，第23卷，第12页。

非常落后的，没有像样的道路，没有像样的水利设施，没有像样的建筑。今天在费城可以看到殖民地时期美国最大的房子。从考古资料和文献资料看，这样的房子，在周朝算小房子，在商朝也不算大房子。大体说来，殖民地时期美国社会经济的规模和发达程度，应该和夏朝不相上下。

西周是封建社会，春秋战国五百多年的封建社会解体了，秦统一消灭了封建社会。对此观点，国内学术界，赞同的不少，反对的也不少。但对从秦到清两千多年中国社会的性质，研究还远远不够。八十年来，围绕这个问题，中国学术界有过几次大的讨论。令人遗憾的是，近二十年来，中国学术界有关讨论基本上沉寂了。现在能够看到的，有韩德强的一篇长文，题为“重新认识中国历史”，在互联网上广为流传。该文认为，中国从汉朝开始就有强大的资产阶级，中国从汉朝开始就可以算作资本主义社会。不管这种观点正确与否，韩德强这种认真研究重大学术问题的态度值得提倡。

对两千多年来中国社会的性质是什么，中国自己都没有一个说法，实在说不过去。西方社会学界，对人类社会形态的演变，目前大多采用狩猎与采集社会、园艺与畜牧社会、农业社会、工业社会、后工业信息社会的说法。是否可以使用这种说法界定中国社会发展形态，也可以研究。

六、马克思论社会主义与共产主义

毫无疑问，马克思认为，人类社会要从资本主义社会进入社会主义社会，然后进入共产主义社会。但作为一个严谨的科学家，终其一生，马克思都避免讨论社会主义社会和共产主义社会的具体状况。因为马克思知道自己不可能知道社会主义社会和共产主义社会的具体状况。只有一次，出于上下文的需要，马克思对什么是社会主义、什么是共产主义，作了一个十分简洁的设想：

> 我们这里所说的是这样的共产主义社会，它不是在它自身基础上已经发展了的，恰恰相反，是刚刚从资本主义社会中产生出来的，因此它在各方面，在经济、道德和精神方面都还带着它脱胎出来的那个旧社会的痕迹。所以，每一个生产者，在作了各项扣除之后，从社会方面刚好领回他所给予社会的一切。他所给予社会的，就是他个人的劳动量。①
>
> 在共产主义社会高级阶段上，在迫使人们奴隶般地服从分工的情形已经消失，从而脑力劳动和体力劳动的对立也随之消失后；在劳动已经不仅仅是谋生的手段，而是本身成了生活的第一需要之后；在随着个人的发展生产力也增长起来，而集体财富的一切源泉都充分涌流之后，——只有在这个时候，才能完全超出资产阶级权利的狭隘眼界，社会才能在自己的旗帜上写上：各尽其能，按需分配！②

① 《马克思恩格斯全集》，第 19 卷，第 21 页。
② 《马克思恩格斯全集》，第 19 卷，第 22 ~ 23 页。

简言之，社会主义，就是各尽所能、按劳分配，共产主义，就是各尽所能、按需分配。显然，马克思这个概括，比前述《礼记》关于“大同”、“小康”的概括更抽象，更精炼，更深刻，更科学。

第三节 毛泽东的社会认识实践论

毛泽东思想，是中华民族最可宝贵的精神财富之一。毛泽东是中华人民共和国和中国人民解放军的主要缔造者。没有毛泽东，中国人民可能要在黑暗中摸索更长时间。毛泽东的历史地位主要有三个方面。第一，他是中国历史上一个新时代的开国奠基人，如同秦皇、汉武、唐宗、成吉思汗。毛泽东的文采武功，可以和中国历史上的任何一位伟大开国皇帝相媲美。第二，他是当今世界一个强大民族国家的国父，如同美国的林肯和罗斯福、日本的明治、德国的俾斯麦、法国的拿破仑和戴高乐、俄国的彼得大帝和斯大林……毛泽东的雄才大略，不输当今世界任何一个大国的国父。第三，他是世界近代革命史上三大革命之一的伟大领袖。毛泽东领导的中国革命，其深度和广度都在法国革命和俄国革命之上。

毛泽东思想继往开来，古为今用，洋为中用，自主创新，把中国社会思想传统与当代世界的发达生产力和先进思想相结合，继承和发展了马克思的唯物史观，把中国社会思想推进到了一个崭新的阶段。在毛泽东社会思想诸多的光辉思想中，有两个最为重要：一个是毛泽东的社会研究方法论，一个是三个世界划分的理论。《人的正确思想是从哪里来的?》，全面反映了毛泽东的社会研究方法论。下面就是这篇文章的全文。

人的正确思想是从哪里来的？是从天上掉下来的吗？不是。是自己头脑里固有的吗？不是。人的正确思想，只能从社会实践中来，只能从社会的生产斗争、阶级斗争和科学实验这三项实践中来。人们的社会存在，决定人们的思想。而代表先进阶级的正确思想，一旦被群众掌握，就会变成改造社会、改造世界的物质力量。人们在社会实践中从事各项斗争，有了丰富的经验，有成功的，有失败的。无数客观外界的现象通过人的眼、耳、鼻、舌、身这五个官能反映到自己的头脑中来，开始是感性认识。这种感性认识的材料积累多了，就会产生一个飞跃，变成了理性认识，这就是思想。这是一个认识过程。这是整个认识过程的第一个阶段，即由客观物质到主观精神的阶段，由存在到思想的阶段。这时候的精神、思想（包括理论、政策、计划、办法）是否正确地反映了客观外界的规律，还是没有证明的，还不能确定是否正确，然后又有认识过程的第二个阶段，即由精神到物质的阶段，由思想到存在的阶段，这就是把第一个阶段得到的认识放到社会实践中去，看这些理论、政策、计划、办法等等是否能得到预期的成功。一般说来，成功了的就是正确的，失败了的就是错误的，特别是人类对自然界的斗争是如此。在社会斗争中，代表先进阶级的势力，有时候有些失败，并不是因为思想不正确，而是因为在斗争力量的对比上，先进势力这一方，暂时还不如反动势力那一方，所以暂时失败了，但是以后总有一天会要成功的。人们的认识经过实践的考验，又会产生一个飞跃。这次飞跃，比起前一次飞跃来，意义更加伟大。因为只有这一次飞跃，才能证明认识的第一次飞跃，即从客观外界的反映过程中得到的思想、理论、政策、计划、办法等等，究竟是正确的还是错误的，此外再无别的检验真理的办法。而无产阶级认识世界的目的，只是为了改造世界，此外再无别的目的。一个正确的认识，往往需要经过由物质到精神，由精神到物质，即由实践到认识，由认识到实践这样多次的反复，才能够完成。这就是马克思主义的认识论，就是辩证唯物论的认识论。现在我们的同志中，有很多人还不懂得这个认识论的道理。问他的思想、意见、政策、方法、计划、结论、滔滔不绝的演说、大块的文章，是从哪里得来的，他觉得是个怪问题，回答不出来。对于物质可以变成精神，精神可以变成物质这样日常生活中常见的飞跃现象，也觉得不可理解。因此，对我们的同志，应当进行辩证唯物论的认识论的教育，以便端正思想，善于调查研究，总结经验，克服困难，少犯错误，做好工作，努力奋斗，建设一个社会主义的伟大强国，并且帮助世界被压迫被剥削的广大人民，完成我们应当担负的国际主义的伟大义务。①

毛泽东在这里纠正了《大学》的错误。"治国平天下"和"修身齐家"没有关系，关键在于找到能够治国平天下的正确思想、正确战略、正确政策。进而，更重要的，这些正确思想、正确战略、正确政策，只能从社会实践中来，只能从反复的社会实践中来。

邓小平是毛泽东的好学生。毛泽东于1976年逝世，给新中国留下了三大历史任务。首先，必须巩固和延续新中国的"汉唐盛世"。第二，毛泽东已经让新中国在世界上站立起来了，是美苏中"大三角"之一，绝不能让新中国的国际地位掉下去。第三，中国革命已经告一段落，急风暴雨式的斗争不能永无止境，中国社会必须开始回归正规化、制度化、法制化。邓小平卓越地完成了这三大任务，从而在中国和世界赢得崇高的威望。邓小平1992年初在南方谈话中指出："改革开放迈不开步子，不敢闯，说来说去就是怕资本主义的东西多了，走了资本主义道路。要害是姓'资'还是姓'社'的问题。判断的标准，应该主要看是否有利于发展社会主义社会的生产力，是否有利于增强社会主义国家的综合国力，是否有利于提高人民的生活水平。"这就是著名的"三个有利于"思想。

第四节　发展社会学理论

发展社会学，是社会学的一个重要分支，是研究一个社会怎样从前工业社会发展成为工业社会的科学。吴忠民、刘祖云、景天魁、张琢、马福云、童星、周运清、徐新、王义祥等学者分别著有《发展社会学》。在20世纪60年代和70年代，发展社会学主要形成了三种理论：现代化理论、依附论、世界体系论。现在，现代化理论和依附论已经

① 《建国以来毛泽东文稿》（第十册），中央文献出版社，1996年，第299~301页。

自行退出了历史舞台，因为这两种理论存在着严重的不足和缺陷。

现代化理论把一切事物都分为传统的和现代的，认为二者可以截然分开，认为只要勇于抛弃传统、走向现代，社会就能很快现代化。“现代化理论”中的“现代”和“传统”这两个核心概念有致命的失误。比如，古罗马有个参议院，美国也有个参议院，日本有个天皇，英国有个女王。参议院、天皇、女王都是“传统”的，但美国社会、日本社会、英国社会却都是“现代”社会，可见传统和现代是无法截然分开的。可以找出无数这样的事例。正是现代化理论在传统和现代这两个核心概念上的失误导致了自身的解体。

依附论源于拉丁美洲研究。一百多年前，拉丁美洲有些国家比美国还发达，现在比美国差了很远，为什么？依附论认为，是因为美国强大以后控制、掠夺拉丁美洲，拉丁美洲被迫依附美国。到了20世纪80年代，用“亚洲四小龙”的发展情况一比较，依附论显然就有问题了。“亚洲四小龙”在发展过程中对发达国家的依附程度，并不在拉丁美洲之下，为什么“亚洲四小龙”能发展，拉丁美洲就不能发展？显然，除了外因以外，还要找一找内因。依附论能否解释拉丁美洲，可以讨论。依附论能不能解释全世界，就不言自明了。

由于前两个理论自行退出了历史舞台，世界体系论就自然变成了这门学科的唯一理论。世界体系论是沃勒斯坦（Immanuel Wallenstein）①②③④⑤⑥ 1974年正式创立的。这一年，他出版了多卷本著作的第一卷：《当代世界体系1：16世纪资本主义农业与欧洲世界经济的起源》（*Modern World - System 1: Capitalist Agriculture and the Origin of the European World - Economy in the Sixteenth Century*）。2000年，美国社会学会全体会员投票选举20世纪美国最伟大的社会学家（不论去世的还是在世的），沃勒斯坦高票当选。从1998年10月1日起，每月1日和每月15日，每月两期，沃勒斯坦以近30种世界主要文字，包括中文，向全球发布“沃勒斯坦评论”，讨论有关国际社会学的世界大事（http://fbc.binghamton.edu/c-scmpg.htm），并供各国学者免费阅读。世界体系论，是目前西方国际社会学和发展社会学的基本理论、主要理论、占主导地位的理论。其主要代表人物是沃勒斯坦、弗兰克、蔡斯·丹等人。

有学者归纳出后发展中国家和地区走向现代化的十大难题：①发展道路和战略目标难以选择。②先进文化输入所引起的社会机体的功能紊乱难以调理。③日益严重的“急性病”难以克服。④传统重负难以摆脱。⑤落后心理难以清除。⑥经济发展不平衡难以改变。⑦消费膨胀难以抑制。⑧人才外流难以控制。⑨政治难以安定。⑩旧世界经济秩序的“马太效应”难以克服。

有学者分析出后发展中国家和地区的九大有利因素：①可以借鉴先发达国家的经

① 江华：《世界体系理论研究：以沃勒斯坦为中心》，上海三联书店，2007年。
② 伊曼纽尔．沃勒斯坦：《美国势力的衰落》，社会科学文献出版社，2007年。
③ 伊曼纽尔．沃勒斯坦：《否定社会科学：19世纪范式的局限》，三联书店，2008年。
④ 伊曼纽尔．沃勒斯坦：《知识的不确定性》，山东大学出版社，2006年。
⑤ 伊曼纽尔．沃勒斯坦：《转型中的世界体系·沃勒斯坦评论集》，社会科学文献出版社，2006年。
⑥ 伊曼纽尔．沃勒斯坦：《沃勒斯坦精粹》，南京大学出版社，2003年。

验，少走弯路。②有先进文化的输入，可缩短文化更新的过程，并能形成文化杂交的优势，打破了夜郎自大、故步自封的迷梦，才能奋起直追。③为克服传统重负提供了日益强有力的冲击力量。④在奋进中有利于克服落后、消极的心态。⑤有利于加速由不平衡到平衡的经济增长。⑥可以把急于提高生活水平的强烈欲望转化为发展生产的动力。⑦可以借助发达国家的教育设施和提供的人力物力培养人才。⑧有助于加速社会的革新和进步。⑨事物向对立面转化是比“马太效应”更强有力的长期起作用的普遍规律，这是为无数事实所证明了的，等等。

新中国六十年取得了辉煌的成就，是目前全世界发展中国家中发展得比较好的，因此现在出现了一种说法，与“华盛顿共识”相对立有一种“北京共识”，与西方发展模式相对立有一个中国模式。对于中国模式和“北京共识”目前在学术界存在着两种看法：第一种看法认为，中国确实存在“北京共识”和中国模式，而且这种模式是很值得总结和提倡的；第二种看法认为，中国近30年来的发展并没有形成中国模式，而是走了过去一些发展中国家和地区的老路，基本上是“亚洲四小龙”早期模式，现在这种模式出现了非常严重的问题，难以为继，必须尽快改变发展模式，因此提出了科学发展观，力图用科学发展观统领中国未来进一步的发展。中国要根据科学发展观转变发展模式之后，才会出现不同于西方、不同于其他发展中国家的中国模式。

第五节　西方社会学理论

西方学者认为，当今西方社会学理论，主要有三大流派：以迪尔凯姆为源头的实证社会学、以韦伯为源头的解释社会学、以马克思为源头的批判社会学，可以从八个方面考察这三大流派的异同。

当今西方社会学的三大理论与方法论流派表

	实证社会学	解释社会学	批判社会学
1. 为什么要研究社会?	发现自然规律，因而人类可以预测和掌控事件	理解与描述有意义的社会行动	打破幻想，为人类剧烈改造社会提供力量
2. 社会现实的本质是什么?	存在着可以发现的、稳定的、既存的模式或秩序	人类的互动造就了对状况的流动着的各种定义	隐蔽在下面的社会结构导致与控制社会冲突
3. 人性的本质是什么?	外部力量铸就追求个人利益的、理性的个人	人类作为社会动物造就了社会的意义，并不断认知自己周围的世界	幻想和剥削束缚了人类没有实现的创造性和适应性
4. 常识在社会研究中的作用是什么?	与科学明显不同，不如科学坚实	是普通人使用的强有力的日常理论	错误的信仰后面隐藏着权力与客观状况

（续上表）

	实证社会学	解释社会学	批判社会学
5. 什么是社会理论？	由定义、定理、规律联结成的有逻辑的、演绎的体系	对一个社会群体的社会意义是如何产生和延续的描述	揭示真实社会状况、帮助人民认识走向更好社会的道路的社会批判
6. 什么是正确的理论解释？	与规律存在逻辑性的联系、基于事实	与研究对象产生共鸣或认同	为人民改造世界提供工具
7. 什么是社会研究中好的证据？	基于精确观察、别人可重复	积淀在流动的社会互动的背景中	来自于打破幻想的理论
8. 研究者的价值观在研究中的作用是什么？	科学是价值中立的，价值在研究中没有位置，只在选择研究课题时有影响	价值是社会生活不可分割的一部分，每个社会群体的价值都没有错误，只是不同而已	所有科学都源于某个价值立场，有的立场是正确的，有的立场是错误的

资料来源：Neuman，*Social Research Method*，Table 4－1. 李毅译。

中国要有自己的社会学理论，不能把当今西方的社会学理论搬来当作中国的社会学理论。中国这么大，人口这么多，历史这么久，世界上任何宏观社会学理论，凡是未经中国社会实践检验的，都要先存疑。通不过中国社会实践检验的，作为普遍性理论，就是错的。当今西方社会学理论，总的说来，基本上，大体上，不符合中国国情，不适用于当今中国社会。有几个原因。首先，不少理论在创立的时候完全基于西方社会的实际，完全不了解中国，完全没有考虑中国国情，特殊性很强，普遍性很差，与中国基本无关。其次，有些理论放在西方是对的，放在中国就是错的。再次，当今西方社会是发达社会，当今中国社会是发展中社会，两者不在一个发展阶段。在发达社会产生和使用的理论，基本上脱离发展中社会的实际。对当今中国比较有借鉴作用的主要是国际社会学理论、发展社会学理论、研究理论的方法论。

本章小结

1. 中国有一个伟大、光荣、正确的社会思想理论传统。这个思想理论传统包含“水能载舟，亦能覆舟”的天命论，大同社会理论，小康社会理论，阳儒阴法，老子社会辩证法思想，孙子军事社会学思想，等等，是人类前工业社会全面、深刻的社会思想体系。

2. 马克思是迄今为止最伟大的社会思想家。马克思一生有两大发现：他发现了人类社会的发展规律，创立了唯物史观；他发现了资本主义社会的运行规律，创立了剩余价值学说。

3. 马克思、恩格斯、列宁都没有提出过社会发展五阶段论。目前世界上没有一个国家经历过这五个阶段，更不能说人类社会必然经历这五个阶段。

4. 中国社会什么时候是原始社会，值得研究。夏商不是原始社会。夏商是不是奴隶社会，值得研究。西周时期是封建社会。从秦到清是什么社会，值得研究。

5. 马克思对什么是社会主义和共产主义各有一段精辟的论述，比《礼记》对“大同”和“小康”的论述更抽象、更精炼、更深刻、更科学。

6. 毛泽东思想是中华民族最宝贵的精神财富之一。毛泽东思想继往开来，把中国社会思想传统与当代世界的发达生产力和先进思想相结合，继承和发展了马克思的唯物史观，把中国社会思想推进到一个崭新的现代阶段。毛泽东社会思想有两个最重要的贡献：第一是毛泽东的社会研究方法论，第二是毛泽东的三个世界划分理论。

7. 邓小平是毛泽东的好学生。邓小平指出，在中国判断事物正确与否的标准，应该主要看是否有利于发展社会主义社会的生产力，是否有利于增强社会主义国家的综合国力，是否有利于提高人民的生活水平。

8. 60 年前发展社会学有三大理论：现代化理论、依附论、世界体系论。现代化理论和依附论由于自身错误自动退出历史舞台。中国总结60年发展的经验教训，提出了科学发展观。目前有没有“中国模式”和“北京共识”，学术界有两种看法。

名词解释

社会学理论（或社会思想）：就是对中国社会、亚洲社会、人类社会的过去、现在、未来的发展演变大趋势及其规律性给出一个说法。

天命论：水能载舟，亦能覆舟，天听自我民听，天视自我民视，丧失天命就要改朝换代。

大同：天下为公。故人不独亲其亲，不独子其子。货，恶其弃于地也，不必藏于已；力，恶其不出于身也，不必为已。故外户而不闭。

小康：天下为家，各亲其亲，各子其子，货力为已，刑仁讲让，示民有常。

阳儒阴法：表面上崇尚儒家，实际上应用法家。

以教为史：西方文明的特点。重视宗教超过重视历史，在宗教中表述历史。

以史为教：中国文明的特点。主流社会、上流社会、知识社会不信宗教。以史为鉴。天行健，君子以自强不息。

唯物史观：生产力、生产关系（经济基础）、政治法律·（上层建筑）、意识形态、历史创造者五者之间的矛盾运动推动人类社会的变化发展。就每个具体的社会、国家、民族而言，不见得都会前进。在世界史上，大多数国家和民族，包括一些曾经强盛一时的国家和民族，衰落了，衰亡了，灭亡了。物竞天择，适者生存。

资本主义：资本家占有生产资料，通过剩余价值获取利润。

社会主义：各尽所能，按劳分配。

共产主义：各尽所能，按需分配。

实践论：人的正确思想理论，只能从实践中来。一个正确的认识，往往需要由实践到认识、由认识到实践这样多次的反复，才能够完成。

三个有利于：判断事物正确与否的标准，应该主要看是否有利于发展社会主义社会的生产力，是否有利于增强社会主义国家的综合国力，是否有利于提高人民的生活水平。

中文推荐阅读

1. 陆学艺、王处辉：《中国社会思想史资料选辑》（1～6 卷），广西人民出版社，2005—2007 年。

2. 李培林等：《中国社会学经典导读》，社会科学文献出版社，2009 年。

3. 谢立中：《中国社会学经典读本》，北京大学出版社，2007 年。

4. 章太炎：《国学概论》，上海古籍出版社，2006 年。

5. 王处辉：《中国社会思想史》，中国人民大学出版社，2002 年。

6. 曾亦：《中国社会思想史读本》，上海人民出版社，2007 年。

7. 王江红：《中国历代社会思想》，社会科学文献出版社，2005 年。

8. 黄宗良、孔寒冰：《世界社会主义史论》，北京大学出版社，2004 年。

9. 戴清亮、邸乘光：《当代中国社会主义思想史》，安徽大学出版社，2006 年。

10. ［美］戴维·麦克莱伦：《马克思思想导论》（第三版），中国人民大学出版社，2008 年。

11. 李毅：《马克思社会思想史纲》，社会科学文献出版社，1993 年。

12. 吴忠民、刘祖云：《发展社会学》，高等教育出版社，2002 年。

13. 景天魁：《中国社会发展与发展社会学》，学习出版社，2000 年。

14. 张琢、马福云：《发展社会学》，中国社会科学出版社，2001 年。

15. 童星：《发展社会学与中国现代化》，社会科学文献出版社，2005 年。

16. 周运清：《新编发展社会学》，武汉理工大学出版社，2003 年。

17. 徐新：《发展社会学》，上海大学出版社，2005 年。

18. 王义祥：《发展社会学》，华东师范大学出版社，2004 年。

19. ［法］雷蒙·阿隆：《社会学主要思潮》，上海译文出版社，2001 年。

20. ［美］乔纳森·H. 特纳：《社会学理论的结构》（第七版），华夏出版社，2006 年。

21. ［美］迈克尔·马科夫斯基、兰德尔·柯林斯：《发现社会之旅—西方社会学思想评述》，中华书局，2006 年。

22. ［美］赖特·米尔斯：《社会学的想象力》，三联书店，2005 年。

23. ［美］丹尼尔·贝尔：《后工业社会的来临》，三联书店，1984 年。

24. 于海：《西方社会学文选》（英文版），复旦大学出版社，2003 年。

25. 谢立中：《西方社会学经典读本》（上、下册），北京大学出版社，2008 年。

26. 于海：《西方社会思想史》，复旦大学出版社，2010 年。

27. 杨善华、谢立中：《西方社会学理论》（上、下卷），北京大学出版社，2005 年。

28. 侯钧生：《西方社会学理论教程》，南开大学出版社，2006 年。

29. 刘少杰：《国外社会学理论》，高等教育出版社，2006 年。

30. 刘少杰：《后现代西方社会学理论》，社会科学文献出版社，2002 年。

31. 文军：《西方社会学理论：经典传统与当代转向》，上海人民出版社，2006 年。
32. 周晓红：《西方社会学——历史与体系》（第 1 卷），上海人民出版社，2002 年。
33. 宋林飞：《西方社会学理论》，南京大学出版社，1997 年。
34. 张雄、王晶雄：《新编现代西方社会思潮》，上海社会科学院出版社，1999 年。
35. 俞可平等：《中国模式与北京共识》，社会科学文献出版社，2006 年。

英文推荐阅读

Theory

Patrick, Nolan and Gerhard Lenski. 2008. *Human Societies: An Introduction to Macrosociology*. 11th ed. Paradigm Publisher.

Sanderson, Stephen K. and Arthur S. Alderson. 2005. *World Societies: The Evolution of Human Social Life*. Pearson.

Fligstein, Neil. 2001. *The Architecture of Markets: An Economic Sociology of Twenty - First - Century Capitalist Societies*. Princeton University Press.

Macro Sociology

(**Summary**)

Evans, Peter B. and Stephens, John D. 1988. *Development and the World Economy*. In: Neil J. Smelser (ed.). *Handbook of Sociology*. Sage.

Whyte, Martin King, Vogel, Ezra F. and Parish Jr., William L. 1977. Social Structure of World Regions: Mainland China. *Annual Review of Sociology* 3.

Walder, Andrew G. 1989. Social Change in Post - Revolution China. *Annual Review of Sociology* 15.

Nee, Victor and Rebecca Matthews. 1996. Market Transition and Societal Transformation in Reforming State Socialism. *Annual Review of Sociology* 22.

Bian, Yanjie. 2002. Chinese Social Stratification and Social Mobility. *Annual Review of Sociology* 28.

(**Before the Chinese Revolution**)

Chase - Dunn, Christopher and Thomas D. Hall. 1997. *Rise and Demise: Comparing World - Systems*. Westview Press.

Eisenstadt, S. N. 1993 (1963). *The Political Systems of Empires*. New Jersey: Transaction Publishers.

McNeill, William H. 1982. *The Pursuit of Power: Technology, Armed Force, and Society since A. D. 1000*. University of Chicago Press.

Kennedy, Paul. 1987. *The Rise and Fall of the Great Powers: Economic Change and Military Conflict from 1500 to 2000*. Random House.

Frank, André Gunder. 1998. *ReOrient: Global Economy in the Asian Age*. University of

California Press.

Pomeranz, Kenneth. 2000. *The Great Divergence: China, Europe, and the Making of the Modern World Economy.* Princeton University Press.

Marks, Robert B. 2002. *The Origin of the Modern World: A Global and Ecological Narrative.* Romwan & Littlefiled.

(**The Chinese Revolution**)

Skinner, G. William. 2001. *Marketing and Social Structure in Rural China.* 6th ed. Assoication of Asian Studies.

Moore, Barrington. 1966. *Social Origins of Dictatorship and Democracy: Lord and Peasant in the Making of the Modern World.* Beacon Press.

Bianco, Lucien. 1971. *Origins of the Chinese Revolution.* Stanford University Press.

Skocpol, Theda. 1979. *States and Social Revolutions: A Comparative Analysis of France, Russia, and China.* Cambridge University Press.

Schrecker, John E. 2004. *The Chinese Revolution in Historical Perspective.* 2nd ed. Praeger.

(**After the Chinese Revolution**)

Balazs, Atone. 1964. *Chinese Civilization and Bureaucracy.* Yale University Press.

Boswell, Terry and Chase - Dunn Christopher. 2000. *The Spiral of Capitalism and Socialism.* Lynne Rienner.

Vogel, Ezra F. 1991. *The Four Little Dragons: The Spread of Industrialization in East Asia.* Harvard University Press.

Kissinger, Henry. 2001. *Does America Need a Foreign Policy: Towards a Diplomacy for the 21st Century.* Simon & Schuster.

General

De Bary, Wm. Theodore and Bloom, Irene (eds.). 2000. *Sources of Chinese Tradition, Vol. I.* Columbia University Press.

De Bary, Wm. Theodore and Lufrano, Richard (eds.). 2001. *Sources of Chinese Tradition, Vol. II.* Columbia University Press.

Fung, Yu - lan. (1948) 1997. *A Short History of Chinese Philosophy: A Systematic Account of Chinese Thought from its Origin.* The Free Press.

Fung, Yu - lan. 1983. *A History of Chinese Philosophy.* Princeton University Press.

Vol. I: *The Period of the Philosophers (From the beginning to circa* 100 *B. C.)*.

Vol. II: *The Period of Classical Learning (From the second century B. C. to the twentieth century A. D.)*.

Schuartz, Benjamin I. 1985. *The World of Thought in Ancient China.* Harvard University Press.

Gotshalk, Richard. 1999. *The Beginnings of Philosophy in China.* University Press of America.

Twohey, Michael. 1999. *Authority and Welfare in China: Modern Debates in Historical Perspective.* St. Martin's Press.

Book of Change

Book of Changes. Translated by Cary F. Baynes. 1997. Princeton University Press.

The Classics of Changes: A New Translation of the I Ching as Interpreted by Wang Bi. Translated by Richard John Lynn. 1994. Columbia University Press.

Wilhelm, Hellmut and Richard Wilhelm. 1995. *Understanding the I Ching.* Princeton University Press.

Gotshalk, Richard. 1999. *Diviation, Order, and the Zhouyi.* University Press of America.

Chung, Chang - Soo. 2001. *I Ching on Man and Society: An Exploration into its Theoretical Implications in Social Sciences.* University Press of America.

Marshall, S. J. 2001. *The Mandate of Heaven: Hidden History in the I Ching.* Columbia University Press.

Taoism

Lao Zi. *The Classic of the Way and Virtue: A New Translation of the Dao - De Jing of Laozi as Interpreted by Wang Bi.* Translated by Richard John Lynn. 1999. Columbia University Press.

Lao Zi. *Lao - Tzu's Te - Tao Ching: A Translation of the Startling New Documents Found at Guodian.* Translated by Robert G. Henricks. 2000. Columbia University Press.

Zhuang Zi. *Chuang Tzu: Basic Writings.* Translated by Burton Watson. 1996. Columbia University Press.

Confucianism

Brooks, E. Bruce and Brooks, A. Taeko. 1998. *The Original Analects: Saying of Confucius and His Successors.* Columbia University Press.

Shun, Kwong - Loi. 1997. *Mencius and Early Chinese Thought.* Stanford University Press.

Sato, Masayuki. 2003. *The Confucian Quest for Order: The Origin and Formation of the Political Thought of Xunzi.* Brill.

Goldin, Paul Pakita. 1999. *Rituals of the Way: The Philosophy of Xunzi.* Chicago: Open Court.

Zhu Xi. 1990. *Learning to Be a Sage: Selections from the Conversation of Master Chu, Arranged Topically.* University of California Press.

Zhang, Weibin. 1999. *Confucianism and Modernization: Industrialization and Democrati-*

zation of the Confucian Regions. St. Martin's Press.

Tu, Wei – ming. 1985. *Confucian Thought: Selfhood as Creative Transformation.* State University of New York Press.

Jensen, Lionel M. 1998. *Manufacturing Confucianism, Chinese Tradition and Universal Civilization.* Duke University Press.

Henderson, John B. 1991. *Scripture, Canon, and Commentary: A Comparison of Confucian and Western Exegesis.* Princeton University Press.

Tu, Wei – ming (ed.). 1996. *Confucian Traditions in East Asian Modernity: Moral Education and Economic Culture in Japan and the Four Mini – Dragons.* Harvard University Press.

Yao, Xinzhong. 2000. *An Introduction to Confucianism.* Cambridge University Press.

Legalists and Strategic Militarists

Guan Zi. *Guanzi, Vol. I.* Translated by W. Allyn Rickett. 1998. Princeton University Press.

Han Fei Zi. *Han Fei Tzu: Basic Writings.* Translated by Burton Watson. 1996. Columbia University Press.

Fu, Zhenyuan. 1996. *China's Legalist: The Earliest Totalitarians and Their Art of Ruling.* M. E. Sharpe.

Sun Zi. *The Art of War.* Translated by Ralph D. Sawyer. 1994. Westview Press.

Johnston, Alastair Lain. 1998. *Cultural Realism: Strategic Culture and Grand Strategy in Chinese History.* Princeton University Press.

Sawyer, Ralph D. and Mei – Chun Lee Sawyer. 1996. *The Art of the Warrior: Leadership and Strategy from the Chinese Military Classics.* Shambhala.

Sima Qian

Sima Qian. *Records of the Grand Historian.* 3rd ed. Translated by Burton Watson. 1993. Columbia University Press.

Qin Dynasty.

Han Dynasty, Vol. 1.

Han Dynasty, Vol. 2.

Watson, Burton. 1958. *Ssu – Ma Chien: Grand Historian of China.* Columbia University Press.

Hardy, Grant. 1999. *Worlds of Bronze and Bamboo: Sima Qian's Conquest of History.* Columbia University Press.

Learning from the West

Spence, Jonathan D. 1996. *God's Chinese Son: The Taiping Heavenly Kingdom of Hong Xiuquan.* W. W. Norton.

Hsiao, Kung - chuan. 1975. *A Modern China and a New World: Kang Yu - wei, Reformer, and Utopian, 1858 - 1927.* University of Washington Press.

Schwartz, Benjamin. 1969. *In Search of Wealth and Power: Yen Fu and the West.* Harper and Row.

Elliott, Jane E. 2002. *Some Did It for Civilization, Some Did It for Their Country: A Revised View of the Boxer.* The Chinese University Press.

Xiang, Lanxin. 2003. *The Origins of the Boxer War: A Multinational Study.* Routledge.

Sun Zhongshan

Sun, Zhongshan. 1994. *Prescriptions for Saving China: Selected Writings of Sun Yat - Sen.* Hoover Institution Press.

Bergere, Marie - Claire. 1998. *Sun Yat - Sen.* Stanford University Press.

Chang, Sidney H. and Gordon, Leonard H. D. 1998. *Bibliography of Sun Yet - Sen: in China's Republican Revolution*, 1885 - 1925. 2nd ed. University Press of America.

Wells, Audrey. 2001. *The Political Thought of Sun Yat - Sen.* Palgrave.

Chow, Tse - tung. 1967. *The May Fourth Movement: Intellectual Revolution in Modern China.* Stanford University Press.

Pantsov, Alexander. 2000. *The Bolsheviks and the Chinese Revolution.* Curzon.

Fitzgerald, John. 1996. *Awaking China: Politics, Culture, and Class in the Nationalist Revolution.* Stanford University Press.

Fenby, Jonathan. 2004. *Chiang Kai-shek: China's Generalissimo and the Nation He Lost.* Carroll & Graf.

Dirlik, Arif. 1989. *The Origins of Chinese Communism.* Oxford University Press.

Mao Zedong

Mao, Zedong. *Mao's Road to Power: Revolutionary Writings 1912 - 1949.* (From 1992.) Edited by Stuart R. Schram. M. E. Sharpe.

Vol. Ⅰ: *The Pre - Marxist Period, 1912 - 1920.*

Vol. Ⅱ: *National Revolution and Social Revolution, December 1920 - June 1927.*

Vol. Ⅲ: *From the Jinggangshan to the Establishment of Jiangxi Soviets, July 1927 - December 1930.*

Vol. Ⅳ: *The Rise and Fall of the Chinese Soviet Republic, 1931 - 1934.*

Vol. Ⅴ: *Toward the Second United Front, January 1935 - July 1937.*

Vol. Ⅵ: *The New Stage, August 1937 - 1938.*

Vol. Ⅶ: *New Democracy, 1939 - 1941.*

Vol. Ⅷ: *Rectification, 1942 - July 1945.*

Vol. Ⅸ: *From Victory to Civil War, August 1945 - June 1947.*

Vol. Ⅹ: *Towards the Conquest of Power, July 1947 - October 1949.*

Mao, Zedong. *The Writings of Mao Zedong, 1949 – 1976.* (From 1986.) Edited by Michael Y. M. Kau and John K. Leung. M. E. Sharpe.

Vol. Ⅰ: *September 1949 – December 1955.*

Vol. Ⅱ: *January 1956 – December 1957.*

Burr, Milliam (ed). 1998. *The Kissinger Transcripts: The Top Secret Talks with Beijing and Moscow.* New Press.

Schram, Stuart R. 1989. *The Thought of Mao Tse – tung.* Cambridge University Press.

Nick Knight, 2007, *Rethinking Mao: Explorations in Mao Zedong's Thought.* Lexington Books.

Spence, Jonathan D. 1999. *Mao Zedong.* Penguin.

Short, Philip. 1999. *Mao: a life.* Henry Holt and Company.

Lee, Feigon. 2003. *Mao: A Reinterpretation.* Rowman & Littlefield.

Lynch, Michael. 2004. *Mao.* Routledge.

Xin Jianfei. 1998. *Mao Zedong's World View: From Youth to Yanan.* University Press of America.

Andrew, Anita and Rapp, John A. 2000. *Autocracy and China's Rebel Founding Emperors: Comparing Chairman Mao and Ming Taizu.* Rowman & Littlefield.

Deng Xiaoping

Sir Evans, Richard. 1997. *Deng Xiaoping and the Making of Modern China.* Penguin.

Deng, Xiaoping. 1994. *Selected Works of Deng Xiaoping.* Beijing: Foreign Language Press.

Volume Ⅰ: (1938 – 1965).

Volume Ⅱ: (1975 – 1982).

Volume Ⅲ: (1982 – 1992).

Today

Leonard, Mark. 2008. *What Does China Think?* Public Affairs.

思考题

1. 什么是天命论？什么是大同？什么是小康？什么是阳儒阴法？
2. 什么是以教为史？什么是以史为教？
3. 什么是马克思的唯物史观？
4. 《国际歌》的歌词是什么？你会唱吗？
5. 中国社会从秦到清是什么社会？
6. 什么是资本主义？什么是社会主义？什么是共产主义？
7. 为什么现代化理论、依附论自行退出历史舞台？

8. 人的正确思想理论是从哪里来的？

9. 什么是“三个有利于”？

10. 当今中国社会两大社会思潮是什么？

第三章　国际社会学*

中国亟须建立为中华民族的根本利益和长远利益服务的中国自己的国际社会学。没有国际社会学的社会学是残缺不全的。就像经济学不能没有世界经济学，法学不能没有国际法学，政治学不能没有国际政治学。

第一节　国际社会学的基本内容

国际社会学是社会学的一个重要分支。世界经济学、国际政治学、国际法学各自只是研究国际社会的一个部分，国际社会学则是对国际社会作整体研究的科学。中国自己的国际社会学应该包括哪些基本内容，需要研究确定。笔者认为可以包括以下内容。

第一，几十年来，几百年来，几千年来，国际社会存在一个世界体系，由三部分组成：第一世界、第二世界、第三世界；或核心、半边缘、边缘。几百年来，形成了由民族国家构成的资本主义世界体系。

第二，在生产力、生产关系（经济基础）、政治法律（上层建筑）、意识形态、历史创造者这五者相互矛盾运动的复杂过程中，世界史上，大部分文明、国家、民族，包括不少强盛一时的文明、国家、民族，已经衰落、衰亡、灭亡了。谁灭亡，谁生存，谁壮大，谁做世界强国，不是注定的，不是历史规律决定的，不是历史必然性决定的。

第三，物竞天择，适者生存。世界强国，是这个国家的人民，在这个国家的领导阶层、领导集团、最高统帅的英明领导下，万众一心、立志高远、不惜牺牲、奋勇向前干出来的。世界强国是在国际经济金融竞争、国际军事外交竞争、国际文化竞争中脱颖而出的。

第四，中国、法国、英国、俄国、美国、日本、德国、印度等国先后崛起的经验特别需要深入研究学习，特别是经济金融、军事外交、社会公正平等这三大领域。南美被美国超过、印度被中国超过、苏联解体的教训特别值得研究。这些研究应该成为中国国际社会学研究的基础和主体。

第五，近代，欧洲取代中国成为世界核心，不是因为欧洲当时社会制度或意识形态比中国先进，而是欧洲作为后发的落后国家和地区，用大跃进的方式学习中国、赶超了中国。

第六，精神国力至关重要。中国百年国耻，集中表现在中国打输了两次鸦片战争、甲午战争和九一八事变。就物质国力而言，中国在鸦片战争中占绝对优势，在甲午战争

* 本章为中国教育部科研项目【2008】890号“国际社会学的学科建设”初步成果之一。

中占压倒性优势，在九一八事变中占明显优势，在朝鲜战争中是绝对劣势。由于精神国力崩溃，中国打输了鸦片战争、甲午战争，丢掉了中国东北。由于精神国力强大，中国打赢了朝鲜战争。朝鲜战争是中国历史、亚洲历史、世界历史的转折点。

第七，马克思批判的原始自由资本主义必然灭亡，在两次世界大战和大萧条之后，原始自由资本主义在发达资本主义国家中已经灭亡了。目前存在于一些不发达国家和地区。

第八，革命是历史的火车头，当今世界美好人类社会，是由法国革命、俄国革命、中国革命为代表的革命运动引领的。革命烈士、革命领袖的丰功伟绩永垂不朽。

第九，“二战”后，美日欧发达资本主义国家建立了政府强力调节和干预经济、“从摇篮到坟墓”的社会保障和社会福利体制、十二年义务教育体制、高等教育贷款制度等一系列具有某些社会主义性质的社会制度。

第十，社会主义市场经济是当今人类社会的必由之路。斯大林模式社会主义计划经济的社会制度，在工业化初期，在工业化起飞阶段，在战争准备时期，具有无与伦比的生命力、创造力、优越性。但在经济发展到一定阶段之后，在一些领域需要加入市场经济，否则社会经济发展会受到阻碍。

第十一，迟发展者为了动员资本和压低工资，倾向于权威政府。外部压力强迫各国寻求合适的军事组织结构，而军事组织结构又反过来重铸了国家的内部结构。对于迟发展者而言，市场的有效运行常常与强大的国家政权相连，而市场失灵往往源于国家没有自主权和政府低能。“二战”后的日本、亚洲“四小龙”的强劲崛起，都显示出国家干预同市场导向相结合十分有效。果断的国家机器有助于实施有效的市场导向政策，使私营企业缺乏自主权和政府低能的国家机器必然破坏市场、伤害发展。国家政策和市场当然不会只向一个方向运动。工业化和城市化增加财富、提高教育水平、发展大众传媒、促进收入平等、扩大中产阶级，这些反过来又促进了政治民主化。

第十二，以中国、日本为代表的东亚发展模式，包括五个发展环境因素：①曾受西方侵略；②本国旧社会秩序的瓦解，革命或维新改革；③社会经济发展在政治上和经济上的迫切性；④一支渴望工作的、数量庞大的劳动大军；⑤向发达国家学习。包括四个制度文化要素：①基于学历和政绩选择出来的以天下为己任的儒家式政府精英；②统一的高等学校入学考试（科举）；③社会的集体主义；④自立自强、自我奋进的个人奋斗。

第二节　国际社会发展演变概述

国际社会的发展演变波澜壮阔、沧海桑田，这里只能非常简单地勾勒一下。人类历史上，多数文明、国家、民族，包括一些强盛一时的国家和民族，都衰落了、衰亡了、灭亡了。现在一般认为人类社会有六大古文明：古埃及、古巴比伦、古印度、古玛雅、古希腊、古中国。前四个文明都灭亡了，古埃及文字现在世界上没有几个人认得，唐僧玄奘熟悉的古印度文明灭亡了。希腊文明传下来了，但今天希腊只有几百万人口，是个小国，尽管今日西方文明溯源说来自希腊文明。只有中国文明，不但没有灭亡，中国反而变成了世界上人口最多的国家。

几十年来、几百年来、几千年来，人类社会都是一个世界体系，都有第一世界、第二世界、第三世界，或核心、半边缘、边缘之分。近几百年来，这个世界体系基本上变成了民族国家构成的资本主义世界体系。目前，第一世界主要是后工业社会，第二世界主要是工业社会，第三世界主要是农业社会。当今世界大约70亿人口，美日欧澳第一世界核心发达国家和地区大约有10亿人，占世界财富和收入的70%。第一世界2008年人均GDP至少在3万美元以上，也就是说，至少是中国内地的10倍以上。第二世界半边缘国家和地区大约有20亿人，大约占世界财富和收入的15%，2008年人均GDP大约在5 000~30 000美元之间。苏联和东欧一些国家原来在第一世界，由于苏联解体，掉到了第二世界。第三世界边缘国家和地区大约有40亿人，大约占世界财富和收入的15%，2008年人均GDP在5 000美元以下。第三世界内部差别也很大，2008年，中国人均GDP有3 315美元，印度只有1 016美元。几十年来，虽然第三世界人民的生活水平、文化水平、平均寿命明显有所提高，但第一、二、三世界之间的绝对差距还在不断加大，全球不平等还在加剧之中。中国整体在不久的将来可能从第三世界进到第二世界，但由于中国城乡之间、地区之间贫富悬殊，中国的很大一部分人还将长期处于第三世界。也有学者反对三个世界的说法，主张改用高收入国家和地区、中等收入国家和地区、低收入国家和地区的说法，这种说法把中国和印度算作中等收入国家。

“二战”结束六七十年来，世界体系发生了两件大事：一是新中国的崛起，二是苏联的解体。人类历史上先后崛起过几十个世界强国，多数已经灭亡了。目前还存在的世界强国，按照曾经崛起的时间顺序是：中国、法国、英国、俄国、美国、德国、日本，以及印度等国。这几个国家今天之所以成为世界强国，不是注定的，不是人类社会历史的必然，是这些国家的人民，在这些国家的领导阶层、领导集团的英明领导下，在正确大战略的指引之下，选择适合本国实际的社会制度，劈荆斩棘、奋勇向前，干出来的。

历史上第一个崛起的是中国。秦汉和罗马帝国之前，人类社会发展有限。战国七雄，各有数百或上千年历史。七国之间，老百姓语言不相通；文字、货币、度量衡、法律都有差异。不但北向有长城，七国之间亦有长城相隔。书面语已经开始分化，中国似乎永无统一之日。

两千多年前，中国出了个秦始皇。秦王扫六合，短短九年，一统天下。秦始皇之前的商鞅变法，彻底改造了秦国社会。以土地私有制取代封建井田制；以中央集权郡县制取代封建分封制；以军功贵族取代世袭贵族制。对于士兵和下级军官，以本人所取之敌人首级数量论军功；对于指挥百人以上的军官，以麾下士兵所取之敌人首级数量论军功。军功贵族只能世袭三代。三代之内，若没有新立军功，则贬为庶民。如此造就了秦军百万“虎狼之师”。事实上，当时七国都进行了类似的改革。只是相比之下，商鞅变法最为彻底。商鞅把政策变为法律，把法律刻成碑文。当时无论经济上、军事上、文化上，秦与六国比都不占绝对优势。现在回顾中国统一的原因，秦始皇的雄才大略，至少和秦统一前的时势同等重要。统一中国，这是万代不遇之际，稍纵即逝。如果不是秦始皇雄才大略、审时度势、毅然决然，中国就不会统一，世界历史就会完全不同。统一中国后，秦始皇统一文字、货币、法律、度量衡，修驰道，拆毁六国之间的长城，合并、修筑北向长城。更重要的是，大秦帝国疆域所及，土地私有制和郡县制得以确立。是秦始皇缔造了中国，百代尚行秦政法。

汉高祖刘邦不了解郡县制的先进性和封建制的落后性。他在西部保持郡县制，在东部恢复封建分封制。很快就起“七国之乱”，中央只得武力平叛，恢复郡县制。汉武帝刘彻雄才大略，经略西域。他意识到理性的官方意识形态对于一个民族国家的重要性，于是废黜百家，独尊儒术。此后两千年，中国历史上的政治精英阳儒阴法，再加老子和孙子兵法，形成了前工业世界较为完善的社会理论体系。亚当·斯密之前，西方无人超过韩非子。黑格尔之前，西方无人超过老子。到现在，西方也没有人超过孙子。

中国人以史为教，自强不息。在秦始皇、孔子、司马迁的光辉照耀下，基于先进的经济政治制度、先进的意识形态、先进的科学技术，中国雄踞人类农业文明之巅 1 500 多年。唐宋完善了始于汉代的科举制。元朝纳入西藏。明代郑和下西洋，3 万水兵，数百战舰，远游世界，他们发现中国太先进了，世界的其余地方与中国比太落后了，加之明朝精英的心胸比秦、汉、唐精英狭隘许多，明朝精英最终放弃了海外探险。

古希腊是个小半岛，局面不大，亚历山大的帝国还没有建起来，就出师虽捷身先死。罗马帝国曾是美国之前西方文明最高峰，与秦汉各有千秋，但很快就土崩瓦解了。与汉代同时的罗马帝国，是被蛮族入侵消灭了。汉武帝灭匈奴，犁庭扫穴，匈奴不得已大举西迁，一路向西杀去，引起欧亚大陆从大汉帝国到罗马帝国之间由东向西的人类大迁徙，十几个或几十个大部族，史上称为蛮族，一浪追逐一浪，后浪推前浪，捣毁了罗马帝国，把欧洲推进了中世纪。

蒙古帝国只是昙花一现。蒙古帝国是人类社会最大的帝国，对人类文明的传播起了巨大的促进作用，全盛时期欧亚非商旅畅通无阻。但几十年就灭亡了，原因是没有正确的社会经济制度，没有正确的意识形态，没有各级专业政府，和罗马帝国一样实行军事占领下的委任统治。

法、英、俄、德崛起，欧洲取代中国成为世界体系的中心，是很近的事。后来美国国内产生总值超过英国，所有这些，都是很近的事。欧洲中世纪封建制比中国先秦封建制还落后，领主混战从未间断。但落后和混战也创造了机会，工业革命意外地发端于英国。换句话说，欧洲是在合适的时间、合适的地点迎接了资本主义的兴起。中国农业文明太先进，新型社会制度反倒产生不出来，因为不急需。忽然之间，农业中国滑向世界体系的边缘，工业化的欧洲崛起成了世界中心。

重现罗马帝国的辉煌，一直是西方文明的最高理想。拿破仑之前，西方世无英雄。拿破仑雄才大略，想在工业革命的基础上建立自己的“罗马帝国”，但为时已晚。当时，欧洲主要民族国家大都成形。语言文化，差异甚大。英俄两国，均为强权。拿破仑遂注定失败。英国从不追求称霸欧洲，五百年来一直以破坏欧洲统一为“最高国策”。俄国自知落后，从彼得大帝开始，努力追赶。俾斯麦很务实，只求德国统一，在欧洲搞大国平衡。斯大林可能在脑子里闪过这个念头，这从莫斯科世界首都般的宏伟布局可见一斑。但斯大林从未追求独霸世界，因为他高度务实，知道自己实力的局限性。“二战”以前斯大林没有挑战德国、独霸欧洲的意思，“二战”以后斯大林没有挑战美国、独霸世界的意思。希特勒白日做梦，以为斯大林和罗斯福挡不住他统一欧洲。拿破仑和希特勒都败在两件事上：莫斯科的冬天和英吉利海峡。这不是巧合，拿破仑和希特勒都不知道自己实力的局限性。戈尔巴乔夫上台后苏联解体，使俄国的 GDP 从 1990 年占美国 1/2 跌到 2002 年占美国 1/30。

苏联解体的直接原因不在于社会经济制度，而在于错误的民族政策。苏联的社会经济制度没有好到能支撑它长期成为两个超级大国之一，却也没有坏到致使苏联马上解体。十月革命以后，苏联领导人制定了新宪法，如同内战以前的美国宪法允许各州自由参加或退出联邦，苏联宪法也一直允许各少数民族共和国自由参加或退出联盟。美国严格要求第二、第三代非英语少数民族移民以英语为官方语言，而苏联从来没有规定少数民族必须说俄语。这两个错误的民族政策是苏联解体的主要原因。结果，美国社会就像一个大熔炉，成功地将不同的民族和种族融合在一个统一的说英语的民族国家；而苏联则正相反，全部 14 个少数民族加盟共和国都在 1991 年赢得独立。

美国的崛起，同样不是历史的必然，无论从国内因素还是国际因素来看。2 200 万北美印第安人有勇有谋，但从来没有一个成吉思汗式的英雄将他们统一成一个国家。欧洲殖民者遇到的是几十个相互为敌的印第安部落。这使得欧洲殖民者轻而易举地消灭了 2 100 万印第安人，把剩下的 100 万赶进"集中营"。这场人类历史上最大的大屠杀造就了人类历史上最大最好的未开垦处女地，等待建立人类历史上最伟大的现代工业国家。在从农业社会向工业社会的转变中，所有大国都经历过血腥的革命或改革。但是，无论有多少革命和改革，都难免留下前工业社会的遗迹。美国、加拿大和澳大利亚却是例外，因为殖民者彻底消灭了作为前工业社会的整个北美印第安社会和澳洲土著。这是现代革命史上最彻底的社会革命。同彻底消灭北美印第安社会相比，法国革命、俄国革命、中国革命，所有这些大革命都显得如此和风细雨。美国之所以成为世界体系的中心，不是因为美国没有社会革命，而恰恰是因为美国发生了最完全、最彻底的社会革命——彻底消灭了前工业社会。

美国并非从来就这么强大。1812 年战争，英军入侵美国，攻占华盛顿，火烧白宫，美国总统和政府落荒而逃。情况比中国火烧圆明园时还要危急，但美国领导人没有投降，抗战到底，英国被迫退兵。"路易斯安娜购买"是天赐良机。在此之前，在北美大陆很有可能共存几个民族国家，各自使用英语、法语、西班牙语，甚至俄语和德语。加利福尼亚、得克萨斯、新墨西哥都可以成为独立于美国的民族国家。而"路易斯安娜购买"之后，没有一个国家在西海岸有足够的地盘同美国分庭抗礼。此后，从东岸至西岸，这片广袤的土地将属于一个单一的说英语的工业化国家。

在唯一的一次内战中，比较人口、财富和工业生产力三个方面，南方都大大弱于北方。南方白日做梦，以为北方会恪守美国宪法，允许各州自由加入或脱离联邦。在美国历史上，南北战争是一场大战。但与其他大国的内战相比，这只是个小战斗。经过这场小战斗，美国再也不曾分裂。主要是林肯，而不是华盛顿，缔造了今天的美国。

地理位置同样重要。美国得以从东岸扩张到西岸，很大程度上是因为这里从来不存在别的民族国家。面对美国的入侵，加拿大和墨西哥打得轻松而成功，避免了成为美国的一部分。就国际环境而言，北美大陆既无旧列强，又无新列强。如果北有俄国，东临日本、朝鲜，西南面是印度、巴基斯坦，南接越南，不要说长期存在，美国能否建立都是个问题。

南北战争之前、之后，直承欧洲，工业革命在美国进行得又快又好。由于美国地广人稀，美国人乐于采纳任何节约人力的技术。回顾起来，疆域辽阔是美国得以在技术、产品、产值和人口上最终超过日、德、英、法的最重要因素。美、日、德、英、法在人均产值上差异不大，而美国的产值总量第一，纯粹因为地盘最大、人口最多。日、德、英、法和美国相比已经拥挤不堪，美国却依然地广人稀。美国人口还将持续增长。疆域辽阔这个优势还将保持三百到五百年。许多美国精英是爱尔兰裔，但爱尔兰却因为领土狭小、人口拥挤而无法成为一个强国。

今日美国，经济、军事、政治、科技、社会保障、高校科研、文化、卫生、体育，各项社会体制，虽不尽善尽美，但皆举世无人与之匹敌。中国还有大约一半劳动力是农业劳动力。2008 年美国的人均 GDP 是中国的 14 倍，经济总量是中国的三倍多。仅仅是美国的制造业就超过全中国的经济总量。美国 GDP 接近世界 GDP 的 1/4，中国只有 7%。世界 500 强企业，美国占一半，中国内地只有二十几个。世界 100 强大学，80 所在美国，中国寥寥无几。最重要的是，在可预见的将来，不论是信息技术、生物工程、材料科学，美国都是世界新科技革命不可挑战的领袖。

美国的军费开支现在超过日本、德国、英国、法国、俄罗斯、中国、印度和巴西军费的总和，超过全球军费总和的一半。世界第三强权日本和第四强权德国，现仍由美军驻防保护。南美是美国第一后院，中东是第二后院，现在中亚正在变成第三后院。美国的最高国策，就是绝对不允许在欧洲或亚洲出现一个可能挑战美国独霸世界的潜在对手。中国国内生产总值正在赶超美国，不管中国自己怎么想，客观上都是对美国独霸世界的最大威胁和最大挑战。目前和今后美国必然视中国为首要对手，这是国际社会学的基本原理。

美国本来比巴西、智利、阿根廷还落后。1880 年前后，智利海军还到纽约附近欺负美国。美国为什么能够后来居上，是国际社会学的一个十分重大的课题。王然认为：

根据恩格斯的思想及现代西方经济学的有关理论，再结合对美巴两国经济发展状况的对比分析，我们可以得出两个基本结论：

结论 1：不论是美国还是巴西，政府在本国经济发展的过程中都发挥了至关重要的作用。这一结论在其他国家的经济发展历程中也得到了验证。从世界各国现代经济发展历程来看，只有英国是在自由放任的情况下，通过私人企业的活动而实现了经济的工业化和现代化的。自那时起，法、德、日以及后来的“亚洲四小龙”等主要资本主义国家，都是在政府的干预下实现经济发展的。因此，那种试图取消政府的宏观调控、实行完全自由放任的市场的新自由主义经济理论或者政策主张是缺乏实现依据的。

结论 2：在政府同样发挥了重要作用的情况下，巴西经济之所以长期落后于美国，是因为两国政府在各自的经济发展过程中发挥了截然不同的作用。同样，包括巴西在内的南美国家之所以在原本领先的情况下迅速被北美国家超越，并长期无法摆脱不发达状态，其中的根本原因在于：以美国为代表的北美国家的政府在本国经济发展过程中发挥了恩格斯所说的第一种作用，即国家权力对经济发展的反作用是同方向的；而以巴西为代表的南美国家的政府在本国经济发展的过程中却发挥了第二种或者也许更多的是第三种作用，即国家权力对经济发展的反作用是反方向的，或者国家权力试图阻碍经济发展沿着正常的方向发展，而推动其沿着自己设计的方向发展。简言之，巴西等南美国家的长期落后，根本原因在于这些国家的政府在不同的经济发展阶段所采取的经济发展战略和经济发展政策，不符合本国社会生产力发展的需要。①

日本出了个明治天皇。明治维新在几十年的时间里把日本变成了一个工业强国。日本1895年打败了中国，1905年打败了俄国。今天日本世界第三的地位，是明治在他任内一手奠定的。中国比日本落后，不是必然。秦皇、汉武、唐宗、成吉思汗，都不在明治之下。不巧，西方列强入侵中国和日本的时候，时值中国一个旧王朝的结束、日本一个新王朝的兴起。中国人口是日本人口的10倍，2010年中国国内生产总值超过日本，不是多大的光荣。

今天，市场调节和政府干预之间的关系更加清楚了。两次世界大战和大萧条证明了马克思是对的：自由资本主义世界体系存在着致命缺陷。“二战”以前，斯大林的社会主义模式是璀璨的明星。这是一个基于强大的政府干预而没有市场的模式。1913年到1938年，就工业生产增长指数而言，全世界为182，美国为143，德国为149，英国为117，意大利为195，日本为552，而苏联是857。在欧洲和美国经历大萧条的时候，苏联人民极大地受益于增长和繁荣，生活水平显著提高。当希特勒占领法国、日本占领东亚，主要是斯大林的红军在欧洲顶住了希特勒的攻势，最后攻克柏林。在中国国共联军拖住了日本军队的主力，但最后是斯大林的红军消灭了日本关东军。不是因为美国的两颗原子弹，而是因为惧怕苏联占领，日本天皇慌忙向杜鲁门投降。斯大林模式在一代人的时间里将苏联从一个落后的半农业社会变成了两个超级大国之一。那时，没有市场经济的社会主义社会似乎终将取代没有社会主义的资本主义社会。

在苏联社会主义的榜样和压力之下，“二战”之后美欧日资本主义国家也实行了许多社会主义政策，例如义务教育、社会保障、社会福利。大萧条后，特别是“二战”结束以后，始于伟大思想家如凯恩斯和伟大政治家如罗斯福总统，把自由市场和强大的政府干预结合起来。自由市场包括自由的劳动力市场、自由的商品市场、自由的资本市场。市场越自由越好。与此同时，强大的政府必须运用财政政策和货币政策调节市场，防止经济衰退或经济过热。政府必须监控企业，防止企业、大公司、大银行、大财团欺诈、破产、倒闭。政府必须给失业者和老人提供最低社会保障，以免导致社会革命。政府必须提供免费义务教育，以保证社会公正和国民素质的提高。

对于迟发展者，在有自由市场之前，必须先有一个强大的政府，因为只有这个强有力的政府才能建构市场。斯大林模式只适合工业化发展初期和战争准备时期。没有市场，不存在竞争，长期繁荣就失去了动力。晚年的斯大林设想过在苏联社会加入更多的市场要素，但是在他突然去世以后，他的继任者们没有这样做。没有政府干预和社会福

① 王然：《美国与巴西经济发展比较研究》，经济科学出版社，2008年，第182~183页。

利，自由市场会加剧社会不平等，最终导致社会革命。大萧条之后，尤其是“二战”以后，美日欧政府经济干预也越来越直接。2008 年西方经济危机，美国政府更是调用纳税人的上万亿美元直接救市、直接投资挽救大银行和大企业。

以前有人认为市场就是资本主义，政府干预就是社会主义，资本主义与社会主义是互不相容的。正如邓小平多次强调指出，这是完全错误的。现实是，社会越发达，其市场就越自由，其政府的社会主义政策就越多。发达国家的税收占 GDP 的 30% ~40%；而发展中国家只占不到 20%。现实是，社会越发达，就越社会主义，同时也越资本主义。社会主义和资本主义的区别，不在于计划经济还是市场经济，不在于有没有社会福利保障；主要在于有关国计民生重要行业所有制的比重，主要在于土地、矿山、重大资源的所有权。

当今世界体系仍然是一个弱肉强食的丛林世界，不会出现一个强大的社会主义世界政府，制约那些强大富有的国家，并向穷国提供社会福利和义务教育。总而言之，富者愈富，穷者愈穷。贫穷的民族国家在世界体系中向上流动的机会极为有限。能否向上流动，这取决于这个国家能否先建立强大的政府，再利用这个强有力的政府建立自由市场。

第三节　西方国际社会学著作述评

本节通过介绍西方国际社会学的大师大作，简要勾勒西方社会学的萌芽、产生、发展、成熟、演变的过程。

1. 波兰尼《大转型：我们时代的政治与经济起源》①

波兰尼（Karl Polanyi）在 1944 年出版了《大转型：我们时代的政治与经济起源》（*The Great Transformation: The Political and Economic Origins of Our Time*）。波兰尼分析了当代世界的起源，一直讲到第一次世界大战、大萧条、苏联的五年计划、法西斯的崛起、尚未结束的第二次世界大战。他认为市场经济是方向，但存在显著的缺陷；法西斯主义就是对市场社会的缺陷的反动。工人和农民不应成为市场经济的受害者。人类社会应该走向使工人和农民得益的市场经济，避免法西斯主义。这本书，可以看作国际社会学的起点。

2. 艾森斯塔德《各大帝国的政治制度》

国际社会学的起步是艾森斯塔德（S. N. Eisenstadt）1963 出版的《各大帝国的政治制度》（*The Political Systems of Empires*）。这本书比较了中华帝国、埃及帝国、巴比伦帝国、波斯帝国、罗马帝国、拜占庭帝国、印度帝国、阿拉伯帝国以及欧洲诸帝国，发现这些帝国不仅包含了现代专制的种子，也包含了现代民主的种子。这些种子包括：一个相对统一和集中的国体、科学化的行政管理、精英为了获得有关社会集团的支持而进行的制度化的政治斗争。

① 卡尔·波兰尼：《大转型：我们时代的政治与经济起源》，浙江人民出版社，2007 年。

3. 帕森斯《各种社会：进化的观点与比较的观点》

“二战”结束后，用近三十年时间，帕森斯（T. Parsons）完成了这本著作。他是在美国社会学界占垄断地位的领袖人物。那时候，在某种意义上，学社会学理论就是学帕森斯。帕森斯1966年出版了《各种社会：进化的观点与比较的观点》（*Societies*: *Evolutionary and Comparative Perspectives*），把他此前的有关思想集中放这一本小册子里，反马克思、反共、反华、反革命，污蔑中国文明，认为西方文明一切都好，集中体现了美国打冷战、打朝鲜战争、打越南战争的社会思想基础。

4. 摩尔《专制与民主的社会起源：现代世界形成过程中的地主与农民》①

摩尔（Barrington Moore）是哈佛社会学系教师，1966年出版了《专制与民主的社会起源：现代世界形成过程中的地主与农民》（*Social Origins of Dictatorship and Democracy*: *Lord and Peasant in the Making of the Modern World*）。这本书现在美国大学社会学系还普遍用作研究生有关讨论课的教材。为什么英美走了议会民主的道路，中苏走了革命的道路，德日走了法西斯的道路，而印度又有所不同？摩尔认为，这要从每个国家前工业社会地主和农民的不同关系中去找原因。这本书的巨大贡献在于它的方法论意义。它通过研究历史、确立典型，通过分析主要国家的社会发展道路，试图总结人类社会发展的基本规律。这就使得国际社会学从帕森斯那种意识形态挂帅的迷雾中解放出来，走上了科学研究的轨道。

5. 斯考切波《国家与社会革命：对法国、俄国和中国革命的比较分析》②

斯考切波（Theda Skocpol）是摩尔的学生。1979年出版了《国家与社会革命：法国、俄国和中国革命的比较分析》（*States and Social Revolutions*: *A Comparative Analysis of France*, *Russia*, *and China*）。他认为法国革命、俄国革命、中国革命直接源于这三个国家统治阶级的无能，源于这三个国家建立现代民族国家的失败，源于这三个国家在世界体系中地位的下滑。而三大革命的结果，是出现了三个全新的励精图治的统治阶级，使这三个国家的国力大为增强，使这三个国家在世界体系中的地位大幅度上升。简言之，革命有理、革命有功。这就把帕森斯的那套反革命理论完全颠覆了。这本书是国际社会学的划时代著作，一出版就“洛阳纸贵”，今天还是美国大学社会学系研究生有关讨论课的必读教材。作者为哈佛社会学系的教师，曾被选为美国政治学会主席。

6. 蒂利及其著作

蒂利（Charles Tilly）也是摩尔的学生，有两本名著。一本是1984年出版的《大结构、大过程、大比较》（*Big Structures*, *Large Processes*, *Huge Comparisons*）。这本书现在还是美国大学社会学系研究生方法论讨论课的通用教材。这本书正文最后一页有一个著名的段落，代表了美国国际社会学目前的共识、境界、水平：

---

① 巴林顿·摩尔：《专制与民主的社会起源：现代世界形成过程中的地主与农民》，华夏出版社，1988年。

② 西达·斯考切波：《国家与社会革命：对法国、俄国和中国革命的比较分析》，上海人民出版社，2007年。

在我们这个时代，很难想象，要对长期的结构变迁建立任何有效分析，我们可以不把这个变迁直接或间接地同两个相互依赖的巨大过程联系起来：民族国家的建立，世界资本主义体系的形成。我们面对的是把大结构、大趋势、大比较整合到历史中去的挑战。(Tilly, 1984)

蒂利的另一本名著是1989年出版的《强制、资本和欧洲国家，公元990—1990年》(*Coercion, Capital, and European States*, A. D. 990 - 1990)①。这本书研究欧洲主要民族国家是怎样形成的。这本书论证了战争在欧洲各国建国过程中的显著作用。这本书还试图探索古代中国成功建立国家的原因，但他没有找到正确答案。蒂利发现，中国与欧洲有重大区别：中国的春秋战国时代和中世纪欧洲的无政府状态很相似，周期性的造反和边患威胁到国家的统治。但是，自公元前221年秦统一中国后，中国大得让欧洲人无法想象。一个朝代衰落了，另一个朝代起而继之。然而，罗马帝国衰落后，再也没有一个欧洲国家拥有同样的幅员。蒂利认为，欧洲自下而上的社会结构相比其自上而下的政府结构，更为完整、连贯、周延，这是试图在欧洲大陆重建罗马帝国多次失败的主要原因。蒂利这个看法有误，古代中国社会不论自上而下结构还是自下而上结构都比欧洲发达。

7. 肯尼迪《大国的兴衰：1500—2000年的经济变迁与军事冲突》②

历史学家保罗·肯尼迪（Paul Kennedy）1987年出版了《大国的兴衰：1500—2000年的经济变迁与军事冲突》(*The Rise and Fall of the Great Powers: Economic Change and Military Conflict from 1500 to 2000*)。一经出版，即成经典，成为各国政治、军事、思想界领导人的案头书。笔者在美国曾用此书作本科生教材，一些学生反映，生字不少，读起来不容易，我才明白，为什么该书在美国没有普遍用作教材。在国际社会学、全球社会学、发展社会学、历史社会学、比较社会学、世界体系论、全球化研究所有这些领域和学科中，不要说超过，目前还没有一本书能接近这本书的境界和水平。这本书可以成为中国研究生和高年级本科生有关课程的主要教学参考书。

8. 埃文斯与斯蒂芬的《发展与世界经济》

美国1988年版《社会学手册》的长文《发展与世界经济》全面总结和综述了国际社会学从马克思到1988年为止的发展历程和显著成就，是国际社会学在美国和西方正式确立学术地位的标志。今天看来，这篇长文弥足珍贵，希望这篇长文尽快有中译本。该文总结道，迟发展者“为了动员资本和压低工资，倾向于喜好专制政府”。国际环境“是一个国家经济发展的重要制约条件”，对迟发展者尤其如此。“外部压力强迫各国寻求合适的军事组织结构，而军事组织结构又反过来重铸了国家的内部结构。国家内部权力分配的变化又影响未来的政策和统治方式”(Evans and Stephens, 1988, p. 744.)。

① 查尔斯·蒂利：《强制、资本和欧洲国家，公元990—1990年》，上海人民出版社，2007年。
② 保罗·肯尼迪：《大国的兴衰：1500—2000年的经济变迁与军事冲突》，中国经济出版社，1989年。

对迟发展者，市场的有效运行常常与强大果断的国家政权相连，而市场失灵往往源于国家没有自主权和政府低能……战后的日本、“四小龙”和目前中国的强劲崛起，都显示出国家干预同市场导向相结合十分有效。有关研究表明果断的国家机器有助于有效的市场导向政策，同时也表明使私营企业缺乏自主权和政府低能的国家机器必然破坏市场、伤害发展。

国家政策和市场当然不会只向一个方向运动。政治考量决定了通往工业发展的国家政策，但这些政策反过来对国家的政治基础产生影响……工业化和城市化导致增加财富、提高教育水平和识字率、发展大众传媒、促进收入平等、扩大中产阶级，这些反过来又促进了政治民主化。（Evans and Stephens，1988，pp. 744－752.）

中国革命胜利之后的社会发展历程显示中国的发展道路符合上述所有方面，是典型的迟发展者。

9. 傅高义《四小龙：工业化在东亚的伸展》

与美欧相比，日本和“亚洲四小龙”走了一条不同的发展道路。对东亚发展模式的研究，汗牛充栋。但其中公认的经典，则是傅高义（Ezra F. Vogel）1991 年出版的《四小龙：工业化在东亚的伸展》（*The Four Little Dragons*：*The Spread of Industrialization in East Asia*）。希望本书尽快有中译本。傅高义发现，以日本和“亚洲四小龙”为代表的东亚发展模式包括五个发展环境要素和四个制度文化要素。五个发展环境因素是：①美国的援助；②旧社会秩序的瓦解；③社会经济发展在政治上和经济上的迫切性；④一支渴望工作的、数量庞大的劳动大军；⑤“亚洲四小龙”熟悉日本模式。四个制度文化要素是：①基于学历和政绩选拔出来的、以天下为己任的儒家式的政府精英；②统一的高等学校入学考试（科举）；③社会的集体主义；④自立自强、自我奋进的个人奋斗。并把这四个制度文化要素合称为“工业化的新儒家”。

10.“世界体系论”

美国《社会学年鉴》1995 年有一个专章就叫“世界体系论”，由蔡斯·丹和格莱姆斯（Chase－Dunn，C. and P. Grimes）撰写，全面介绍了世界体系论。该文认为，人类世界由民族国家构成，民族国家可以分为三类：核心国家（core）、半边缘国家（semi－periphery）、边缘国家（periphery）。发达国家是核心国家，发展中国家是边缘国家。体系一经形成，发展中国家很难如同现代化理论倡导的那样通过走发达国家走过的老路变成发达国家。在现代世界体系中，相对而言，核心国家是资本密集型产业，边缘国家是劳动密集型产业，自然形成不平等交换，使得核心与边缘之间的流动非常困难。但也有例外：日本 1880 年之后从边缘流动到了核心；美国更是成功地从边缘流动到半边缘，到核心，最后成为霸主。核心和霸主地位源于经济上和军事上的不断创新。一个国家是核心还是边缘，最终是由这个国家在世界经济总量和世界军事费用中的比重所决定的。

11. 蔡斯·丹和霍尔《兴起与衰落：比较不同的世界体系》

蔡斯·丹和霍尔（Christopher Chase－Dunn and Thomas D. Hall）1997 年出版了《兴起与衰落：比较不同的世界体系》（*Rise and Demise*：*Comparing World－Systems*）。这

部著作分析了公元前500年之前的小世界体系，分析了亚非欧大世界体系怎样从公元前500年到1400年逐步形成，这个世界体系怎样演变，怎样从以中国为中心的世界体系变成了以欧洲为中心的世界体系。过去100多年来，社会学一直面临一个难题的挑战——中国衰落和西方崛起的原因是什么？该书详细研究了这个问题，发现这是历史的偶然，而不是出于某种文化上的原因或社会组织上的原因：

资本主义崛起的关键不是欧洲封建社会文化上的独特性和社会组织上的独特性：既不是欧洲国家之间主权的相互分割，也不是欧洲基督教王国的规范性和谐。不如说，是欧洲封建社会的背景，一个非常分散的、非常脆弱的朝贡制的积累方式，积淀在亚非欧大陆的尊贵商品生产销售网络的市场力量之中，使资本主义积累方式最终取代了朝贡制的积累方式。不是东方衰落了，而是西亚和东亚朝贡制的持续强势阻碍了资本主义在那里成为主导。欧洲是在合适的地点与合适的时间迎接了资本主义主导的兴起。(Chase - Dunn and Hall, 1997, pp. 189 - 190.)

12. 弗兰克《扭转思维方式：世界经济在亚洲时代》①

弗兰克（André Gunder Frank）1998年出版的《扭转思维方式：世界经济在亚洲时代》（*Reorient*: *Global Economy in the Asian Age*）是国际社会学的一个里程碑，中译本名为《白银资本：重视经济全球化中的东方》。弗兰克这本书的主要功绩，就是还原了中国在人类社会历史上的本来面目。毫无异议，在宋朝的时候，在11、12世纪，中国就已经是世界上经济最发达的地方（第108页）。1400—1800年的世界经济，是一个“基于中国的亚洲性的世界经济”（Chinese-based Asian world-economy）。这种理论可以称作中国中心主义（sinocentrism）（第113页）。以中国为中心，印度和东南亚为辅助，对全世界形成了核心—边缘关系，这个世界包括朝鲜、日本、东南亚、印度、西亚、欧洲及其殖民地。中国的中心地位使得中国的国内价格极大地影响了亚洲价格和世界价格（第115页）。那时世界经济或许有好几个中心，但是，有一个中心支配着其他中心，这个中心就是中国，而不是欧洲。这个世界秩序可以称作“以中国为中心的世界秩序”（sinocentric international order）（第116页）。中国那时候是世界的中心，并非个别学者的观点，从哥伦布到亚当·斯密，对此都十分清楚（第117页）。以中国为中心的世界经济（Sinocentric World Economy）有几个圈。中国是核心圈。东亚朝贡系统是第二圈，包括中亚一部分、朝鲜、日本、西南亚。再往外的一圈，包括西亚、东非、中亚、俄国。欧洲、美洲、环大西洋沿岸是边缘（第126~130页）。

欧洲中心论的一个中心观点是欧洲从1500年之后在科学、技术上超过了中国。这根本不成立，在枪炮制造、造船、印刷、纺织、冶金、煤炭、动力、交通等方面，是西方学习中国，而非相反（第185~204页）。即使在经济体制和金融体制方面，中国、东方那时也是领先的（第205~225页）。接着弗兰克论证了西方为什么会在人类社会暂时赢了（第258~320页）。“暂时”这个词，是弗兰克特意、着重加上的。不是西方

① 贡德·弗兰克：《白银资本：重视经济全球化中的东方》，中央编译出版社，2008年。

强大了，而是中国自己衰败了。在东海和南海，直到18世纪末，欧洲商人才取代了中国商人；即便如此，中国在世界贸易中还是完全的出超。众所周知，直到19世纪，英国人以在印度生产鸦片为资源，才最终扭转了中国在世界贸易中完全出超的形势。中国经济在世界经济的位移正是源于鸦片贸易所带来的白银外流，白银外流动摇了中国的整个经济体制。这个积弱的过程，导致了鸦片战争，导致了中国的“衰落”（fall）（第274页）。弗兰克特意、着重在“衰落”上加了一个引号。这本书作为大师大作使国际社会学进入了一个彻底纠正欧洲中心论的新阶段。

13. 彭慕兰《大分流：欧洲、中国及现代世界经济的形成》①

正是在这样一个恢复历史真相的潮流之中，彭慕兰（Kenneth Pomeranz）2000年出版了《大分流：欧洲、中国及现代世界经济的形成》（*The Great Divergence*: *Europe*, *China*, *and the Making of the Modern World Economy*）。这本书也集中批判了欧洲中心论的谬误。欧洲中心论错误众多。工业资本主义的出现，在19世纪80年代才出现，而不是更早。直到1860年，工业革命在英国以外的欧洲仍非常有限。1800年之前，和中国比，欧洲在经济上并没有什么优势。以亚当·斯密的观点考察，至少在1789年，欧洲不论在土地、劳力、产品市场上，都不比中国强。无论是总的社会结构还是特殊的社会环境，都没有使欧洲商人更容易筹集资金、从政府得到更多保护。财富积累不多，政府政策也不怎么好。欧洲的人文、自然环境也不比中国好。中国缺地，欧洲也缺地（第212~219页）。中国缺燃料，欧洲也缺燃料（第220~233页）。总的说来，1800年的时候，中国土地、资源都有严重问题，但欧洲也不少（第139页）。为什么欧洲从问题中解脱出来、发展起来了，中国却没有？因为欧洲有了美洲殖民地，殖民地的资源和产出支撑了欧洲（第264~297页）。

14. 美国社会学刊物对韦伯的批判

近些年来，美国社会学界也开始从以往对世界历史、欧洲历史、中国历史的错误认识中解放出来。美国社会学的这些错误思想有不少来自韦伯。众所熟知，韦伯认为欧洲先进、中国落后是有原因的。在思想上，儒教落后，新教先进。中国虽然有科层制，但欧洲的更为正式而理性。在法律上，中国法律不理性（irrational）、不正式（informal），西方法律正式而理性（formal and rational）。韦伯这些思想，都是完全违背历史事实的，都是错误的。如前所述，傅高义就论证了，古代中国的一些思想和制度不仅不阻碍工业化，更是快速工业化的重要条件。玛仕（Robert M. Marsh）2000年在《美国社会学杂志》发表了《韦伯对传统中国法律的误解》（*Weber's Misunderstanding of Traditional Chinese Law*）。韦伯自己不懂中文，连韦伯自己也承认没有看过多少中国法律的资料。中国法律要比韦伯想象的系统、正式得多，中国法律的随意性远比韦伯想象的小，中国法律专家远比韦伯想象的多。

凯瑟和蔡勇（Edgar Kiser and Yong Cai）2003年在《美国社会学评论》发表了《战争与科层制在秦国：对一个反常案例的探索》（*War and Bureaucratization in Qin China*: *Exploring an Anomalous Case*）。直到18世纪和19世纪，世界上大多数国家还没有中央

① 彭慕兰：《大分流：欧洲、中国及现代世界经济的形成》，江苏人民出版社，2004年。

政府。古罗马也没有。中国是例外，秦朝就有了（第511页）。秦朝的政府制度一传就是两千多年，直到清朝，一脉相承（第512页）。秦朝的战争最频繁、最惨烈，秦朝比任何前现代国家都更为科层化。战争产生国家（第513页）。韦伯认为，战争促成科层化，不打仗的政府没有科层化的动力，要打仗就要有更有效的科层化，没有有效科层化的政府就要打败仗（第514页）。1450年以前欧洲没有科层制政府，因为没人知道科层制政府是个什么样子。战国时代，要打大仗，要有大部队，大部队的科层制为文官政府提供了模式（第516页）。修运河，修驰道，修长城，都要求有一个中央集权制的文官政府。韦伯只认识到科层制有自我的持续性，实际上，科层制的持续源于科层制保持和提高了通信、交通、文牍的“技术优势”（technical superiority）（第517页）。春秋战国时期科层制取代贵族封建制的首要原因是战争规模巨大。战役用兵一般10~50万，战役伤亡一般1~4万，长平之战伤亡竟达45万。秦军最多时带甲百万（第520页）。大型军队的规章制度、纪律严明、赏罚分明为科层制文官政府的形成提供了模式（第521页）。科层制取代贵族封建制最先在中国实现，主要是因为春秋战国时期的战争规模超过了1800年之前世界上任何地方（第522~525页）。和古代中国相比，古罗马根本就没有一个“领工资”的专业政府（第534页）。

关于欧洲崛起、中国落后的原因，韦伯的解释风马牛不相及。沃勒斯坦指出，中国科学技术衰落的主要原因是缺乏竞争。资本主义的兴起是与现代科学技术的进步紧密相连的。但是，李约瑟的巨著《中国科学技术史》（Needham，1954—2003）告诉我们，古代中国在科学技术上成就斐然。我们还知道古代中国经济活动的高度密集性和高度商业化。区别不在于有无企业家精神，而在于政治领导人对于革新和技术的态度。与欧洲领导人相比，世界其他地区的领导人对革新和技术的感情复杂，有时候还抱有敌意。那么，为什么西欧在17世纪成为技术革新的中心呢？原因就在于当时欧洲列强争雄的残酷现实。碰巧，在17世纪，技术革新有利于大大提高生产力，从而缩小时间和空间对欧洲列强争雄的限制（Wallerstein，1999，pp. 139 -140.）。

15. 基辛格《美国需要外交政策吗：21世纪的外交》[①] 与马克斯《现代世界的起源：全球的、生态的述说》[②]

今日世界是个什么样子？是否有一本学术著作向读者介绍一下当今世界的概貌？没有，当今英文世界还找不到这样一本学术著作。如果一定要找，那就是基辛格（Henry Kissinger）2001年出版的《美国需要外交政策吗：21世纪的外交》（*Does America Need a Foreign Policy：Toward a Diplomacy for the 21st Century*）。该书共七章，以美国为中心分析世界。第一章是美国概论，第二章是欧洲概论，第三章是拉丁美洲概论，第四章是亚洲概论，第五章是中东与非洲概论，第六章讨论全球化，第七章讨论美国继续称霸21世纪的理论基础。美国今天能独步全球，与美国统治阶层中有基辛格这样伟大的思想家和战略家是分不开的。中国思想界、学术界现在最缺的就是这种能够把理论和实践结合起来、把历史和现实结合起来、能够写出以中国为中心、为中国服务的当今世界概论的

① 亨利·基辛格：《美国需要外交政策吗：21世纪的外交》，中国友谊出版公司，2003年。
② 罗伯特·马克斯：《现代世界的起源：全球的、生态的述说》，商务印书馆，2006年。

思想家、学问家。

"9·11"事件之后，在美国成为畅销大学教材的是马克斯（Robert B. Marks）2002年出版的《现代世界的起源：全球的、生态的述说》（*The Origin of the Modern World: A Global and Ecological Narrative*）。该书作者直言，这本书就是要把学术界一二十年来以《扭转思维方式：世界经济在亚洲时代》和《大分流：欧洲、中国及现代世界经济的形成》为代表的有关成果综合起来，用作本科生的入门教材。

16. 约翰·霍布森《西方文明的东方起源》①

霍布森（John M. Hobson）2004年在剑桥大学出版社出版了《西方文明的东方起源》（*The Eastern Origins of Western Civilization*）这部力作。这本书不仅论证了所谓西方中心论、欧洲中心论完全是错误的，更进而用十分翔实的资料论证了，现代西方文明、英国工业革命中核心的技术、核心的价值观，主要起源于东方，主要起源于中国。东方中国主导的全球化主导世界一千多年。作为落后的后发国家，英国、欧洲其他国家的工业革命主要是应用了中国的众多发明。欧洲列强并没有创造世界贸易体系，只不过是用美洲的银元挤进了繁忙的中国市场和印度市场。说欧洲霸权来自于自由贸易、理性统治、民主人权，完全是神化。欧洲列强是用武力赢得贸易权的，英国工业革命是在严格的政府管制下进行的。欧洲思想文化，主要是在与外部世界接触中，特别是在与东方的接触中发展起来的。西方的发展，是西方的东方化。关于西方文明的那些神话，都是西方发展起来之后制造的，都不是事实。

17. 许田波《古代中国与早期现代欧洲的战争与国家形成》

在古代为什么欧洲分裂、中国统一？这是任何宏观社会学家、国际社会学家不可回避的重大问题。许田波（Victoria Tin - bor Hui）2005年出版了《古代中国与早期现代欧洲的战争与国家形成》（*War and State Formation in Ancient China and Early Modern Europe*）。该书直击西方学术界这个多年来没有解决的难题，一经出版，立即荣获美国政治学会年度最佳图书奖。祝愿这本书尽快有中译本。这本书的基本结论是：中国统一、欧洲分裂，都不是必然的、命定的，都是偶然的、人为的。

没有什么是命中注定的，秦国的统一、德国的崛起、日本的崛起，都是逆势上扬，都是秦国、德国、日本变法图强、自强不息干出来的。世界历史的经验教训告诉我们，未来如何取决于你现在怎么做。国家的未来取决于国家现在的政策。国际社会将继续是一个弱肉强食的世界。第三世界国家难以发展，一个重要原因，就是发达国家不让他们产生一个强大的国家机器（第235～237页）。

18. 雅克《当中国统治世界——西方世界的终结与新国际秩序的诞生》②

雅克（Martin Jacques）2009年出版了《当中国统治世界——西方世界的终结与新国际秩序的诞生》（*When China Rules the World—The End of the Western World and the Birth of a New Global Order*）。这本学术界以外的人写的书，把国际社会学这门学科推进到一

① 约翰·霍布森：《西方文明的东方起源》，山东画报出版社，2009年。

② 马丁·雅克：《当中国统治世界——西方世界的终结与新国际秩序的诞生》，中信出版社，2010年。

个全新的阶段。雅克是英国著名记者、编辑、专栏作家。这本书是对国际社会学上述所有名著的总结，配以最新的统计数据，配以精心设计的53幅图表、13幅地图，加上一张郑和大船和哥伦布小船实物比较的重要照片，大气磅礴、高屋建瓴，把世界体系的过去、现在、未来的大趋势，把中国在其中的重要地位和重要作用，说得清清楚楚。和学术著作的体例相同，该书附有46页参考文献，73页注释，字字句句有来历。该书不仅彻底驳斥了欧洲中心论、美国独霸论、中国威胁论，还提出了一个新理论：中国国内生产总值超过美国成为世界第一不仅不是威胁，不是坏事情，而且是个大好事。该本由世界大出版公司企鹅出版社出版、接近600页的精装本，有着畅销书的装潢和版式，报纸杂志的新闻语言，很便宜的零售价。现在这本书也有了中译本。这本书对欧美思想意识形态，对国际社会学这门学科，起到了十本学术大师大作也起不到的清扫作用。信息强烈而明确：再不要说什么欧洲中心论、美国独霸论了，再有十几年，最迟几十年，中国国内生产总值就要超过美国了，准备迎接一个中国总值第一的新世界吧。

本章小结

1. 中国亟须建立为中华民族的根本利益和长远利益服务的中国自己的国际社会学。没有国际社会学的社会学，是残缺不全的社会学。

2. 几十年来，几百年来，几千年来，国际社会存在一个世界体系，由三部分组成：第一世界，第二世界，第三世界；或核心，半边缘，边缘。几百年来，形成了民族国家构成的资本主义世界体系。目前，第一世界主要是后工业社会，第二世界主要是工业社会，第三世界主要是农业社会。中国在2015年前后可能从第三世界进到第二世界。

3. 在生产力、生产关系（经济基础）、政治法律（上层建筑）、意识形态、历史创造者这五者相互矛盾运动的复杂过程中，世界史上，古今中外，大部分文明，国家、民族，包括不少强盛一时的文明、国家、民族，已经衰落、衰亡、灭亡了。谁灭亡，谁生存，谁壮大，谁做世界强国，不是命中注定的，不是历史规律决定的，不是历史必然性决定的。物竞天择，适者生存。

4. 历史上，中国、法国、英国、俄国、美国、日本、德国、印度先后崛起的经验特别需要深入研究学习，特别是经济金融、军事外交、社会公正平等这三大领域。南美被美国超过、印度被中国超过、苏联解体的教训特别值得研究。这些研究应该成为中国国际社会学研究的基础和主体。

5. “二战”后，美、日、欧发达资本主义国家建立了政府强力调节和干预经济、“从摇篮到坟墓”的社会保障和社会福利体制、十二年义务教育体制、高等教育贷款制度等一系列具有社会主义性质的社会体制。斯大林模式社会主义计划经济社会制度，在工业化初期，在工业化起飞阶段，在战争准备时期，具有无与伦比的生命力、创造力、优越性。但在经济发展到一定阶段之后，在一些领域需要加入市场经济，否则社会经济发展要受到阻碍。

6. 迟发展者为了动员资本和压低工资，倾向于权威政府。外部压力强迫各国寻求合适的军事组织结构，而军事组织结构又反过来重铸了国家的内部结构。对迟发展者，市场的有效运行常常与强大果断的国家政权相连，而市场失灵往往源于国家没有自主权和政府低能。“二战”后的日本、亚洲“四小龙”和目前中国的强劲崛起，都显示出国家干预同市场导向相结合有效性。果断的国家机器有助于有效的市场导向政策，使私营企业缺乏自主权和政府低能的国家机器必然破坏市场、伤害发展。国家政策和市场当然不会只向一个方向运动。工业化和城市化导致增加财富、提高教育水平和识字率、发展大众传媒、促进收入平等、扩大中产阶级，这些反过来又促进了政治民主化。

名词解释

国际社会学：对国际社会作整体研究的科学。

中文推荐阅读

相关文献

1. 李毅：“第三章　国际社会学的主要流派及发展态势”，《西方人文社科前沿述评——社会学》，中国人民大学出版社，2007 年。

2. 杨公素、张植荣：《当代中国外交理论与实践》，北京大学出版社，2009 年。

3. 王绳祖：《国际关系史（1648—1979）》（全套共 10 卷），世界知识出版社，1996 年。

4. 陶文钊：《中美关系史》（上、中、下卷），上海出版社，2004 年。

5. 孙乃民：《中日关系史》（1～3 卷），社会科学文献出版社，2006 年。

6. 沈志华：《中俄关系史》，新华出版社，2008 年。

7. ［俄］尼·伊·雷日科夫：《大国悲剧——苏联解体的前因后果》，新华出版社，2008 年。

8. 李少军：《国家安全报告》，中国社会科学出版社，2005 年。

9. ［俄］A. Ⅱ. 茨冈科夫，Ⅱ. A. 茨冈科夫：《国际关系社会学》，武汉大学出版社，2007 年。

10. 刘从法：《地缘政治学导论》，中国人民大学出版社，2010 年。

11. 李景治、罗天虹：《国际战略学》，中国人民大学出版社，2003 年。

12. 刘跃进：《国家安全学》，中国政法大学出版社，2004 年。

13. 郭树勇：《大国成长的逻辑》，北京大学出版社，2006 年。

14. 王缉思：《国际政治的理性思考》，北京大学出版社，2007 年。

15. 时殷弘：《战略问题三十篇——中国对外战略思考》，中国人民大学出版社，2008 年。

16. 张文木：《全球视野中的中国国家安全战略》，山东人民出版社，2008 年。

17. 叶自成：《中国大战略》，中国社会科学出版社，2003 年。

18. 刘明福：《中国梦》，中国友谊出版社，2010 年。

19. 戴旭：《盛世狼烟》，新华出版社，2009 年。

20. ［美］伊曼纽尔·沃勒斯坦：《美国实力的衰落》，社会科学文献出版社，2007 年。

21. 王正毅：《世界体系论与中国》，商务印书馆，2001 年。

22. ［美］汉斯·摩根索：《国家间政治——权力斗争与和平》（第七版），北京大学出版社，2005 年。

23. ［乌拉圭］爱德华多·加莱亚诺：《拉丁美洲被切开的血管》，人民文学出版社，2009 年。

24. 陈平：《新自由主义的兴起与衰落》，世界知识出版社，2008 年。

25. 王然：《美国与巴西经济发展比较研究》，经济科学出版社，2008 年。

26. ［美］谢里尔·E. 马丁、马克·瓦塞尔曼：《拉丁美洲史》，海南出版社，2007 年。

27. 苏振兴：《拉美国家现代化进程研究》，社会科学文献出版社，2006 年。

28. ［美］劳伦斯·赖斯：《巨塔杀机：基地组织与 911 之路》，上海译文出版社，2009 年。

29. 韩毓海：《五百年来谁著史》，九州出版社，2009 年。

相关刊物

1.《国际关系研究》

2.《中国外交》

相关网站

1. 中华人民共和国外交部　www.fmprc.gov.cn

2. 国际关系研究网　www.newslist.com.cn/jieshao.htm

英文推荐阅读

The International Sociological

Polanyi, Karl. 1944. *The Great Transformation: The Political and Economic Origins of Our Time.* Bacon Press.

Rostow, W. W. 1991 (1959). *The Stages of Economic Growth.* 3rd ed. Cambridge University Press.

Eisenstadt, S. N. 1963. *The Political Systems of Empires.* Free Press.

Organski, A. F. K. 1965. *The Stages of Political Development.* Alfred. A. Knopf.

Moore, Barrington. 1966. *Social Origins of Dictatorship and Democracy.* Beacon Press.

Skocpol, Theda. 1979. *States and Social Revolutions.* Cambridge University Press.

Tilly, Charles. 1984. *Big Structures, Large Processes, Huge Comparisons.* Sage.

Kennedy, Paul. 1987. *The Rise and Fall of the Great Powers.* Random House.

Evans, Peter B. and Stephens, John D. 1988. Development and the World Economy. In:

Handbook of Sociology, edited by Neil J. Smelser. Sage.

Tilly, Charles. 1989. *Coercion, Capital, and European States, A. D. 990 – 1990*. Blackwell.

Vogel, Ezra F. 1991. *The Four Little Dragons: The Spread of Industrialization in East Asia*. Harvard University Press.

Chase – Dunn, C. and P. Grimes. 1995. World System Analysis. *Annual Review of Sociology* 21: 387 – 417.

Linz, Juan J. and Stephan, Alfred. 1996. *Problems of Democratic Transition and Consolidation: Southern Europe, South America, and Post – Communist Europe*. Johns Hopkins University Press.

Chase – Dunn, Christopher and Thomas D. Hall. 1997. *Rise and Demise: Comparing World Systems*. Westview Press.

Frank, André Gunder. 1998. *ReOrient: Global Economy in the Asian Age*. University of California Press.

Wallerstein, I. 1999. *The End of the World as We Know It: Social Science for the Twenty First Century*. University of Minnesota Press.

Marsh, Robert M. 2000. Weber's Misunderstanding of Traditional Chinese Law. *American Journal of Sociology* 106: 281 – 302.

Therborn, Goran. 2000. Globalizations: Dimensions, Historical Waves, Regional Effects, Normative Governance. *International Sociology* 15, 2: 151 – 179.

Guillen, Mauro F. 2001. Is Globalization Civilizing, Destructive or Feeble? A Critique of Five Key Debates in the Social Science Literature. *Annual Review of Sociology* 27: 235 – 260.

Kissinger, Henry. 2001. *Does America Need a Foreign Policy*? Simon & Schuster.

Pomeranz, Kenneth. 2001. *The Great Divergence: China, Europe, and the Making of the Modern World Economy*. Princeton University Press.

Marks, Robert B. 2002. *The Origin of the Modern World*. Rowman & Littlefiled.

Kiser, Edgar and Yong Cai. 2003. War and Bureaucratization in Qin China: Exploring an Anomalous Case. *American Sociological Review* 68: 511 – 539.

Hobson, John M. 2004. *The Eastern Origins of Western Civilization*. Cambridge University Press.

Li, Yi. 2005. *The Structure and Evolution of Chinese Social Stratification*. University Press of America.

Hui, Victoria Tin – Bor. 2005. *War and State Formation in Ancient China and Early Modern Europe*. Cambridge University Press.

Chibber, Vivek. 2006. *Locked in Place: State – Building and Late Industrialization in India*. Princeton University Press.

Jacques, Marti. 2009. *When China Rules the World—The End of the Western World and the Birth of a New Global Order*. The Penguin Press.

China's International Relations

Sutter, Robert G. 2009. *Chinese Foreign Relations: Power and Policy since the Cold War.* Rowman & Littlefireld.

Cohen, Warren I. 2000. *East Asia at the Center: Four Thousand Years of Engagement with the World.* Columbia University Press.

Weeks, Stanley B. and Charles A. Meconis. 2004. *The Armed Forces of the USA in the Asia – Pacific Region.* I. B. Tauris.

Wang, Dong. 2005. *China's Unequal Treaties: Narrating National History.* Rowman & Littlefield.

Burr, Milliam (ed). 1998. *The Kissinger Transcripts: The Top Secret Talks with Beijing and Moscow.* New Press.

China and the United States

Cohen, Warren I. 2010. *American's Response to China: A History of Sino – American Relations.* 5th ed. Columbia University Press.

Schaller, Michael. 2002. *The U. S. and China: Into the Twenty – first Century.* 3rd ed. Oxford University Press.

Before 1949

Tucker, Nancy Bernkopf. 2001. *China Confidential: American Diplomats and Sino-American Relations, 1945 – 1996.* Columbia University Press.

Liu, Ta Jen. 1996. *U. S. China Relations, 1784 – 1992.* University Press of America.

Sheng, Michael M. 1997. *Battling Western Imperialism: Mao, Stalin, and the United States.* Princeton University Press.

Wei, C. X. George. 1997. *Sino – American Economic Relations, 1944 – 1949.* Greenwood Press.

Christensen, Thomas J. 1996. *Useful Adversaries: Grand Strategy, Domestic Mobilization, and Sino – American Conflict, 1947 – 1958.* Princeton University Press.

Tuchman. 1972. If Mao Had Come to Washington. *Foreign Affairs.*

1949—1972

Chen, Jian. 2001. *Mao's China and the Cold War.* The University of North Carolina Press.

Xia, Yafeng. 2006. *Negotiating with the Enemy: U.S. – China Talks during the Cold War, 1949 – 1972.* University of Indiana Press.

Zhang, Shuguang. 2001. *Economic Cold War: American Embargo Against China and the Sine – Soviet Alliance, 1949 – 1963.* Stanford University Press.

Garver, John W. 1997. *The Sino – American Alliance: Nationalist China and American Cold War Strategy in Asia.* M. E. Sharpe.

Cumings, Bruce. *1981 – 1990. The Origins of the Korean War.* Princeton University Press.

Halberstam, David. 2008. *The Coldest Winter: American and the Korean War.* Hyperion.

Fehrebach, T. R. 2000. *This Kind of War: The Classic Korean War History.* 50th Anniversary ed. Brassey's.

Stueck, William. 2002. *Rethinking the Korean War: A New Diplomatic and Strategic History.* Princeton University Press.

Varhola, Michael. 2000. *The Korean War, 1950 – 1953.* Da Capo Press.

Lowe, Peter. 2000. *The Korean War.* Palgrave.

Kaufman, Burton I. 1997. *The Korean War: Challenges in Crisis, Credibility, and Command.* McGraw – Hill.

Li, Xiaobing, et al (eds). 2001. *Mao's Generals Remember Korea.* University of Kansas Press.

Qiang, Zhai. 2000. *China and the Vietnam Wars, 1950 – 1975.* University of North Carolina Press.

Ali, S. Mahmud. 1999. *Cold War in the High Himalayas: The USA, China and South Asia in the 1950s.* St. Martin's Press.

After 1972

Burr, Milliam (ed). 1998. *The Kissinger Transcripts: The Top Secret Talks with Beijing and Moscow.* New Press.

MacMillan, Margaret. 2007. *Nixon and Mao: The Week That Changed the World.* Random House.

Garrison, Jean A. 2005. *Making China Policy: From Nixon to G. W. Bush.* Lynne Rienner.

Tyler, Patrick. 1999. *A Great Wall: Six Presidents and China, An Investigation History.* PublicAffairs.

Kennedy, Scott (ed). 2003. *China Cross Talk: The American Debate over China Policy since Normalization: a Reader.* Rowman & Littlefield.

China and Japan

Fogel, Joshua A. 2009. *Accumulating the Sinosphere: Sino – Japanese Relations in Time and Space.* Harvard University Press.

Paine, S. C. M. 2005. *The Sino – Japanese War of 1894 – 1895: Perceptions, Power, and Primacy.* Cambridge University Press.

Brook, Timothy (ed). 1999. *Documents on the Rape of Nanking.* The University of Michigan Press.

Fogel, Joseha A. (ed). 2000. *The Nanjing Massacre in History and Historiography.* University of California Press.

Barrett, David P. and Larry N. Shyu (eds). 2001. *Chinese Collaboration with Japan, 1932 – 1945: The Limits of Accommodation.* Stanford University Press.

Shaw, Han-yi. 1999. *The Diaoyutai/Senkaku Islands Dispute: Its History and an Analysis of the Ownership Clams of the PRC, ROC, and Japan.* School of Law, University of Maryland.

China and Russia

Weitz, Richard. 2009. *China – Russia Security Relations: Strategic Parallelism without Partnership or Passion?* Creatspace.

Voskressenski, Alexei D. 2003. *Russia and China: A Theory of Inter – State Relations.* Routledge.

Paine, S. C. M. 1996. *Imperial Rivals: China, Russia, and Their Disputed Frontier.* M. E. Sharpe.

Garver, John W. 1988. *Chinese – Soviet Relations 1937 – 1945: The Diplomacy of Chinese Nationalism.* Oxford University Press.

Wang, David D. 1999. *Under the Soviet Shadow: The Yining Incident: Ethnic Conflicts and International Rivalry in Xinjiang, 1944 – 1949.* University of Michigan Press.

Heinzig, Dieter. *The Soviet Union and Communist China, 1945 – 1950.* M. E. Sharp.

Westad, Odd Arne (ed). 1998. *Brothers in Arms: The Rise and Fall of the Sino – Soviet Alliance, 1945 – 1965.* Stanford University Press.

Dittmer, Lowell. 1992. *Sino – Soviet Normalization and Its International Implications, 1945 – 1990.* University of Washington Press.

China and India

Athwal, Amardeep. 2009. *China – Indian Relations: Contemporary Dynamics.* Routledge.

Sen, Tansen. 2003. *Buddhsm, Diplomacy, and Trade: The Realignment of Sino – Indian Relations, 600 – 1400.* University of Hawaii Press.

Garver, John W. 2002. *Protracted Contest: Sino – Indian Rivalry in the Twentieth Century.* University of Washington Press.

Sidhu, Wahegure Pal Singh and Jing-dong Yuan. 2003. *China and India: Corporation or Conflict?* Lynne Rienner.

Liu, Xuecheng. 1994. *The Sino – Indian Border Dispute and Sino-Indian Relations.* University Press of America.

Liu, Chig H. 1986. *The Sino-Indian Border Dispute.* Greenwood Press.

Palit, D. K. 1991. *War in High Himalaya: The Indian Army in Crisis, 1962.* St. Martins.

Maxwell, Neville. 1970. *India's China War*. Random House.

China and other Neighbors

Snyder, Scott. 2009. *China's Rise and Two Koreas: Politics, Economics, Security*. Lynne Rienner.

Qiang, Zhai. 2000. *China and Vietnam Wars: 1950 – 1975*. The University of North Coralline Press.

Womach, Brantly. 2006. *China and Vietnam: The Politics of Asymmetry*. Cambridge University Press.

Kenny, Henry J. 2002. *Shadow of the Dragon: Vietnam's Continuing Struggle with China and the Implications for US Foreign Policy*. Brassey's.

Chanda, Nayan. 1986. *Brother Enemy: The War after the War*. Harcourt Brace Jovanovich.

Sukma, Rizal. 1999. *Indonesia and China: The Political of a Troubled Relationship*. Routledge.

Percival, Bronson. 2007. *The Dragon Looks South: China and Southeast Asia in the New Century*. Preager.

思考题

1. 当今三个世界的划分状况如何?
2. 中国领先世界近两千年的原因是什么?为什么古代中国统一,欧洲分裂?
3. 欧美为什么取代中国成了第一世界,成了世界的核心?
4. 为什么说社会主义市场经济是当今人类社会的必由之路?
5. 世界体系中,一个国家向上流动和向下流动的原因是什么?
6. 中国百年国耻的原因是什么?
7. 精神国力对社会公正的决定性作用是什么?

第四章　社会研究方法

什么是研究社会的方法？什么是古今中外社会思想家、社会理论家研究社会的方法？人的正确思想是从哪里来的？本章简要讨论：社会研究方法体系，科学研究的艺术，科学革命的结构，美国社会研究方法的革命性变革，以毛泽东社会研究方法论、实践论为基础建立中国社会研究方法论。风笑天、郝大海、仇立平、范伟达等分别著有社会研究方法教材。

第一节　社会研究方法概述

什么叫社会研究方法？什么叫社会研究方法论？第二章、第三章介绍了一些经久不衰的社会理论、社会思想。社会研究方法这门学科，就是研究这些经久不衰的思想理论是怎样得出来的，以及我们今后怎样得出新的思想理论。这些思想家、理论家是怎样得出这些思想、这些理论的？坦率地说，不是十分清楚。如果说十分清楚，那是骗人的。如果有人说自己十分清楚，就应当可以自己发明理论，列入第二章、第三章了。但是大学要教这门课，就要编这门课的教材。这门课不能教学生怎样成为社会思想家、社会学理论家，但是可以告诉学生怎样做是不科学的、是不正确的、是行不通的。社会研究方法领域目前排名世界第一的教材是纽曼的《社会研究方法——定性和定量的取向》。[①]本节以下内容主要来自这本书。

科学研究比个人经验可靠得多。科学界是一个共同体，有理论指导，使用专门技术收集资料，用资料支持或否定理论，建立新理论。个人经验不可靠：一，容易过度概括，坐井观天。二，容易选择性观察，只看见自己想看的。三，容易过早妄下断语，看见一个人抽烟活到八十岁，就认为抽烟就能活八十岁。四，光环效应，以为明星、名人、专家说的就对，相信广告。个人的回忆也常有致命错误：一，短暂性，时间长了就会忘。二，心不在焉。三，怎么都想不起来。四，把听说的想象成自己看到的。五，提问人错误引导。六，加入事后的偏见。七，忘不掉不重要的事。

科学共同体有论文期刊，重要作用是防止作假。但也不能迷信科学。因为有伪科学，有垃圾科学，有伪专家、伪教授、伪博士。杨振宁多次说过，世界上号称物理学家的人成千上万，其中95%的人其实不懂物理学。剩下5%的物理学家，除了要研究物理学，还要耗费巨大精力告诉这95%的人什么是物理学。

---

① 劳伦斯·纪曼：《社会研究方法——定性和定量的取向》（第6版，英文版），人民邮电出版社，2010年。

社会研究的步骤可以分为：一，选择主题。二，聚焦研究。三，设计研究。四，收集数据。五，分析数据。六，解释发现。七，告知他人。但你走完一个步骤，不一定就能走到下一个步骤。全部走完了，可能一无所获。真正有所发现的研究，不见得按照这七个步骤。科学研究有可能在这七个步骤之间来回反复。

社会研究分为定性研究和定量研究两大类。① 定性研究主要是：历史比较文献研究和实地研究。定量研究主要是问卷调查和试验研究。试验研究社会科学不常用，因为人不是老鼠，做试验不方便。科学研究还可以分为基础研究和应用研究，基础研究很重要，应用研究更重要。科学研究还可以分为探索性研究、描述性研究和解释性研究。研究还可以分为按时间顺序的纵向研究，按空间排列的横向研究、个案研究。

定量研究与定性研究的比较表

	定量研究	定性研究
1	研究者从检验假设开始	一旦研究者置身于数据，就开始把握和探索数据的含义
2	概念以不同的变量的形式出现	概念以主题、主旨、概括和分类原则的形式出现
3	在收集数据以前，对测量方法进行系统的定义和标准化	测量方法为每项研究量身定做，每个研究项目或不同的研究者都有独特的测量方法
4	数据以精确测量的数字的形式出现	数据以文字和图像的形式出现，来自于文件、观察和记录
5	理论主要是解释因果关系的，主要来自于演绎法	理论既可以解释因果关系，也可以不解释因果关系，主要来自于归纳法
6	标准化的研究步骤，研究过程和结果可以重复	研究步骤具有特殊性，很难重复
7	分析过程是使用统计学和图表来检验假设	分析过程是从证据中提炼或概括主题，组织数据以呈现出一个条理分明且一以贯之的全景图画

资料来源：Neuman，Table 6－1. 李毅译。

社会理论可以分为宏观理论、中观理论、微观理论。第二章“社会学理论”第五节“西方社会学理论”的“当今西方社会学的三大理论与方法论流派表”说明：所谓不同的方法论，实际上就是不同的理论。所谓不同的理论，实际上就是不同的方法论。当今西方社会学，有实证社会学、解释社会学、批判社会学这三大方法论取向，这三大方法论在八个方面都截然不同，在选择题目、收集资料、取舍资料、解释资料的所有方面都不同。立场、观点、方法不同，研究的结果就会完全不同。

社会科学重在解释因果关系，但恰恰是因果关系的解释难以成立。因果关系要满足三个条件：第一，时间顺序上有先有后，两者相关，消除替代因素。比如，鸡和蛋，谁先谁后？很难说。人类社会有不少事情类似鸡和蛋的关系。第二，看似相关的事情，可

① 劳伦斯·纽曼：《社会研究方法——定性和定量的取向》（第5版，中译本），中国人民大学出版社，2007年。

能不相关。比如，调查某大城市每天订鲜奶的用户的健康状况，发现每天订鲜奶的人死亡率远高于不订鲜奶的人。难道鲜奶害死人吗？不是的。大城市每天订鲜奶的人，多为病人、老人、小孩。第三，即使时间先后明确，两者相关明确，替代因素永远无法彻底消除，一果多因，一因多果，多因多果，这个变量和那个变量之间有没有确定的、没有中间变量的因果关系，是无法确定的，因为无法确定是否已经排除了所有可能的中间变量。比如，目前中国城市房价高。是什么原因造成了房价高这个结果？有一个原因能排除所有其他的中间原因、中间变量、中间因素吗？显然，要找到这样一个排除所有替代原因、中间变量、中间因素的中国房价高的原因，是不可能的。因果解释中常见的错误有：一，同义反复。二，目的论。三，层次错误。四，简化论。五，虚假相关。

对所研究的问题，概念要明确。概念不仅是明确的，同时一定要能够操作、能搞测量和分析，这就是概念的操作化。没有具体清晰的概念，或有概念但不能操作，研究就没有办法进行。科学研究要有信度，要有效度。信度，对于大学本科生来说，就是要说心里话，不要说假话，就是不要抄袭，不要作弊，就是要作注，写作业、学年论文、毕业论文的时候，要无一字无来历，要无一数字无来历。效度，对大学本科生来说，就是写作业、学年论文、毕业论文的时候，要多用图表、多用数据、多用最新数据、多用权威著作及论文的最近学术讨论，不要说空话、大话，最好学会用 SPSS[①]。

定量研究很重要。社会学微观理论主要来自定量研究。描述性研究很倚重定量研究。定量研究有时可以证实或证伪宏观理论和中观理论，但有时可能无法做到。用定量研究方法对整个社会作长期的跟踪调查统计是了解社会变迁的重要依据。中国国家统计局城调总队和农调总队在全国有数百个调查基地，积累了丰富的定量研究资料。《中国统计年鉴》，虽然有不少不尽如人意之处，始终是全中国、全世界研究中国的人的最重要的、最基本的定量资料来源。美国社会学界对如何进行定量问卷调查研究有十分严格的规定，国内社会研究方法教科书详细介绍了这些规定，用这些规定衡量，国内学术刊物的很多定量调查论文不尽符合规定。到目前为止，在国内外学术刊物上，用这种十分严格的定量问卷调查方法作出来的论文，少有文章对发展中国社会学作出显著的贡献。

实地调查是重要的研究方法，也叫做人类学调查方法。读万卷书，行万里路。行万里路，说的就是实地调查。可以蹲点，可以开调查会，可以个别访问，可以参与观察，也可以四者结合起来。参与观察，比如为调查农民工进工厂打工，或为调查监狱伪装成犯人坐牢。现在看到的最好的实地调查，是毛泽东的《寻乌调查》，见《毛泽东文集》第一卷，该书 1993 年出了英文版[②]，毛泽东对 1930 年代中国农村社会的全面深刻的调查研究令人叹为观止，毛泽东做过十几个这样的调查。费孝通读博士的专业就是人类学，费孝通的名著《乡土中国》就是人类学实地调查的成果。实地调查可以与文献研究结合起来，如美国著名人类学家戈尔斯坦的杰作《喇嘛王国的覆灭》[③]。网络调查分

① 冯成志、贾凤琴：《社会科学统计软件 SPSS 教程》，清华大学出版社，2009 年。
② Mao Zedong，1993，*Report from Xunwu*，Stanford University Press.
③ 戈尔斯坦：《喇嘛王国的覆灭》，中国藏学出版社，2005 年。

析，在某一个或几个网站上进行参与调查①，不知是否也可以算作实地调查的一种。

历史比较文献研究，是社会学重大成果、社会学宏观理论、社会学中观理论的主要来源。读万卷书，行万里路。读万卷书，说的就是历史比较文献研究。掌上千秋史，胸中百万兵。掌上千秋史，说的就是历史比较文献研究。胸中百万兵，就是研究出了重大成果。第二章、第三章介绍的思想和理论，主要是用历史比较方法得来的。人类社会、亚洲社会、中国社会运动变化发展的规律，只能从历史比较方法中得来。个案研究也经常使用。历史比较研究法的步骤是：调查对象的概念化，找出证据，评估证据的质量，组织证据，综合证据，撰写报告。历史比较研究不容易教，不容易学，不容易做。历史比较研究对研究者的素质要求非常高，马克思坐在大英博物馆可以写出《资本论》，很多人坐在那里什么都写不出来。

进行历史比较研究，要特别注意搜集负面证据：一，该发生而没有发生的事情。二，人们没有意识到的事情。三，人们想要隐瞒的事情。四，人们习以为常而忽略的事情。五，其他研究者因为有成见而忽略的事情。六，人们无意识不记录的事情。七，人们有意识不记录的事情。

社会学就是要在纷纭复杂、扑朔迷离的社会形势、社会现象、社会事件中，去粗取精、去伪存真、由此及彼、由表及里，透过现象看本质，看到大趋势，看到规律，看到解决问题的大战略，找到合适的社会政策。但是，人类社会、亚洲社会、中国社会运动发展变化的规律，深深地藏在社会形势、社会现象、社会事件的下面，看不见、摸不着。要由此及彼、由表及里，透过现象看本质，看到大趋势，看到规律，非要大智慧不可。这个大智慧，就是正确的思想、理论，就是正确的立场、观点、方法。最难修炼的，就是正确的思想、理论、立场、观点、方法。第二章、第三章所讲的理论，同时也就是方法论。

第二节　科学研究的艺术

上一节介绍了社会研究的许多困难。但社会研究不能不作，正如第三章所述，社会科学关乎国家的精神国力，事关国家和民族的存亡兴衰，一定要作，一定要做好。如何作好科学研究，没有一定的定律，但有一些有用的经验之谈。《科学研究的艺术》② 就是这样一本经验之谈，本节内容主要来自这本著作。

① 实名参与式调查发现，国内现在有个别小网站，或一个大网站的一个小角落，主要参与者看起来是一群相互独立的化名，实际上是一些相互认识的熟人，他（她）们在思想上有强烈的一致性：西方一切都好，中国一切都不好，而且自古就不好；国民党一切都好，共产党一切都不好；蒋介石一切都好，毛泽东一切都不好；旧中国一切都好，新中国一切都不好。如果发现有不同意见的人，这些人就党同伐异，群起而攻之。

② W. I. B. 贝弗里奇：《科学研究的艺术》，科学出版社，1979 年。

1. 准备工作

最主要的准备工作是学习。搞科学研究的人要活到老、学到老。学习的最好方法就是批判地阅读。每读一本书、读一篇文章、听一场演讲、听一堂课，先要假设，这本书从第一页到最后一页、这篇文章从第一个字到最后一个字、这个人讲话从第一句到最后一句，可能都是错误的。那为什么要看要听呢？是要批判。是要看一看这本书、这篇文章、这个讲座、这堂课错在哪里。有这种批判的态度，才可能作科学研究，没有这种批判的态度，不能作科学研究。

2. 实验

自然科学研究，在很多领域，要大量做实验。做实验不见得就能出研究成果。实验过程中经常大量出错。多数科研成果都不是有计划的实验做出来的。很多科研成果是在实验中偶然得出的。社会科学做实验不方便。人不是老鼠，不方便用于实验。

3. 机遇

新发现往往源于研究过程中某种意外的观察，源于机遇。机遇经常可遇不可求。机遇只垂青那些懂得怎样追求它的人。在研究过程中，发现所需要的思想方法不同于求证所需要的思想方法，因为发现和求证是不同的过程。留意意外之事是研究工作者的座右铭。机遇来之不易。①机遇的机会稀少。②要注意新线索。③要解释新线索，只有有准备的头脑才能做到。④在机遇中最初的新发现，有时候很晚才被证实。⑤在机遇中最初的新发现，有时候很晚才得到应用。⑥在机遇中最初的新发现，必定受到怀疑，有时会受到反对和严厉批评。这可能是最难过的一关。科学家有时必须战斗，过去有的甚至付出生命。

4. 假设

假设是研究工作者最重要的思想方法，其主要作用是倡导新的实践或新的观察。不正确的假设有时也富有成效，因为绝大部分假设后来证明都是错误的。运用假设须知：①不要抱住已证明无用的假设不放。研究人员故意隐瞒与假设不同的结果，并不罕见。在发现假设不能令人满意时，想象丰富的科学家比想象贫乏的科学家更容易放弃它。②进行假设服从事实的思想训练，培养自己对事物本来面目的尊重。③对假设进行批判的审查。④对错误的观念避之三舍。在科学发展上，对严重谬误论见的揭露，其价值不亚于创造性的发现。

5. 想象力

想象力，也叫创造性思维能力。第一章所说的社会学想象力，也就是社会学创造性思维能力。具有丰富知识和经验的人，比只有一种知识和经验的人更容易产生新的联想和独到的见解。有重要的独创性贡献的科学家，常常是兴趣广泛的人，或是研究过他（她）们专业之外科目的人。人的头脑有在事物中追求条理性的倾向，要谨防这种倾向把我们引入歧途，使我们误信我们看到了一种高度的条理性与均衡性，而实际上却没有这么高的程度。在研究工作中，要作出有效的推理，可用的知识往往不足。这时人们只能仰仗感觉或鉴赏力。想象力虽然是灵感的源泉，但不管起源如何，多数假设都被证明是错误的。用丑恶的事实屠杀美丽的假设，是科学最大的悲剧。犯错误是无可厚非的，只要能及时觉察并纠正就好。人的最高尚行为，除了传播真理之外，就是公开放弃错误。

想象力，就是创造性思维能力，来自于好奇心。科学家的好奇心，通常表现为探索尚无令人满意解释的事物或其相互关系。科学家的好奇心是永远满足不了的。讨论可以激励思想：①讨论中别人可能提出有益的建议。②一个新设想可能由两三个人集中他（她）们的知识或设想而产生。③讨论是披露谬误的宝贵方法。④开展讨论和交流观点往往使人振作，给人以激励和鼓舞，特别是在人们遇到困难、感到烦恼的时候。⑤讨论最宝贵的作用在于帮助人们摆脱那种已经形成了的、事实证明是无成效的思想习惯。参加讨论的人数以不超过六个人为宜，在这样小规模的讨论中，没有人会怯于承认对某些事物的无知，并从而纠正错误。常有这样的情况，在作讲解的时候，对方未发一语，自己就想到了一个新念头。教师讲课的时候也是如此。

每个人的知识都是有限的。自觉无知和学术上的诚实，对研究人员来说，是两个重要的品质。学生常常错误地认为自己的老师无所不知，学生不知道老师要花很多时间备课，除了讲课讲到的那个题目外，他们的知识往往就不给人那么深刻的印象了。不仅一个教科书的作者不能把书中的全部知识装入脑中，而且，一篇研究论文的作者也要不时参看论文来回忆他自己所作研究的细节。

思考还因为向别人学习而受到限制。阅读，即使是阅读真理，对于独创精神也可能有不利的影响。尽信书，不如无书，就是这个意思。纸上谈兵，在军校学军事，远远不如在战场打仗，就是这个意思。世界各国的第一代富人，包括当今中国的不少富人，很多文化程度都不高，更没有读过 MBA，就是这个意思。

6. 直觉

真正可贵的因素是直觉，指突然跃入脑际的、能阐明问题的思想，也叫做顿悟、灵感、启示。直觉并非绝对正确，一切主观思维都有危险。直觉产生于大脑的下意识活动，这时，大脑也许已经不再自觉注意这个问题了，然而，却还在通过下意识活动思考它。情感上的敏感性也许是科学家应该具有的一种可贵品质。无论如何，一个伟大的科学家应被看作一个创造性的艺术家，把他看作是一个仅仅按照逻辑规则和实验规章办事的人是非常错误的。

探索与捕获直觉的方法是：①对问题和资料进行长时间的思考，直到达到思想的饱和，这是最重要的前提。②摆脱分散注意力的其他问题或有兴趣的事，特别是有关私生活的烦恼，这是一项重要的条件。③不受中断干扰，甚至无被中断之虞，并摆脱一切使人分心的因素，如室内的有趣对话或突然发出的大声。④在紧张工作一段时间以后，悠游闲适和暂时放下工作，更容易产生直觉。⑤通过诸如讨论、批判的阅读或写作等与他人进行思想接触，对直觉有积极促进作用。⑥直觉来无影去无踪，因此必须要用笔记下。⑦除中断、烦恼、分散精力的其他兴趣外，不利影响还有：脑力和体力的疲劳、对问题的工作过度、琐事的刺激、噪音的干扰。

恰如文学鉴赏力和艺术鉴赏力的存在一样，也存在一种科学鉴赏力，也存在一种社会学鉴赏力。各专业都有自己的专业鉴赏力。有相当部分的科学思维并无足够的可靠知识作为有效推理的依据，而势必主要凭借鉴赏力的作用来作出判断。在研究工作中，我们常常被迫对直接证据不足的问题采取行动。在历史转折的紧要关头，越是重大的决定，越是在证据不足的情况下作出的，这时候，方显出伟大领袖的雄才大略，方显出英雄本色，这就是政治、军事、外交方面的鉴赏力。

7. 推理

推理能够超越事实而不误入歧途，是极罕见的事情。人类主要凭借机遇或其他，而不是逻辑，创造了艺术和科学。逻辑仅有助于证实并确立在庸俗观念基础上的谬误，而于探求真理无补，因而弊多利少。逻辑学是希腊在学校辩论、集会辩论、法庭辩论中发展起来的。辩论双方的输赢与真理在哪一边毫无关系，辩论双方抽到哪一种观点，就全力论证自己是对的，对方是错的，根本就不在乎真理在哪一边。逻辑学上的正确性与确实性，与创造性思维完全无关。逻辑推理常常有碍于接受新的真理，伟大的发明家常受迫害的事实就证明了这一点。与经验法相比，不仅运用推理作出的新发现寥寥无几，而且科学的发展常因以推理为依据的错误教条而受阻碍。现在，有人用科学推理证明中医是错的，因为中医不科学。实际上，不是中医错了，而是现有科学还很幼稚、很初级、很有限，因为现有的科学还无法解释中医。

推理有两种，归纳法和演绎法。归纳法，就是从个别事例到一般原则，从事实到理论。演绎法，就是从一般到个别，把理论运用于具体事例。归纳可靠程度不够，但富于创造性，从搜集到的事实出发，可以引出好几种可能的理论，相互矛盾，所以这些理论不可能都是正确的，甚至可能全部不正确。演绎法把一般原理推广到其他事例，就不可能导出新的概括，因而不可能在科学上作出较大的进展。演绎推理的结论是受原始前提制约的，原始前提正确，结论就正确。在数学、物理、化学中，基本前提较为牢靠，附带条件可较严格地规定和控制，因而推理对数理化的发展起了更重要的作用。但是在社会科学中，由于每一种现象、每一个条件都非常复杂，人们对其认识不够，所以前提是不明确的，因而演绎推理不可靠。甚至有的著名数学家也认为，逻辑学与发现、发明没有关系。推理对新发现没有什么作用，但在科学研究的其他方面有重要作用，特别是求证新发现。发现和求证不同，就像侦探和法官不同。侦探要抓住作案的人和获取证据，后面就是法官的事了。

8. 观察

要关注某个事物，并把它和已知的事物联系起来，既是观察，也是思维。日常观察很不可靠，有个著名医学家在教学生的时候，用手指蘸糖尿病人的尿的样品来尝味。然后要求全体学生重复这个动作。学生们勉勉强强愁眉苦脸地照着做了，而一致同意尿是甜的。这时医学家笑着说："我这样做是为了教育你们观察细节的重要性。如果你们看得仔细，就会注意到我伸进尿里的是食指，舔的却是中指。"不同的人观察同一事物，兴趣不同。许多男人和同一个女人待上一天，过后对她的穿戴只有极模糊的概念，但是大多数女人在见到另一个女人之后几分钟就能详细描述那个女人的服饰。反复看见某一事物而未加记忆是完全可能的。

9. 困难

科学研究的困难，至少有三个方面。第一，来自对新设想的抗拒心理。尽管一个新发现有确凿的证据，但有些科学家因和自己的先入之见相矛盾，便顽固地拒绝承认，这样的科学家不乏其人。第二，来自与新发现的对立。因为新发现从广义上说冒犯权威，侵犯既得利益。一项对知识的创造性贡献，其接受过程可分为三步：在第一阶段，人们嘲笑它是假的、不可能的、没有用的；到第二阶段，人们说其中可能有些道理，但永远派不上什么实际用场；但第三步也就是最后的阶段，新发现已经获得了普遍的承认，这时，许多人说这个发现并不新鲜，早就有人想到了。第三，谬误无所不在，无孔不入。没有一种方法是万无一失的。

10. 战略和战术

科学研究的战略，首先是一个国家的研究工作计划的规模和计划性。新中国取得了"两弹一星"为代表的科学研究的巨大成就。钱学森认为，新中国取得这些巨大成就的主要原因，是毛泽东、周恩来把用于领导解放战争的那一套行之有效的方法用来指导新中国的科学研究。用现在的话讲，就是科学研究的举国体制。中国今日在航空航天、核能工业方面在世界居于前列，还是依靠毛泽东时代的举国科研体制。

理论研究和应用研究并不能截然分开。今天的理论研究可能就是明天的应用研究。中国的实践证明，任务带学科。研究还可以分为探索性研究和发展性研究，富于探险性的人适合作探索性研究，喜欢按部就班的人适合于作发展性研究。研究要有总的计划和具体计划。对科学家要放手使用。首席科学家要有全权。不懂科学的人不能瞎指挥。不懂导弹的人在导弹部门指挥就只能是捣蛋。由各有特长的老中青科学家组成一个研究组，经常相得益彰。也可能有摩擦，一个人可以是个卓越的科学家，但在处理人和人的关系上完全不成熟。

在科学研究中，个人判断的依据是科学鉴赏力。唯有科学研究的技术细节，在纯客观、纯理性这个意义上才是"科学"的。尽管看起来十分荒谬，但事实上，科学研究是一门艺术，不是科学。

11. 科学家

研究人员最重要的两条品格是对科学的热爱和难以满足的好奇心。研究人员在很多方面酷似开拓者。研究人员探索知识的疆界需要很多与开拓者同样的品格：事业心和进取心；随时准备以自己的才智迎战并克服困难的精神状态；冒险精神；对现有知识和流行观念的不满足；急于试验自己判断力的迫切心情。科学家还必须具备想象力。几乎所有有成就的科学家都具有一种百折不挠的精神，因为大凡有价值的成就，在面临反复挫折的时候，都需要创造者的毅力和勇气。

人可以大体分为两类，一类人惯于对外界的影响包括别人的思想起强烈的反应，一类人则消极被动地接受一切事物。第一类人往往在孩提时代就对别人教给自己的一切提出疑问，并往往有叛逆传统和习俗。他们富有好奇心，要自己去探索事物。第二类人更容易适应生活，而且在其他条件相同的情况下，更能积累正规教育所传授的知识。接近第二类的人不适合研究工作。不是人人都能从事研究工作，就像不是人人都能作曲。不能作研究，不等于在智力和能力上有缺陷。

普通的考试并不足以说明学生研究能力的强弱，因为考试往往有利于积累知识的人，而不利于思想家。出色的考生并不一定擅长于研究工作，而另一方面，一些著名的科学家则往往在考试上表现不好，例如爱因斯坦在技工学校入学考试中不及格。中国由于坚持高考制度，中学不得不搞应试教育，大学本科教育就更要注重创造性思维的培养。

爱因斯坦认为科学家分为三种：第一种科学家从事科学研究是因为科学研究为他们提供了展示才能的机会，他们喜好科学正如运动员喜好表现自己的技艺一样。第二种科学家是把科学研究看作是一种谋生手段，如非机遇也可能成为成功的生意人。第三种科学家是真正的献身者，这种人为数不多，但对科学的贡献最大。当今中国特别需要第三种科学家，当今中国社会学特别需要第三种社会学家。

严格遵守朝九晚五的工作时间是不能做好研究工作的，实际上，有时必须熬夜。从事研究的人必须对科学真有兴趣，科学必须成为他生活的一部分，被他视为乐趣和爱好。有时需要日夜思考。研究人员的家人懂得，有时就必须尽力不使他在其他方面有所负担和操心。科学家必须把他的主要时间用于研究，这个时间因素必不可少。每天挤一两个小时来作研究是没有多大用处的。科学研究的工作一般是突进式的，在高潮时期，科学家必须把全部精力和时间用于研究。不断受挫可能引起一种轻度的神经病。研究工作者是新文明的开路者和先驱者，科学的理想赋予生命以意义。

第三节　科学发展的阶段

就每一门自然科学而言，就数学、物理学、化学、天文学、地理学、生物学而言，每一门科学是怎么运动变化发展的，托马斯·库恩的《科学革命的结构》[①] 作了经典的分析。库恩认为每一门学科都会经历四个阶段，并且这四阶段是循环往复的。这四个阶段是：早期发展阶段、常规科学阶段、危机阶段和科学革命阶段。

每一门学科都会经历早期发展阶段。人类社会中任何一门学科都不是原来就有的，当这门学科刚刚开始出现时，人们会进行开创性研究，建立起这个科学的理论框架。大多数科学的早期发展阶段，是以许多不同流派的不断竞争为特征的，每一个流派都部分来自于科学观察和科学方法的要求，并且与科学观察和科学方法的要求大致相容。这些不同学派之间的差别不在于这个或那个方法的失效——这些学派全都是“科学的”——差别在于我们将称之为看待世界和在其中实践科学的不可通约的方式。观察和经验不可能单独决定这种信念的特定实质。在一段确定的时间内，一个科学共同体信奉的信念之诸组成成分中，总是有一种明显的随意因素，其中包括个人与历史的偶然事件在内。

常规学科在经历了早期发展阶段之后，人们对这门科学建立起简单的理论框架后，进入该学科的第二个阶段，即常规科学阶段。人们会在理论框架中投入更多的人力和物力不停地进行完善、不断地发展，使这门学科能够有自己的成熟的体系和理论。经过持久而忘我努力的研究，强把大自然塞进由专业教育所提供的概念箱子里。如果没有这类概念箱子，研究就无法进行，尽管在概念箱子的历史起源中，以及偶然地在它们尔后的发展中，存在着随意性因素。这种随意性因素总是存在的，而且它在科学发展中有着重

① 托马斯·库恩：《科学革命的结构》，北京大学出版社，2003 年。

要影响。

一门学科在发展到一定的时期之后，就会经历危机阶段。科学发现既是范式变化的原因，又是范式变化的结果；而且隐含在这些发现中的变化，既是建设性的，又是破坏性的。发展中反常的例子会引发危机，危机是新理论出现的前提条件。危机的意义在于：它指出更换工具的时机已经到来了。科学家面对危机时，他们可能对以前的范式失去信心，考虑别的选择方案，但他们绝不会抛弃已导致危机的范式。

在一门学科出现危机之后，这门学科就会进入科学革命阶段。人们会在危机中找到错误并建立适合该时期的理论框架。每一次的革命都迫使科学共同体抛弃一种盛极一时的科学理论，而赞成另一种与之不相容的理论。每一次革命都转移这门科学所探讨的问题，改变合理解决问题的标准。而且每一次革命也改变了科学的思维方式，以至于我们最终将需要作这样的描述，即在其中进行科学研究的世界也发生了转变。一个新的科学真理的胜利并不是靠使它的反对者心服和领悟，而是因为它的反对者终于都死了，而熟悉这个新科学真理的新一代成长起来了。在科学发展到第四阶段后，会重新从开创阶段开始，发展、危机、再革命，循环地经历这四个阶段。

这个自然科学发展四阶段理论是否正确，能否应用到社会科学，能否应用到社会学，值得研究。从这个理论出发，当今西方社会学，在2008年之后，似乎处于危机阶段和革命阶段，准备迎接新一轮的革命。当今中国社会学，总体看来，似乎处于第二阶段的开始。当今中国社会学的一二十个主要分科社会学似乎分别处于第一阶段的结束或第二阶段的开始。

第四节 美国社会研究方法论的大变革

毋庸讳言，目前中国社会学方法论著作，从体例到内容，主要是借鉴美国有关论著。既然要借鉴，就要搞清楚美国有关背景情况，才对中国有利。十几年来，美国社会研究方法发生了大变革。这个变革，来源于美国社会学对“二战”后美国社会研究方法的反思。美国大学讲授社会学理论，主要讲欧洲，基本上不讲美国，因为美国没有什么人可以讲。2000年，美国社会学会全体会员，投票选举一位20世纪美国最伟大的社会学家，不论去世的还是在世的，沃勒斯坦高票当选，而主流美国社会学此前在相当长的时间里甚至不承认沃勒斯坦属于社会学。

为什么“二战”之后美国社会学没有什么理论？是不是“二战”以后美国社会研究方法出了问题？美国2002年《社会学年鉴》的开篇，发表了李伯森和林的一篇长文，充分讨论了这个问题。李伯森（Lieberson）是哈佛社会学系老教授，这篇长文开宗明义，总结批判了美国、西方“二战”以后社会学研究方法的经验教训。文章的题目充分表达了这篇长文的主旨：“Barking up the Wrong Branch：Scientific Alternative to the Current Model of Sociological Science.”（走错了路：社会学要走另一条科学之路）。摘译如下：

所谓“科学的社会学”的标准，源于古典物理学，是一种完全不适合于社会学的自然科学模式。其结果是，我们所用的手段对我们追求的目标有害无益、适得其反。甚至那些摈弃这种手段的人也将物理学作为他们的基础。尽管意识到任何自然科学都不能自动成为我们社会学工作的样板，我们建议，达尔文的进化论提供了一个更为合适的模式，用来结合理论与研究，因为他所遇到的困难和我们遇到的困难十分相似。其中包括：要基于调查数据而不是实验数据来得出一丝不苟的结论；要有能力处理大量多样化的数据，把他们放进一个相对简单的系统，这个简单系统不包括一大堆我们称之为自变量的东西；能否预测未来不作为检验理论是否完备的标准；在支撑理论和发展理论的证据都不充分时运用理论的能力。

进化论运用了一套强有力的机制，使我们对事物的了解越来越全面细致。这样，它有助于理论处理各种特殊的原因，原因在不同环境中有所不同，在不同环境中各种原因的作用亦不相同……

换句话说，你怎么样能够设立一个标准从而使一个人有能力分辨麦粒和麦壳？我们没有现成的答案，但可以肯定，这种能力部分来自于直觉，一向如此；这种能力的另一部分，要求我们对什么时候证据确实与理论相符合、什么时候证据是前后矛盾的、什么时候我们不得不说“证据根本不存在”，有一个清晰的思考……

通常，与已经发表的文献所展示的完全不同，自然科学研究和社会学研究都更具直觉性、更为零散、更加非线性、更加不正规，是个不断失败、不断研究的过程……

达尔文的一项伟大成就是将大命题归结缩小到具体问题……

毫无疑问，进化论致力于一个巨大的命题，但进化论的结构中只有几个为数不多的原则，而不是一大堆数不清的可能的变量……

最后，一个着重于总体分布的本质而不是总体中的每一个个体的理论，是一个简洁的理论，这个理论有助于研究者在研究过程中避免所谓的喧嚣和停滞。

社会学总是忽略不同原因之间的区别，而这种区别正是问题的核心所在。基本上，那些导致事件发生的深层原因，在表面上与事件之间并无直接因果关系……

进化论并不认为所有的原因都发挥相同作用，而认为这些原因之间存在一个相互作用的等级序列，所以宽泛条件的存在是狭隘条件起作用的必要前提。因此，严格区分基本原因和非基本原因至关重要。(Lieberson and Lynn，2002)

李伯森在这里批判的主要对象是“二战”以后逐渐统治美国社会学研究和社会学刊物的定量问卷调查研究，认为这种研究对建立宏观社会理论“有害无益、适得其反”。那么什么研究方法好一些呢？历史比较法受到更大的重视。2003 年，剑桥大学出版社出版了马哈尼（James Mahoney）和鲁施迈耶（Dietrich Rueschemeyer）的《社会科学的比较历史分析》（*Comparative Historical Analysis in the Social Sciences*）。2004 年，美国《社会学年鉴》发表了马哈尼的长文《比较历史方法论》（*Comparative-Historical Methodology*）。这篇长文全面综述了比较历史方法论的发展演变，指出社会学的主要重大成果都是从这种方法得出来的，并严厉批判了美国社会学界对比较历史研究方法的错误态度：

> 比较历史分析法由于对社会科学知识的产生有显著贡献而备受推崇……美国研究生院普遍不教比较历史方法论……因为许多搞统计研究的人根本没有接触过比较历史方法论，他们缺乏理解和评价比较历史研究的背景。因而，他们对比较历史研究所提的建议有时并不恰当。解决这些问题的方案包括在方法论领域中给予比较历史方法论更重要的地位。第一步，是要让搞统计研究的人认识到，对于建立有效的因果关系或者描述推论，量化分析不是唯一的或者必然最好的办法；事实上就许多研究课题而言，比较历史方法能够、而且应该是更好的解决办法。（Mahoney，2004，pp. 96 –97. ）

为什么美国主流社会学在"二战"之后逐渐走上了定量问卷调查统计的道路？2004年，基恩（Mike Forrest Keen）出版了《围堵社会学家：胡佛的联邦调查局对美国社会学的监视》（*Stalking Sociologists*: *J. Edgar Hoover's FBI Surveillance of American Sociology*）一书。美国社会学界在20世纪五六十年代，在米尔斯的时代，历史比较研究是很强大的。由于当时美国社会学思想偏左，美国社会、美国政府的一部分右翼人士，特别是胡佛的联邦调查局，使用各种手段，特别是使用政府科研基金的导向，把美国社会学从历史比较方法为主转变到定量问卷调查统计为主，改变了美国主流社会学的左翼倾向。

转到定量研究为主之后，美国社会学的定量研究发展到了一个非常精深的程度和阶段。其代表作就是巴比的《社会研究实践》[①]，是定量研究的大师之作。在最近几版，加入了很少的定性研究内容，但只限于实地调查，不承认历史比较研究。从定量问卷调查统计，怎样进到宏观社会学理论？这本书语焉不详。巴比的体系不纳入定性研究，显然没有与时俱进。

十几年来，纽曼的《社会研究方法》[②③] 逐渐取代了巴比，成为新的代表作和经典。在体例上，这本书把定性与定量等量齐观，篇幅上大体各占一半。在理论上，这本书对社会学理论、社会学方法、定量研究、定性研究这四者的地位、作用及四者间的关系，作了深刻的论述。这本书的第一版比李伯森和马哈尼的文章早了十年，对美国、西方社会研究方法论的转变起了巨大的推动作用。可以说，纽曼这本书，李伯森、马哈尼的两篇文章，代表了当今美国、西方社会研究方法的前沿和高度。

第五节　以毛泽东社会研究方法论为指南

学习、研究、借鉴美国社会研究方法论，是为了最终建立为中国服务的中国自己的

① 艾尔·巴比：《社会研究实践》（第11版），华夏出版社，2009年。

② 劳伦斯·纽曼：《社会研究方法——定性和定量的取向》（第6版，英文版），人民邮电出版社，2010年。

③ 劳伦斯·纽曼：《社会研究方法——定性和定量的取向》（第5版，中译本），中国人民大学出版社，2007年。

社会研究方法论体系。巴比、纽曼、李伯森、马哈尼，都没有解决好一个问题：人的正确思想是从哪里来的？正确的社会思想、社会学理论、社会政策是从哪里来的？几年来，反复对比了毛泽东的有关论述，在这个问题上，笔者认为，毛泽东的《实践论》，毛泽东的《人的正确思想是从哪里来的?》，要深刻得多、全面得多、高明得多。正确的思想、理论、政策是从反复的实践中来的。思想、理论、政策正确与否，只能由反复的实践来检验。不是一次、两次、三次的实践和检验，而是循环往复的多次实践、多次检验。建立中国自己的社会研究方法论体系，应该以毛泽东的社会认识实践论为指导。为此，本书第二章“社会学理论”第三节“毛泽东的社会认识实践论”全文引用了《人的正确思想是从哪里来的?》这一重要篇章。

毛泽东特别强调实事求是。中国古代社会认识论的精髓就是实事求是，这与以史为教是一脉相承的。《汉书·河间献王（刘德）传》就提到“修学好古，实事求是”。毛泽东寄居岳麓书院时，岳麓书院就有“实事求是”这块匾额。实事求是，就要反对教条主义。1942 年 2 月 1 日，毛泽东在延安中央党校开学典礼上作动员全党整风的报告，“整顿党风、学风、文风”，收入《毛泽东选集》时易名为“整顿党的作风”，严厉批判了以王明为代表的教条主义者：

他们一不会耕田，二不会做工，三不会打仗，四不会办事……只要你认得了三五千字，学会了翻字典，手中又有了一个什么书，公家又给你小米吃，你就可以摇头晃脑地读起书来。书是不会走路的，也可以随便把它打开或者关起。这是世界上最容易的事，比大师傅煮饭容易得多，比他杀猪更容易。你要捉猪，猪会跑，杀它，它会叫，一本书摆在桌子上，既不会跑，又不会叫，随你怎样摆布都可以……那些将马列主义当宗教教条看待的人，就是这种蒙昧无知的人。对于这种人，应该老实对他说，你的教条没有什么用处，说句不客气的话，实在比屎还没有用。我们看，狗屎可以肥田，人屎可以喂狗。教条呢，既不能肥田，也不能肥狗，有什么用处呢？（原文见《整顿三风：二十二个文件》）

中国要发展，一定要建立自己的社会研究方法论体系。古为今用，洋为中用，自主创新。实事求是，实践检验，反复实践，反复检验。一切为我所用，反对一切教条，包括所谓的普世价值。

本章小结

1. 社会研究分为定性研究和定量研究两大类。定性研究主要有两种：历史比较文献研究和实地研究。定量研究主要是问卷调查和试验研究。试验研究社会科学不常用，因为人不是老鼠，做试验不方便。科学研究还可以分为基础研究和应用研究，基础研究很重要，应用研究更重要。任务带学科。科学研究还可以分为探索性研究、描述性研究和解释性研究。研究还可以分为按时间顺序的纵向研究，按空间排列的横向研究和个案研究。

2. 社会理论可以分为宏观理论、中观理论和微观理论。所谓不同的理论，实际上就是不同的方法论。理论不同，在选择题目、收集资料、取舍资料、解释资料的所有方面都不同。立场、观点、方法不同，研究的结果就会完全不同。

3. 推理能够超越事实而不误入歧途，是极罕见的事情。人类主要凭借机遇或其他，而不是逻辑，创造了艺术和科学。逻辑仅有助于证实并确立在庸俗观念基础上的谬误，而于探求真理无补，因而弊多利少。逻辑学是希腊在学校辩论、集会辩论、法庭辩论中发展起来的。辩论双方的输赢与真理在哪一边毫无关系，辩论双方抽到哪一观点，就全力论证自己是对的，对方是错的，根本就不在乎真理在哪一边。逻辑学上的正确性与确实性，与创造性思维完全无关。逻辑推理常常有碍于接受新的真理，与经验法相比，不仅运用推理作出的新发现寥寥无几，而且科学的发展常因以推理为依据的错误教条而受阻碍。

4. 推理有两种：归纳法和演绎法。归纳法，就是从个别事例到一般原则，从事实到理论。演绎法，就是从一般到个别，把理论运用于具体事例。归纳可靠程度不够，但富于创造性，从搜集到的事实出发，可以引出好几种可能的理论，几种理论间有可能相互矛盾，所以这些理论不可能都是正确的，甚至可能全部不正确。演绎法把一般原理推广到其他事例，就不可能导出新的概括，因而不可能在科学上作出较大的进展。演绎推理的结论是受原始前提制约的，原始前提正确，结论就正确。在数学、物理、化学中，基本前提较为可靠，附带条件可较严格地规定和控制，因而推理对数理化的发展起了更重要的作用。但是在社会科学中，由于每一种现象、每一个条件都非常复杂，人们对其认识不够，所以前提是不明确的，因而演绎推理不可靠。推理对新发现没有什么作用，但在科学研究的其他方面有重要作用，特别是求证新发现。

5. 在科学研究中，个人判断的依据是科学鉴赏力，是想象力、直觉、机遇。唯有科学研究的技术细节，在纯客观、纯理性这个意义上才是“科学”的。尽管看起来十分荒谬，但事实上，科学研究是一门艺术，不是科学。

6. 自然科学发展四阶段理论是否正确，能否应用到社会科学，能否应用到社会学，值得研究。从这个理论出发，当今西方社会学，在2008年之后，似乎处于危机阶段和革命阶段，准备迎接新一轮的革命。当今中国社会学，总体看来，似乎处于第二阶段的开始。当今中国社会学的一二十个主要分科社会学似乎分别处于第一阶段的结束或第二阶段的开始。

7. 十几年来，纽曼的《社会研究方法》逐渐取代了巴比，成为新的代表作和经典。在体例上，这本书把定性与定量等量齐观，篇幅上大体各占一半。在理论上，这本书对社会学理论、社会学方法、定量研究、定性研究这四者的地位、作用及四者间的关系，作了深刻的论述。可以说，纽曼这本书，李伯森、马哈尼的两篇文章，代表了当今美国、西方社会研究方法的前沿和高度。

8. 中国要发展，一定要建立自己的社会研究方法论体系。古为今用，洋为中用，自主创新。实事求是，实践检验，反复实践，反复检验。一切为我所用，反对一切教条，包括所谓的普世价值。

名词解释

问卷调查法：研究者将所要研究的问题编制成问题表格，以邮寄方式、当面作答或者追踪访问方式填答，从而了解被试者对某一现象或问题的看法和意见。

实验研究法：研究者有目的、有意识地通过改变或控制一个或几个因素的实践活动，来观察另一个（或几个）现象在这些因素影响下的变动情况，从而认识该现象的本质和发展变化规律。

实地研究法：可以蹲点，可以开调查会，可以个别访问，可以参与观察，也可以四者结合起来。参与观察，比如为调查农民工状况而进工厂打工，或为调查监狱状况伪装成犯人坐牢等。

历史比较研究法：对一个重大或较为重大的社会现象在不同时间和空间的情况进行比较研究，从而得出这个社会现象运动、变化、发展的规律。

中文推荐阅读

1. 风笑天：《社会学研究方法》，中国人民大学出版社，2009 年。
2. 郝大海：《社会调查研究方法》，中国人民大学出版社，2009 年。
3. 仇立平：《社会研究方法》，重庆大学出版社，2008 年。
4. 范伟达、范冰：《社会调查研究方法》，复旦大学出版社，2010 年。
5. 范伟达等：《中国社会调查史》，复旦大学出版社，2008 年。
6. 冯成志、贾凤琴：《社会科学统计软件 SPSS 教程》，清华大学出版社，2009 年。
7. 世界银行：《2007 年世界发展指标》，中国财政经济出版社，2008 年。
8. ［美］艾尔·巴比：《社会研究实践》（第 11 版），华夏出版社，2009 年。
9. ［美］劳伦斯·纽曼：《社会研究方法》（第 5 版），中国人民大学出版社，2007 年。
10. ［美］邓津、林肯：《定性研究》，重庆大学出版社，2007 年。
11. ［英］贝弗里奇：《科学研究的艺术》，科学出版社，1979 年。
12. ［美］托马斯·库恩：《科学革命的结构》，北京大学出版社，2003 年。

英文推荐阅读

Neuman, W. Lawrence. 2006. *Social Research Methods: Qualitative and Quantitative Approaches*. 6th ed. Allyn and Bacon.

Lieberson, Stanley and Freda B. Lynn. 2002. Barking up the Wrong Branch: Scientific Alternative to the Current Model of Sociological Science. *Annual Review of Sociology* 28: 1 – 19.

Mahoney, James. 2004. Comparative – Historical Methodology. *Annual Review of Sociology* 30: 81 – 101.

Mahoney, James and Dietrich Rueschemeyer (ed). 2003. *Comparative Historical Analysis in the Social Sciences*. Cambridge University Press.

Delanty, Gerard and Engin E. Isin (ed). 2003. *Handbook of Historical Sociology*. Sage.

Keen, Mike Forrest. 2004. *Stalking Sociologists: J. Edgar Hoover's FBI Surveillance of American Sociology*. Transaction Publishers.

思考题

1. 问卷调查法和实验调查法能做什么?
2. 实地调查法能做什么?
3. 历史比较研究法能做什么?
4. 推理、归纳法、演绎法有什么局限性?
5. 为什么说科学研究是艺术?
6. 美国社会研究方法的大变化有什么启示?
7. 毛泽东的社会认识实践论有什么指导意义?

第二编
社会学手段

当今中国社会，4 000 万干部，3 500 万准干部，两三千万私有企事业主，相互交叉，不到 1 亿人，构成上层阶级。然后是 4 亿多工人，包括 3 000 万国有工人，2 亿多城市非国有工人，2 亿多农民工。然后是 2 亿多农民。基本上还是一个金字塔形的结构。农民阶级正在消亡。工人阶级正在壮大。有产阶层正在发展。干部队伍正在分化。中产阶级还没有产生。

第五章 分层社会学

分层社会学和组织社会学是社会学的两大核心学科。对新中国六十年社会分层结构发展演变的研究，无论是理论研究还是实证研究都取得了很大的成就。理论研究，经过否定之否定的螺旋式上升，认识逐步深化，由1979年之前只有阶级分析，发展到否定阶级分析、只有阶层分析，直到近年来又否定了对阶级分析的否定（仇立平，2006；仇立平，2007；冯仕政，2008），阶级分析与阶层分析并重。实证研究，更是硕果累累（陆学艺，2002；郑杭生，2004；李培林，2004；邱泽奇，2004；吴波，2004；李春玲，2005；杨继绳，2006；朱光磊，2007；李毅，2008；李强，2010），对新中国社会分层结构的发展演变，或从阶层分析角度，或从阶级分析角度，或从两者结合的角度，作了多方位的描述性研究和分析性研究，珠联璧合，蔚为壮观。

第一节 分层社会学理论

社会分层，就是由于经济地位、政治地位、社会地位不同，或者说，由于财富、权力、声望不同，一个社会自上而下划分为不同的阶级和阶层。所谓阶级，就是这样一种社会集团，由于对生产资料的不同占有关系，一个阶级可以占有另一个阶级的劳动。社会阶级内部可以划分为不同阶层，有些社会阶层在阶级之外独立存在。分层社会学，就是研究社会分层的原因、过程、结构、演变规律的科学。

原始社会就有社会分层，但详情不知。希腊、罗马社会，多数人是自由民，少数人是奴隶，奴隶有做角斗士的，有做秘书的，也有在政府部门工作的，出现过著名的斯巴达克斯奴隶大起义。在中国西周封建社会、欧洲中世纪封建社会、中国西藏1959年之前封建社会，贵族、领主是世袭的，贵族永远骑在平民、农奴头上，这种显然不合理的封建制度先后被消灭了。在印度，过去有种姓制度，自上而下分为四个种姓，永远世袭，这个制度现在是不是彻底消灭了，不清楚，但情况肯定是改观了。美国南方社会在美国内战之前是奴隶社会，奴隶主剥削压迫奴隶，美国内战消灭了美国南方奴隶社会。中国秦汉之后的农业社会，每个朝代开始的时候政府都搞均田制，但最后总是有大量土地集中到地主阶级手中，出现大量无地的农民，揭竿而起，大举起义，天下大乱，群雄并起，改朝换代。毛泽东领导的中国革命消灭了地主阶级，消灭了这种社会形态。印度等国的农村社会，今天还是这种地主和农民对立的社会形态。看到这种社会形态的落后性，日本地主阶级和德国地主阶级，在明治天皇和俾斯麦的英明领导下，自己消灭了这种社会形态，避免了社会革命。道光、咸丰、慈禧、袁世凯、蒋介石，如果也能这么做，中国革命也可能就不发生了。美国人很难理解中国革命，和美国从来没有地主和农民有关，因为地广人稀，美国历史上从来没有地主（landlord）和农民（peasant），也没有中农、下中农、贫农，只有富农（farmer），而且是土地和中国中型地主一样多的富农。美国英语中很少使用 landlord 和 peasant 这两个词，landlord 在美国英语中常用的意思是房东，直到今天，多数美国文科教授都不知道什么是 peasant，大学生或研究生问：什么是 peasant？为什么不叫 farmer 要叫 peasant？多数教授就回答：不清楚，不知道欧洲人为什么把 farmer 叫 peasant。

欧洲原始自由资本主义社会，在马克思的时代，非常邪恶，悲惨世界，雾都孤儿，资产阶级唯利是图，残酷剥削压榨，为所欲为，超长工时，超低工资，超坏工作环境与生活环境。工人阶级，也叫无产阶级，绝对贫困，生活悲惨，平均寿命只有三十几岁。工人阶级闹革命，为推翻这种丑恶的社会制度英勇斗争，在斗争中诞生了自己的政党——共产党。1847 年，共产党开大会，要发个宣言，都是工人大老粗，不知道该怎么说，就请两个著名的革命知识分子帮忙写个宣言，马克思和恩格斯就给他们写了永垂不朽的《共产党宣言》[①]。资本主义国家的工人阶级不断革命，英勇斗争。十月革命后社会主义国家工人阶级经济政治社会地位大大提高。在这两种压力之下，资本主义国家从俾斯麦到小罗斯福，逐渐加大政府的社会主义福利制度，直到“二战”之后，随着生产力的发展，美、日、欧发达资本主义国家建立了“从摇篮到坟墓”的社会保障和社会福利政策，消灭了工人阶级的绝对贫困。马克思要消灭的这种原始自由资本主义制度，现在存在于一些第三世界发展中国家和地区，因为发达国家资产阶级把低科技、低利润、劳动密集型工业转移到了这些国家和地区。资产阶级，不论在发达资本主义国家内部，还是就全球而言，以跨国公司为主要代表形式，比马克思时代更加垄断，更加强大，真正形成了国际垄断资产阶级。

就人类社会分层发展演变的规律而言，在一个具体社会内部，有两个转折点，或者两个里程碑。第一个转折点或里程碑，是在前工业社会转变成工业社会的过程中，一个社会的非农劳动力超过了 50%，农业劳动力降到 50% 以下，这标志着这个社会开始进入工业社会。英国在 1870 年前后，美国在 1900 年前后，中国在 2000 年前后，跨过了这个转折点和里程碑。许多第三世界国家和地区，长期无法逾越这个转折点，前景暗淡。第二个里程碑或者转折点，是在从工业社会向后工业社会的转变过程中，白领服务业专业人士的人数，超过了蓝领工人阶级的人数，正式形成了中产阶级，这标志着这个社会开始进入后工业社会。在此之前，白领服务业专业人士不属于中产阶级，而属于上层阶级。美国社会在 1965 年前后率先跨过了这个转折点和里程碑[②]。美、日、欧发达资本主义国家先后跨过了这个转折点和里程碑。当今美、日、欧发达资本主义社会，全体劳动者中，农业劳动者在 10% 以下，美国只有 2%。蓝领工人阶级在 30% 以下，英美只有大约 20%。70% 以上是白领服务业专业人士中产阶级。一些已经越过第一个转折点的第三世界国家和地区，由于错误的战略、政策、制度，长期无法越过第二个转折点，长期停滞不前。中国的一切路线、方针、政策、制度、法律、法规，都要为中国尽

① 马克思、恩格斯：《共产党宣言》，人民出版社，2009 年。
② 丹尼尔·贝尔：《后工业社会的来临》，三联书店，1984 年。

早跨过第二个转折点服务。主要有两大任务，一是尽快完成经济转型、自主创新，二是尽快改革现行户口制度、消灭城乡隔离、地区隔离。

迄今为止，人类社会的经济地位、政治地位、社会地位不可能完全平等。社会分工不同，如同从普通士兵到军委主席，中间有班长、排长、连长、营长、团长、旅长、军长、大军区司令等许多层级，收入、权力、声望都自下而上不同，这是完全正常的，这不是分层社会学要研究的问题。分层社会学研究另外一些问题。比如，这个社会分层是个人努力工作达到的，还是继承的。如果是通过个人努力工作得到的，那就是正常的，就不是社会问题。在中国西周封建社会和欧洲中世纪封建社会，上、中、下层都是世袭的，都不是个人努力工作可以取得的，这就不是一个上下流动的社会，而是一个不流动的封闭的社会。越是流动的社会，越是开放的社会，人的主动性、积极性、创造性越是能发挥出来。越是封闭的社会，人就越没有积极性。越是封闭的社会，社会革命的需求就越强大。如果贫富悬殊，朱门酒肉臭，路有冻死骨，社会革命就不远了。

今日美、日、欧发达资本主义社会最黑暗、最腐败、最不平等的地方就在于，最富的占人口1%的资产阶级，占有全国30%以上的财富，最富的占人口5%的资产阶级，占有全国60%以上的财富。富人中的大多数，都是老富人（old money），看不起比尔·盖茨这种新富人（new money），自己并不做什么，只是继承上一辈的财产，努力使财产保值、传给下一代。但由于科技发展、法治经济、公平竞争，比尔·盖茨这种人还有脱颖而出的机会。与此同时，美、日、欧发达资本主义社会的劳动者，特别是美国，竞争激烈，但竞争相对公平，遵纪守法，无论公司、大学、研究机构，机会相对均等，因而创造力强，人才脱颖而出，人才辈出。在发达国家GDP中，消费占大约70%，资产阶级拿了小头，劳动者拿了大头，社会相对和谐。相比之下，中国由于经济发展模式的制约，走组装、代工的世界工厂的发展道路，忽视自主创新，工资总额占GDP的比重连续27年下降，2009年消费只占GDP的36%左右，资方拿了大头，劳方拿了小头，劳资关系相对紧张，内需不足，社会有所不和谐。

社会流动，就是个人在分层结构中向上流动或者向下流动。可以分为代内流动和代际流动。代内流动，就是一个人在自己一生中在社会分层结构中向上流动或者向下流动。布衣卿相，将军出于行伍，就是向上流动。一个贫困地区的考生，或者出身贫困家庭的考生，努力学习，考上全国名校，就是向上流动。旧时王谢堂前燕，飞入寻常百姓家，就是向下流动。如果一个社会，不能人尽其才，而是任人唯亲、任人唯帮、任人唯派，甚至坏人当道、任人唯坏，打击压制人才，使对国家、对人民、对事业有用的人才不能向上流动；或者在制度上出现重大漏洞，竞争非常不公平，使少数人得以大量非法敛财，贫富悬殊不合理地急剧扩大，长此以往，必将亡党亡国。古今中外，这样亡国灭种的事情层出不穷。

较之代内社会流动更为重要的，分层社会学认为，是代际流动：农民的孩子有多少可以当城里人，工人、农民的孩子有多少可以当干部，工人、农民、普通干部的孩子有多少可以当领导，士兵的孩子有多少可以当将军。在一代人、两代人的时间里，保持开放社会，社会流动畅通，时有发生。难就难在流动一两代之后，就流不动了，学术界称之为社会分层结构化，或社会分层定型化，或社会分层固化。中国学术界调查发现，进入21世纪之后，中国社会分层有迅速固化或定型化的倾向。有钱、有权、有名的人，有了二代，甚至有了三代，于是利用各种资源优势全力把钱、权、名传给二代乃至三代。无钱、无权、无名的人，向上流动难度突然大了许多。20年来，中国农村户口考生占重点大学新生的比例逐年下降，从以前40%左右，2009年下降到20%左右；同时，高职高专新生，农村户口考生从10%左右，增长到60%左右。代际流动不畅，较之代内流动不畅，更为危险。如果代内流动不畅是心脏病，代际流动不畅就是癌症。长此以往，社会矛盾必将激化到无法解决的地步。各项路线、方针、政策、制度、法律、法规都要向促进代际流动的方向努力，国家社会才能长治久安。人才能否根据国家和民族的根本利益和长远利益在代内和代际向上流动，能否任人唯才，是一个国家精神国力的重要方面。不把人才当人才，不让人才出头，人才就要另起炉灶。

从周公、孔子、司马迁到毛泽东，中国有丰富的社会分层理论。《毛泽东选集》第一卷第一篇文章就是“中国社会各阶级的分析”。评述社会分层理论，只讲外国社会分层理论，中国社会分层理论一个字都不讲，那是十分荒谬的。

第二节　1949年以前的中国社会分层

夏商是不是奴隶社会，可以研究。西周是封建分封制国家。统治阶级包括四个阶层：周王室、封建诸侯、王室和诸侯的卿大夫、士，都是世袭的。周王室是王朝的核心，包括天子及其子孙。诸侯国在周朝鼎盛时数以百计。天子依天命君临天下。依天命，天子分封他的亲属或功臣为各国诸侯，因而天子和诸侯的后代大多有亲属关系。也有不是出自周王室的诸侯，但他们后来大多成为周王室的姻亲。在王室和各诸侯国，卿大夫也大都是天子和诸侯的亲戚，他们各自拥有家族、采邑和领地。周朝最低等的贵族是士。士最初是武士，后来也逐渐和主人有了血缘或婚姻的关系。周朝中期以后，士成为一个独立的社会精英阶层。西周的被统治阶级算平民还是农奴，可以研究，但多数劳动者不是奴隶是可信的。

从秦到清，统治者将人民分成四个阶级：士、农、工、商。地主和农民都是“农”，是两个主要阶级，而工和商是两个次要阶级。理论上，除了皇帝，没有一个位置是世袭的。魏晋南北朝时期，封建制度有复辟倾向，出现了一些有权势的大门阀士族，他们占有大量土地和部曲。他们在政府占据重要的文武官职，并由自己的氏族世袭这些文武官职。唐初，中央政府将汉朝和隋朝的科举制发展完善成为一种全国性的统考制度，以消灭魏晋南北朝出现的封建制世袭复辟倾向，使得布衣亦可卿相。隋初，唐初，宋初，都继承汉制，实行均田制，把田地分给无地农民。到晚清1880年左右，四大阶级的构成，如表5－1所示，这也大体代表了从秦到清的结构。四个社会阶层之间，的确存在垂直社会流动的可能性。

表 5－1　1880 年中国官方的社会分层统计

阶级	户数	百分比
士	1 500 000	2
农	56 000 000	80
工、商	12 500 000	18
总数	70 000 000	100

资料来源：Marsh，1980，15.

从分层社会学角度看，表 5－1 会误导我们。虽然地主和农民两个阶级由于经济地位相差悬殊存在本质差异，官方统计却将他们都视为“农”而放在一起。同样，大商人属于上层阶级，而小生意人则属于下层阶级，官方统计却将两者放在一起，因为他们都是“商”。官员和士子都是地主阶级，但官方统计却将他们同地主分开，因为士子是有功名的人，至少是个考生。图 5－1 科学地展示了晚清的社会分层，也大体代表了秦至清两千多年的社会分层。

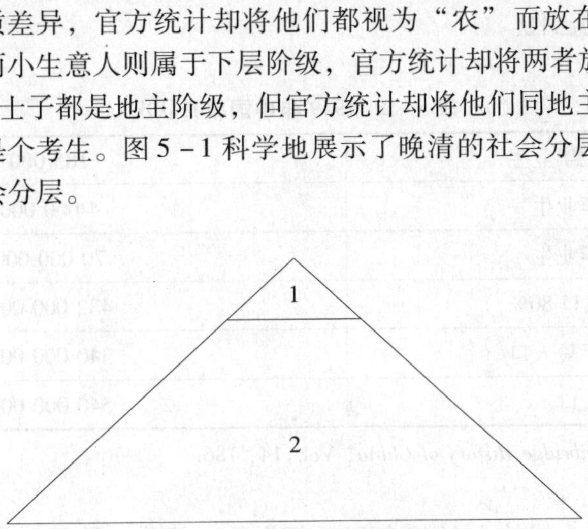

图 5－1　晚清中国社会分层

注：1. 皇室、官员、有功名的人、地主、大商人、考生，共占人口 5%。
　　2. 农民、手工业者、小生意人，共占人口 95%。

资料来源：《剑桥中国史》（英文版）第 13 卷第 30 页。
　　李毅制图。

1840—1949 年，下层阶级变化不大。因为西方列强不断欺凌中国，而政府和地主的横征暴敛高得超出想象，农民起义日渐频繁。在上海等地，随着应用现代机器大生产，出现了现代工人阶级，但人数非常少，到 1949 年，中国工人阶级只有不到 300 万人，且多数是从事棉纺业的女工和童工。同时，上层阶级发生了剧变。除了在华列强操控中国以外，一个从旧的士绅阶级中脱胎而出的新的上层阶级开始领导国家，他们包括军事领袖、新知识分子、民族资本家、地主、国家技术官员。

19 世纪中期以后，军队逐渐重组，军事领袖不但要带兵打仗，还要领导国家走向未来。他们大体分为四代。第一代以曾国藩、左宗棠、李鸿章为首。他们自己均曾任总督，各省督抚多出其门下。他们在各省建立军校。1867 年建立了第一所海军学校。1911 年，全国共有军校 70 余所。袁世凯是第二代军事领袖，成为中华民国第二任大总统。他死后，北洋军阀出了五位总统、一位总理。袁世凯在保定开办了六所军校，蒋介石就是保定毕业生。蒋介石是第三代军事领袖，是黄埔军校校长。许多将军、部长、省长都是黄埔毕业生。毛泽东的属下也有一些黄埔师生，林彪就是黄埔四期。毛泽东是第四代军事领袖。长征以后，红军大学在延安改名为抗日军政大学，毛泽东任名誉校长，林彪任校长，胡耀邦任教务长。1949 年前后，解放军每攻下一座大城市，毛泽东就委派一位高级将领担任首任市长，这是历朝开国时的标准做法。

另一个阶层是新一代的知识分子。他们中有些人留学海外，有的毕业于国内创办的大专院校和中学。这些人只占人口的极小比例，且大多生活在大城市和沿海港口城市。表 5－2 是 1949 年各级学校毕业生统计。这些新知识分子主要出自上层阶级，多少受过一些传统教育。他们在新式学校接受教育，但多数同时也把自己看作“士”，以经世济民为己任，以天下为己任。

表 5－2　1949 年中国教育状况

大专以上毕业生	185 000
中学毕业生	4 000 000
小学毕业生	70 000 000
文盲（占人口 80%）	432 000 000
总劳动年龄人口	340 000 000
总人口	540 000 000

资料来源：*The Cambridge History of China*, Vol. 14, 186.

民族资产阶级是上层社会 1840 年以后新生的一部分。最早一些民族资本家原本是外国资本家的买办。买办阶级最先集聚了大量财富，用来建立现代企业。清朝末期，旧的商人阶级和新兴的资产阶级组织商会，提倡宪政，并成为组成省咨议局的主要动力。“一战”期间，外国资本的退出为中国打开了新的国内和国外市场。银行家和实业家开始从商人手中接过领导权。“一战”和战后的一段时间是中国民族资产阶级的黄金年代。但 1928 年蒋介石掌权以后，由于缺乏一个现代民族国家的可靠支持，中国民族资产阶级一蹶不振。甚至在其鼎盛时期，由于资本和技术的短缺，他们仅仅集中在轻工业，特别是纺织业，而无法涉足重工业，如钢铁和机械制造工业。

农村地主阶级曾是两千年来中国统治阶级的主体，1840 年后逐渐全部失去了积极的社会功能，只有极少数地主成功地转变成资本家。要建立一个现代民族国家和实现工业化，中国需要有为的党军政领导人、国有和私人资本家、社会思想家和现代教育家、科学家、技术人员。这些新的社会领导人多数来自农村地主阶级家庭，而他们也从地主阶级手里拿走了所有的社会功能，使得地主阶级对于建立现代国家完全过时和无用了。

国家技术官员最终获得了国家的支持，并致力于规划建立现代国家。清朝末期，他们被授权管理国有企业、领导军事、规划教育。从孙中山开始不再称呼这些人为官员，改称干部。1928 年蒋介石上台后，国家干部的地位也同时提高。1935 年前后，国家干部控制了“中、中、交、农”四大银行，控制了超过1/3的轻重工业，并负责筹划对付日本侵略的军事准备。通过兼并民族资产阶级，国家干部创建了国有企业，这些企业成为1949年以后中国国有企业的先驱。所以，不足为奇，今日中国仍然在国家干部领导之下。1949年以后中国迅速的社会发展来自重建充分完整的国家权力，与此同时，在国家干部内部，技术官员逐渐取代了开国革命家成为领导骨干。1958年，公私合营赎买了民族资产阶级，将其中愿意工作的并入国家干部队伍行列。到后业，技术官员在干部队伍中完全取代了开国革命家。

第三节　1949—1979年的中国社会分层

土改消灭了地主阶级，公私合营消灭了民族资产阶级。如图5-2所示，从1959年到1979年，中国的社会分层呈现出一个明确的三个阶级的结构。如图5-3所示，1959年，1 000万国家干部处在顶层，3 500万国营企业工人在干部之下，2亿农民处在下层。图5-4显示，反右、“大跃进”、人民公社化、文化大革命，对中国社会分层结构影响甚微，并不像国内外一些学术著作所说的有很大影响。

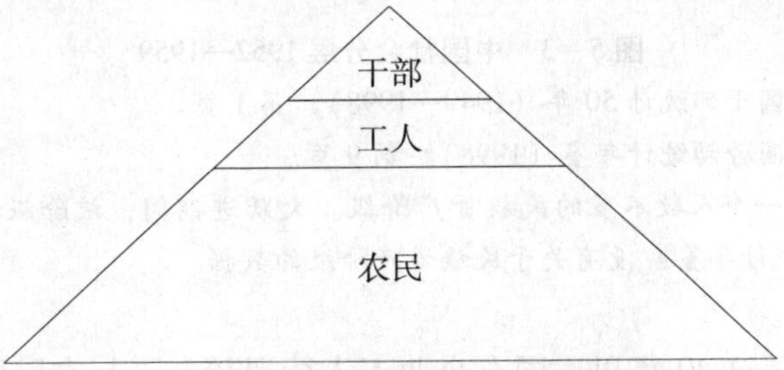

图5-2　中国社会分层（1959—1979）

表5-3、表5-4全面显示了1979年之前中国社会分层的详细结构。直到今天，中国社会的很重要的一部分还是这种结构。第一，并没有“村级”政府。村长和普通农民一样，不是任何级别的正式国家干部。第二，工人不能当干部。尽管有些工人“以工代干”，他们的身份还是工人。第三，普通士兵既不是工人也不是干部。第四，农民永远是农民，没有机会自行向上流动到工人阶级。第五，在过去的几十年里，专业技术人员逐渐地成为干部的主体。第六，现代中国社会分层首先是一个基于教育的社会分层。第七，农民、工人和干部的子弟通过高考的机会很不均等。第八，在整个社会，在正常情况下，在任何国有企事业单位里，干部、工人、农民之间的分野异常分明。

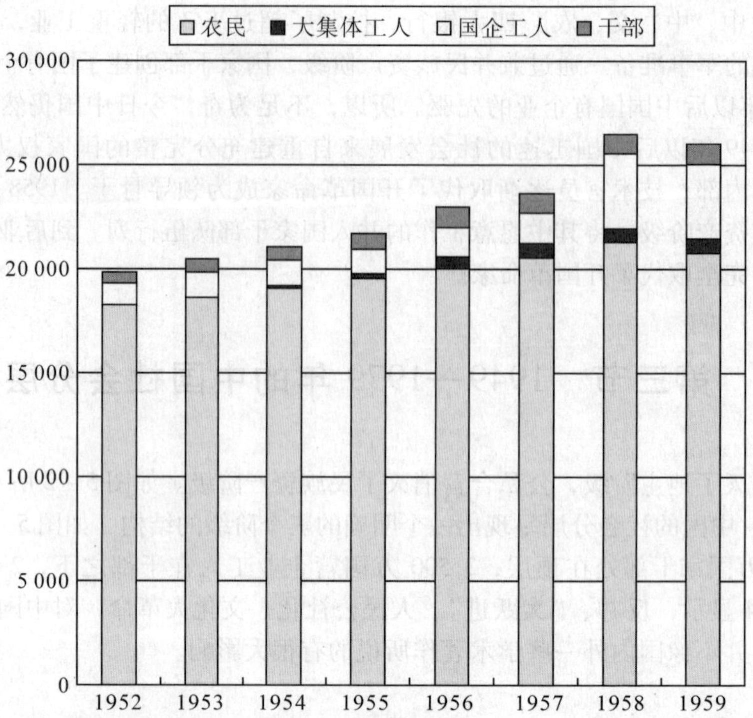

图 5-3 中国社会分层 1952—1959

资料来源：1.《中国干部统计 50 年（1949—1998）》第 1 页。
2.《中国劳动统计年鉴（1998）》第 9 页。

注：1956 年之前有一个人数不多的民族资产阶级。大跃进期间，该阶级被赎买，愿意工作的融入了干部阶级。《中国统计年鉴》没有关于民族资产阶级的数据。

在 1959—1979 年这 20 年里，国有企业工人待遇较高，与农民比是工人贵族，享受终身就业、免费医疗以及近乎免费的住房，和干部一样领取所有的票证。在这 20 年里，合作化把农民都变成了人民公社社员。农民仍然受教育最少、最没有权力、最贫穷。中国低就业和国家推行的工业化是以剥夺农民阶级的剩余产品剪刀差为基础的。同时，集体化、兴修水利、赤脚医生合作医疗、免费教育也使农民的生活水平有了很大的提高，中国人均寿命从 1949 年的 36 岁提高到 1976 年的 67 岁，主要是因为农民的平均寿命大幅度提高。

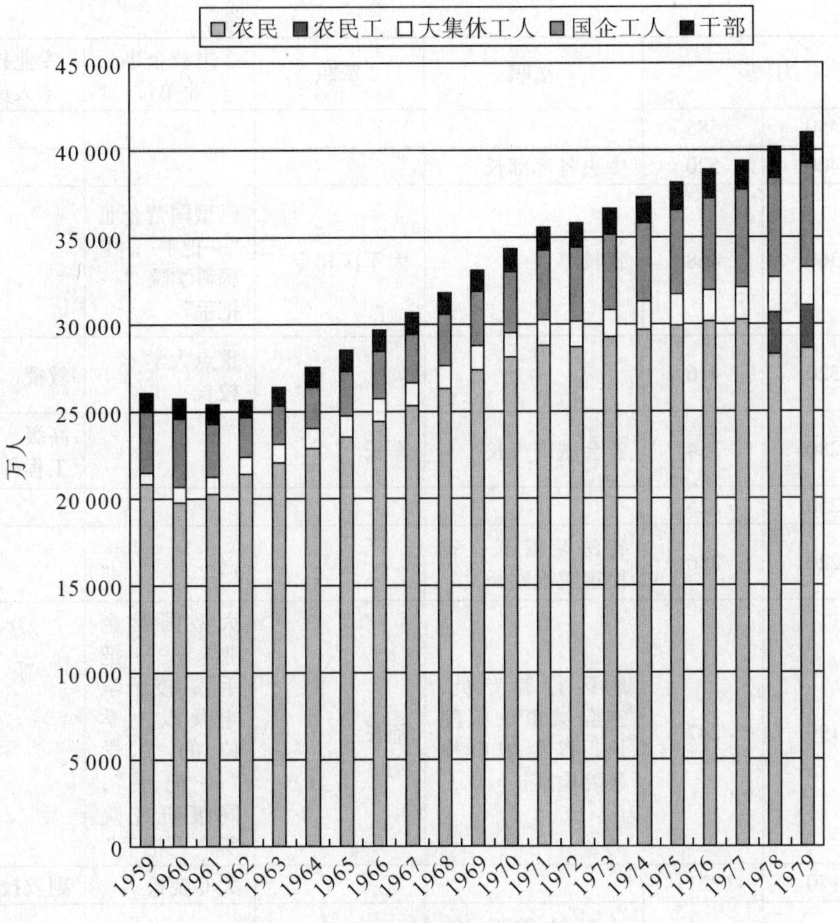

图 5－4 中国社会分层 1959—1979

资料来源：1.《中国干部统计 50 年（1949—1998）》第 1 页。

2.《中国劳动统计年鉴（1998）》第 9 页。

注：1. 1966—1970 年的数据为估算结果。

2. 1962—1977 年，农民工的数量在 2 000 万上下。但是，《中国统计年鉴》仅从 1978 年开始统计农民工。

表 5－3 1956 年体制的结构

单位：元

级别	月薪		文职	军职	国营企事业单位	专业技术人员	工人
	Ⅰ类地区	Ⅱ类地区					
1	560	729	国家主席国务院总理	中央军委主席			
2	505	657	最高人民法院院长，最高人民检察院检察长				

（续上表）

级别	月薪		文职	军职	国营企事业单位	专业技术人员	工人
3	450	585					
4	400	520	中央各部部长				
5	360	468	省长	大军区司令	巨型国营企业“一把手”，中国科学院“一把手”		
6	320	416			重点大学校长	教授	
7	280	364	省会城市市长	军长		高级工程师	
8	250	325					
9	220	286	省法院院长，省检察院检察长				
10	190	247	地区行署专员，省会城市法院院长，省会城市检察院检察长	师长	大型国营企业“一把手”，授予学士及以上学位的大学“一把手”，同级研究院所“一把手”		
11	170	221			大专院校	副教授	
12	150	195	地区法院院长，地区检察院检察长				
13	135	175	县长	团长	中型国营企业“一把手”，同级研究所“一把手”		
14	120	156				工程师讲师	
15	108	140					
16	96	125	县法院院长，县检察院检察长				
17	86	112		营长			
18	76	99	乡镇长		小型国营企业“一把手”		
19	68	89		连长			
20	61	80					

（续上表）

级别	月薪		文职	军职	国营企事业单位	专业技术人员	工人
21	54	70		排长		助教	
22	48	63					
23	43	56				技术员	
24	37	49					
25	32	43					
26	28	37				实习技术员	
27	26	34					
28	24	31					
29	22	29					
30	20	26					

资料来源：人事部：《人事工作文件选编》（第二卷），中国人事出版社，第3~285页。

表5-4　中国社会分层（1959年之后）

军职	文职	专业技术人员
中央军委主席	国家主席、国务院总理、国家副主席、全国人大委员长、全国政协主席、中纪委书记	
军委副主席	国务院副总理和同级官员	
军委各总部首长、大军区司令	1965年以前的六个大区书记	
军长	中央政府各部，各省、直辖市，40个巨型国营企业，同级科研院所，20所全国重点高校，以及其他同级企事业单位“一把手”	
师长	300多个地市、300多个国营大型企业、授予学士及以上学位的大学、同级科研院所，及其他同级企事业单位“一把手”	教授、工程师、医生等其他同级专业技术人员
旅长	大专院校	
团长	2 500多个县和县级市，3 000多个中型国营企业，县级企事业单位（中央和省级机关的处）	副教授及其他同级专业技术人员
		讲师及其他同级专业技术人员
营长	乡镇（改革后）、公社（改革前）、同级国营企业、同级事业单位（科）	
连长		
排长	同级机关、国营企业和科研单位“一把手”	
	同级干部	助教及其他同级专业技术人员

(续上表)

军职	文职	专业技术人员
	同级干部	在读大学生，毕业后均按干部分配。他们都通过了全国统一高考。同级专业技术人员
	以上为干部	非干部的专业技术人员（很少）
	国有企业工人	
	以上个人及其城市户口家属均隶属于一个单位	
	城市非国有工人，改革后	
	以上均有城市户口	
班长、士兵		
	农民工，改革后	
	村，改革后；大队，改革前；村长也是农民	
	农民	

第四节　改革开放以来的中国社会分层

如图5－5所示，20世纪80年代中国社会最大的变化，是中国工人阶级结构的变化，十年间，农民工从2 000多万迅速发展到1亿多，超过中国工人阶级的一半，成为中国工人阶级的主力军。同时，有产阶层重生。如图5－6所示，1993年之后，中国城市社会分层发生了剧烈变化，有产阶层人数迅速增长。国企工人不再是工人贵族。1996年以后的改革使得国企工人的人数迅速从7 200万减少到2 400万，城市大集体工人从3 400万减少到662万。那些减少的工人，大部分转移到了城市非公企业。中国国有企业员工所占比例迅速下降到全部劳动力的1/8。1993—2008年，农民人数从3.4亿减少到2.69亿，而农民工从1.45亿增加到2.04亿。图5－6显示了过去15年中国社会分层发生的三个巨大变化：第一，1/3的农民变成了农民工，而且农民工的人数几乎等同于城市工人的数目。第二，由于1997年以后国企工人的迅速减少，城市非国有工人在人数上大大超过了国企工人。第三，有产阶层人数迅速增加。

图5－7是图5－3、5－4、5－5、5－6的汇总，是中国社会分层1952—2008年的全景图画。2008年，农民26 872万；国有工人2 397万，大集体工人662万，城市非国

企工人 23 101 万，农民工 20 398 万①；私有投资者 1 507 万②；2007 年，干部 3 944 万③；准干部 2 900 多万，下面将专门解释。根据这个总图，下面简要分析当今中国社会各阶级、阶层。

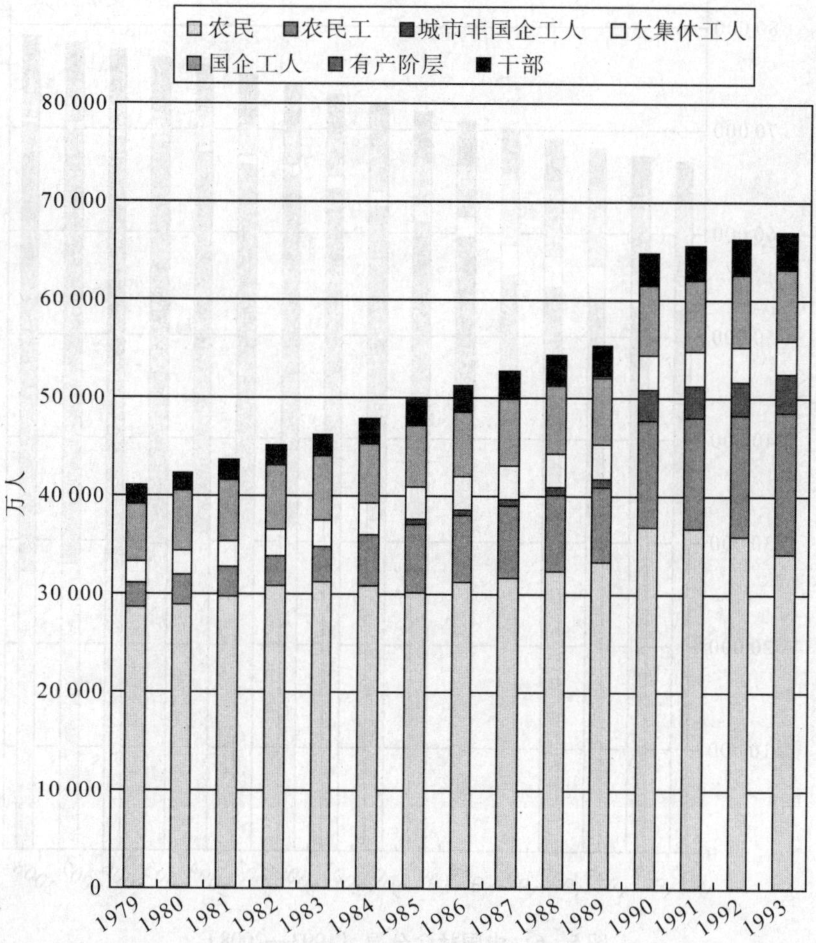

图 5－5 中国社会分层（1979—1993）

资料来源：1.《中国干部统计 50 年（1949—1998）》第 1 页。
2.《中国统计年鉴（2002）》第 120～121 页。
3.《中国劳动统计年鉴（1998）》第 17 页。

---

① 《中国统计年鉴（2009）》，第 111 页。

② 《中国统计年鉴（2009）》，第 132 页。

③ 谭浩、赵超：《新中国成立 60 年来领导班子和干部队伍建设综述》，新华网 2009 年 9 月 27 日，http：//www. gov. cn/jrzg/2009－09/27/content_ 1427800. htm。

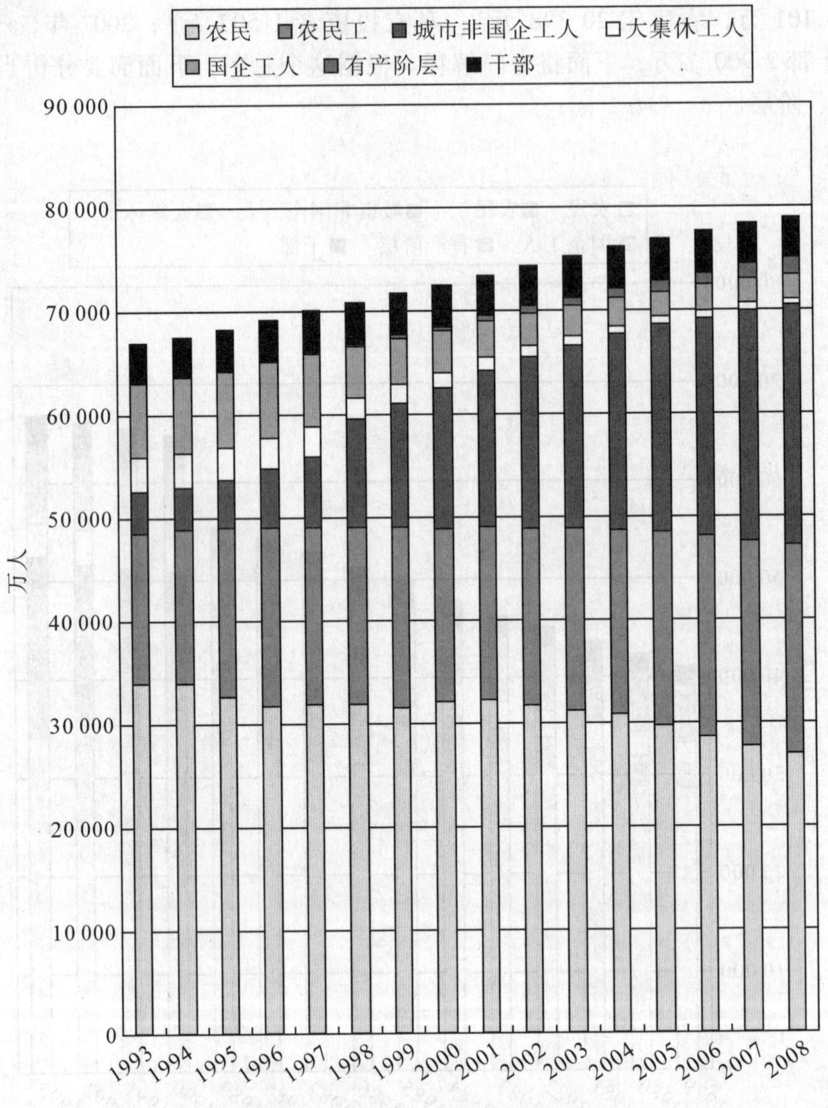

图 5－6　中国社会分层（1993—2008）

资料来源：1.《中国干部统计 50 年（1949—1998）》第 1 页。

2.《中国统计年鉴（2004）》第 126～127 页和第 150 页。

3.《人民日报》（海外版）2002 年 10 月 11 日。

注：2002 和 2003 年的干部人数为估计值，约 4 000 万。

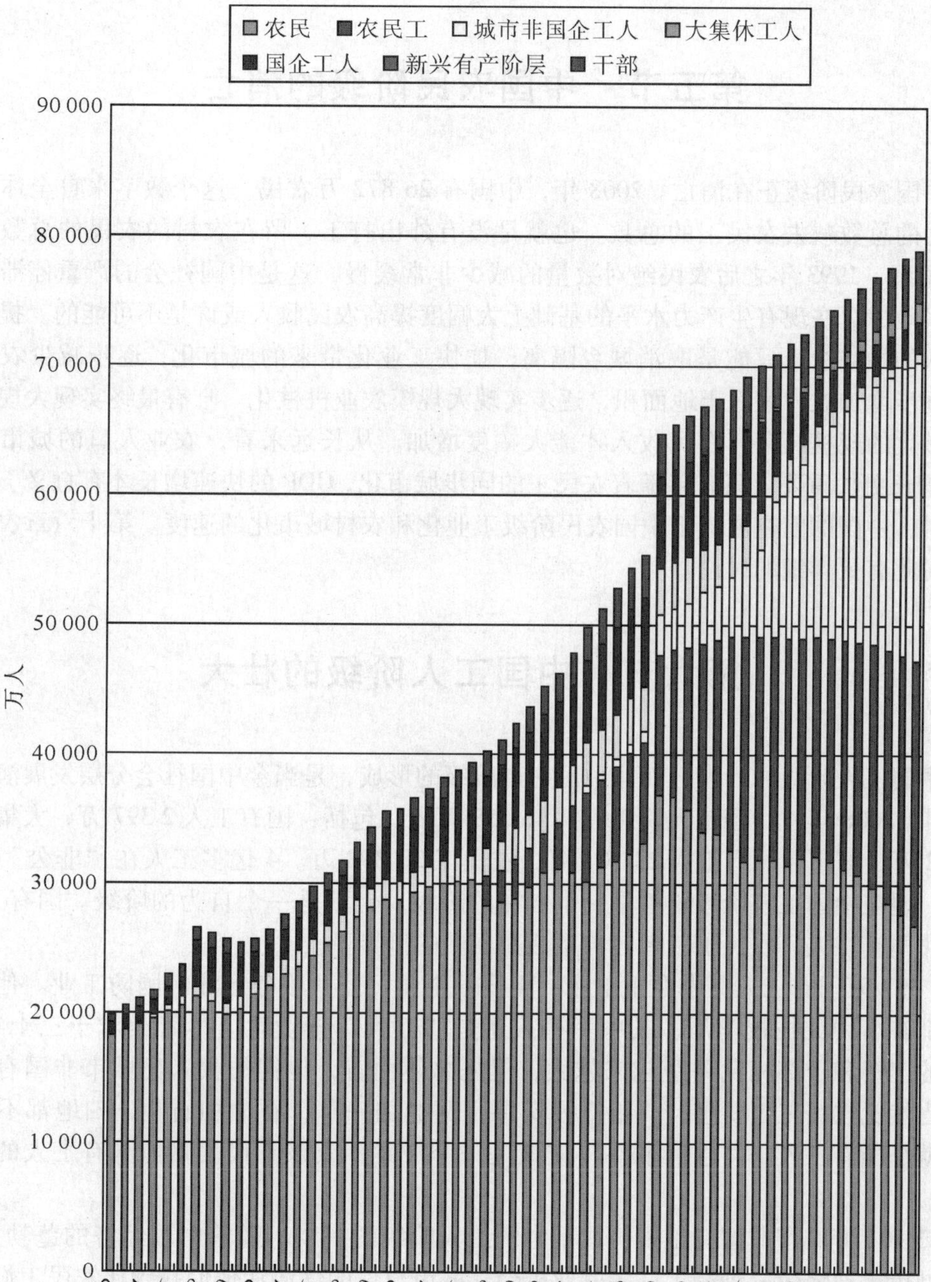

图 5－7　中国社会分层（1952—2008）

第五节　中国农民阶级的消亡

中国农民阶级正在消亡。2008 年，中国有 26 872 万农民。这个数字来自全体农村劳动力的总数减去农民工的总数。也就是没有外出打工、留在农村的农民的总数。图 5－6 显示，1993 年之后农民绝对数量的减少非常缓慢，这是中国社会的严重停滞。由于人多地少，在现有生产力水平的基础上大幅度提高农民收入或许是不可能的。提高农民收入的最终途径只能是取消城乡隔离，加快工业化带来的城市化，逐步减少农民数量，逐步增加农户家庭土地面积，逐步实现大规模农业机械化。唯有最终实现大规模农业机械化的规模经营，农民收入才能大幅度增加。从长远来看，农业人口的城市化比 GDP 增长更加重要。只有伴随着农民工的同步城市化，GDP 的快速增长才有意义。从根本上讲，中国的前途取决于中国农民阶级工业化和农村城市化的速度。第十六章农村社会学对此有更详细的讨论。

第六节　中国工人阶级的壮大

中国工人阶级的壮大，而非中国中产阶级的形成，是当今中国社会分层发展演变的主旋律。2008 年，中国工人阶级一共 46 558 万人，包括：国有工人 2 397 万，大集体工人 662 万，城市非国有工人 23 101 万，农民工 20 398 万。4 亿多工人在“非公”部门工作。现在中国工人阶级既不是一个自在的阶级，也不是一个自为的阶级。国有工人、城市非国有工人、农民工三者各自生活在不同的世界里。

2 397 万国有工人集中在重工业、高技术企业、公共服务行业、国防工业。他们大部分都有高中或技校学历，其中一些人还是“五大”毕业生。尽管相对于三十年前，他们的工资和干部相比差距越来越大，但是总体而言，他们的收入比城市非国有工人多，当然比农民工更要多。“银行投资保，两电加一草，石油加石化，扫地都不少”，说的就是国有工人。“通钢事件”应该是一个个案，应该不代表目前国有工人的总体状况。

23 101 万城市非国有工人构成了中国工人阶级的一半。随着中国经济的蓬勃发展，中国城市迅速繁荣，创造了许多就业机会。城市户口的优势让他们找到比农民工们好得多的工作，而把辛苦的体力劳动留给农民工。国企工人和城市非国有工人都享受养老保障、失业保障、医疗保障、城市最低贫困保障。

20 398 万农民工接近中国工人阶级的一半，国务院的统计还要再多出 3 000 万。农民工是中国工人阶级的主力军。农民工集中在低技术含量和劳动密集型产业，大部分人只受过小学或者初中教育，少数有高中或中专学历。他们工资较低，劳动环境较差，社会声望较低，目前还不能享受失业保险、养老保险、贫困救济，但多数有工伤保险。农民工的子女，由于现行户口制度，很难在农民工打工的地方入学，放在老家形成留守少年儿童群体。一个农民家庭如果有一个或多个家庭成员出外打工，就比一个没有农民工的农民家庭富裕得多。农民工不可能在工厂所在地获得城市户口，只能在全国流动寻找工作。在珠三角，农民工工资在十年间只增加了不到100元，导致了2004—2005年的“民工荒”。新《劳动法》力图进一步保证民工的权利。2008年西方经济危机，订单锐减，使2 000多万农民工失去工作，回到家乡。新一代农民工与老一代又显著不同，有些根本不会做农活，有些已经不习惯农村老家生活，越来越多的人根本不打算离开城市回到农村。2009—2010年，珠三角再次兴起民工荒，加上深圳富士康员工连续跳楼和佛山本田工厂工人罢工，引发了珠三角民工工资普遍增长，也使得劳动密集型外资企业开始撤离珠三角。目前4亿多工人在非公部门工作，为保护中国农民工在内的全体工人阶级的利益，是否应该恢复七五宪法规定的罢工权利，学术界也开始有所讨论。

今日中国，国有工人、城市非国有工人、农民工三者之间，工作行业不同，工作环境不同，收入不同，经济政治社会权利不同，社会声望不同。在同一个地方，他们住在完全不同的城区或社区，所以有完全不同的社会意识。由现行户口制度制造的城乡社会隔离直接造成了三者之间的巨大差异。能否形成一个统一的中国工人阶级，直接取决于能否改革造成城乡隔离的现行户口制度。市场本身不可能直接改革现行户口制度，只有政府才有权力。

2010年4月27日，胡锦涛在全国劳动模范和先进工作者表彰大会上指出：

我国工人阶级是我国先进生产力和生产关系的代表，是我们党最坚实最可靠的阶级基础，是社会主义中国当之无愧的领导阶级，是全面建设小康社会、坚持和发展中国特色社会主义的主力军。长期以来，在中国共产党领导下，我国工人阶级和广大劳动群众始终站在时代前列，积极投身革命、建设、改革的洪流，艰苦奋斗，锐意进取，为国家、为民族建立了伟大历史功勋。新中国成立60多年来特别是改革开放30多年来我国经济社会发展的伟大实践和辉煌成就，充分显示了我国工人阶级和广大劳动群众的聪明才智和创造活力。

中国工人阶级作为领导阶级，如何领导中国，还需要在制度上加以明确。起码，在中国共产党执政的情况下，中国工人阶级的合法权益，应该得到切实保护。目前损害中国工人阶级权益，特别是损害占中国工人阶级数量一半的农民工的权益的事情并不少见。从中央到地方各级工会工作人员，完全由公务员组成，不利于保护工人阶级的合法权益，从中央到地方各级工会机关都应该吸收工人代表包括农民工代表参加工作。在中国所有大中小企业，都应该像部队把支部建在连里那样，切实把党团工会支部建在车间里，保护、团结、教育、领导中国工人阶级，激发中国工人阶级的主人翁精神。实践证明，选派党员大学毕业生做村官，是非常正确的做法。中国现在已经进入工业社会了，或可考虑进一步推广这个行之有效的政策，选派党员大学毕生进大中小企业做基层党团工会支部领导人。

第七节　中国有产阶层的重生

据统计，2008 年，中国有私有企事业主 1 507 万人，其中城市户口 1 067 万人，农村户口 440 万人。私营企业 657 万家。雇工人数 7 904 万人，其中城市户口 5 124 万，农村户口 2 780 万。[①] 应该说，这个统计只是中国大地上非国有经济的很小一部分。现有 46 558 万工人中，国有工人、大集体工人加起来只有 3 059 万，也就是说，4 亿多工人在非国有部门或非公部门工作。非公部门包括外资、台港澳资、私有、联营、股份合作单位、有限责任公司、股份有限公司、乡镇企业等多种非公成分。

可以推测，中国重生的有产阶层人数，要远远超过 1 507 万。第一，1998 年以后，随着乡镇企业的私有化，一大批经理人员和地方干部成为实际上的企业所有者。第二，1997 年以后，一大批中小型国有企业私有化，部分大型国企改制，使这些企业内部的许多干部成了新所有者。第三，近年来，随着大部分大型国企的股份化，许多企业内部的管理人员和某些参与规范管理这些企业股份化的政府公务员获得了大量股份。第四，一些数目不详的官员，合法或不合法地积累了相当数量的财富。上述所有这些人，他们的房产盈利、存款利息、股票盈利、非工资收入加起来大大高于他们的工资。把所有这些人加起来，可以推测，中国新生的有产阶层的人数应该远远超过 1 507 万。在私有企业主中，根据调查统计，有大约 30% 是中共党员。这些党员是在成为私有企事业主之前入党的。成为私有企事业主之后，很少有人入党。如果就整个中国有产阶层而言，党员的比例可能在 60% 以上。

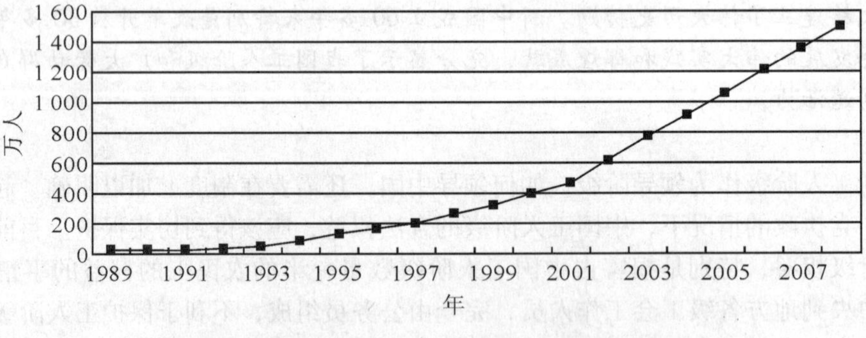

图 5－8　中国有产阶层增长情况（1989—2008）

有市场经济，就必然有有产阶层。30 年来，中国有产阶层对发展中国市场经济、增加中国经济总量、增加就业，发挥了巨大作用，有巨大贡献。从中央到地方，中国有产阶层拥护党和政府，服从党和政府的领导，热切期盼社会稳定。从表 5－5 可以看出，中国有产阶层对搜索引擎、汽车、零售电器等重要行业有很大贡献，但多数都不在国计

① 《中国统计年鉴（2009）》，第 132 页。

民生关键行业。2010 年 5 月 31 日，国务院发布了国发 2010 第 13 号文件《国务院关于鼓励和引导民间投资健康发展的若干意见》，鼓励、引导民间投资进入国家垄断行业，鼓励民资进入基础产业和基础设施、市政公用事业和政策性住房建设、社会事业、金融服务、商贸流通、国防科技工业六大领域。有学者认为，这是继 80 年代的家庭联产承包责任制和 90 年代的国有企业改革后，中国第三次重大制度改革，这将带来制度红利的集中释放，促进全要素生产率提高。

表 5－5　2010 年中国内地十大富豪排名

排名	姓名	财富（亿美元）	企业
1	宗庆后	70	娃哈哈集团
2	刘永行	50	希望集团
3	张近东	45	苏宁电器
4	王传福	44	比亚迪
5	许家印	40	恒大集团
6	吴亚军家族	39	龙湖地产
7	梁稳根	36	三一重工
8	马化腾	36	腾讯
9	李彦宏	35	百度
10	陈发树	34	新华都集团

美、日、欧是资产阶级共和国，大垄断资产阶级是领导阶级。中国为什么不能成为这样的资产阶级共和国？为什么中国要成为共产党领导的、工人阶级作为领导阶级的社会主义共和国？这不仅是由中国内部的经济政治所决定的，更是由中国在世界体系中的地位所决定的。现在美、日、欧正在继续对中国进行全面的武器科技禁运。中国为解禁努力了 20 年，效果不佳。“两弹一星”、北斗系统、载人航天、核潜艇、航空母舰、新型战斗机、大飞机、高速计算机、装备制造业、新能源技术、新材料科学、新生物技术，这些中国作为世界强国不可或缺的东西，只能依靠共产党领导的国有企事业单位研发、制造。现在中国的非公经济主要生产那些美、日、欧企业几十年以前就停止生产的低技术含量和劳动密集型产品。在可预见的未来，中国的非公经济将继续主要集中在低技术和劳动密集型产业。在可以预见的将来，中国有产阶层只会继续成为上层阶级的一部分，而不会成为国家领导集团的一部分，特别是在中央和省部一级。

第八节　中国干部队伍的分层

截至 2007 年，中国共有干部 3 944 万人，其中公务员 688.9 万人，事业单位管理人员和专业技术人员 2 313.2 万人，企业管理人员和专业技术人员 941.9 万人，分别占干部总数的 17.5%、58.6%、23.9%。截至 2007 年底，全国机关干部中具有大专以上文化程度的占干部总数的 87.5%，比 1978 年提高了 78.2 个百分点，比 1949 年党员队伍中具有高中以上文化程度的党员比重仅占 0.9% 的状况有了极大改善。① 简言之，4 000 万干部，大约 90% 是大专以上毕业生。这大约 10% 非大专以上的干部，主要是基层的一些快要退休的干部。

现在中国有大约 6 500 万大专以上毕业生，除了这 4 000 万国家干部，还有大约 3 500万在非公部门工作。这些人虽然不是国家干部，但在理论上，比照国家干部管理，找工作的时候，不去劳务市场，而是去人才市场，档案也由国家人事部门的有关部门代管，本书称这些人为准干部。

截至 2008 年底，中国共产党员总数为 7 593.1 万名。工人 733.6 万名，农牧渔民 2 361.2万名，党政机关工作人员 620.8 万名，企事业单位管理人员、专业技术人员 1 687.6万名，学生 201.4 万名，离退休人员 1 428.2 万名，其他职业 560.1 万名。非公有制单位在岗职工中有党员 358.2 万名，其中工人 163.5 万名，管理人员及专业技术人员 194.7 万名。具有大专以上学历的党员 2 583.3 万名，占党员总数的 34.0%，女党员 1 596.9 万名，占党员总数的 21.0%。少数民族党员 494.4 万名，占党员总数的 6.5%。②

第九节　中国中产阶级在哪里

在当今中国社会中，没有证据显示存在一个白领服务业专业人士中产阶级。从社会学角度，中产阶级有两种定义。广义地讲，中产阶级就是在社会分层中位于中间位置的阶级。按照这个定义，图 5 -6、图 5 -7 显示，农民工是当今中国的中产阶级。狭义地讲，中产阶级特指白领服务业专业人士阶级。在发达国家，这个阶级，在工业社会阶段，是上层阶级的一部分。在工业社会末期和后工业社会，这个阶级的人数逐渐赶上、并最终超过了工人阶级。所以他们成为上层阶级（资产阶级和上层管理人员）和下层阶级（蓝领工人阶级）之间的中产阶级。

中国现在刚刚进入工业社会，还不可能有一个白领服务专业人士构成的中产阶级。当今中国，大部分白领服务业专业人士是干部和准干部。无论权力、财富、声望，都属于上层阶级。大部分有关中国中产阶级的研究创造了一些指标来定义中国存在一个中产阶级，最常见的一个变量是是否拥有私家车。国家统计局统计，2008 年全国轿车保有量达 2 438 万辆，其中私人轿车 1 947 万辆，相当于每百人拥有 1.5 辆轿车。一百个中

① 谭浩、赵超：《新中国成立 60 年来领导班子和干部队伍建设综述》，新华网，2009 年 9 月 27 日，http://www.gov.cn/jrzg/2009 -09/27/content_1427800.htm。

② 中共中央组织部：《2008 年中国共产党党内统计公报》，http://news.xinhuanet.com/politics/2009 -07/01/content_11634894.htm。

国人只有不到两辆轿车，恰恰说明今日中国拥有汽车是上层阶级的标志，而不是中产阶级的标志。中国白领服务业专业人士的人数必将赶上和超过蓝领工人阶级，从上层阶级的一部分变成中产阶级。这是不可抗拒的历史潮流，这是未来中国。

第十节　户　口

现行户口制度造成城乡隔离、地区隔离、种族隔离，阻碍中国城市化，缩小了内需，使中国无法形成全国范围的劳动力市场、商品市场、资金市场、社会保障体系；直接降低了中国社会经济发展的速度和质量，亟待改革。

户口制度秦、汉就已确立，但到1949年，城乡并没有明确的隔离。而造成城乡隔离、“二元社会”的现行户口制度是个新生事物。现行户口制度存在的原因，在三个不同历史时期有所不同。在20世纪50年代和60年代初期，现行户口制度的起源是为了实行统购统销和应付“大跃进”带来的饥荒。严格的户口制度便于计划经济的实施和对社会全面有效控制。1965—1985年，除上述原因外，更加上大规模备战和进行三线建设。在1985年以后，粮食问题解决了，外敌入侵的危险消除了，现行户口制度的实际结果是维护城市居民的特权和保持想象中的由城乡隔离、“二元社会”带来的城市社会稳定。

户口制度的功与过在不同历史时期有所不同。尽管户口制度帮助中国避免了出现像印度那样的城市贫民窟，但它延缓了中国的城市化进程，中国城市人口比例在30年里（1949—1979）仅从10%增长到20%。中国城市化比率现在不但远远落后于发达国家和世界平均水平，也远远落后于第三世界国家的平均水平。

从1985年起，建立一个统一的全国劳务市场已经迫在眉睫，再也没有必要继续保持区分城市居民户口和农民户口的城乡隔离了。那么，为什么中国还要保留这个过时的制度呢？原因就是城市居民享受的六比一的特权。有人认为，如果骤然废除现行户口制度，农民过快向城市移动，可能导致城市居民生活水平下降，可能引发城市地区的社会动荡。

中国人被分成两类，即4亿多有城市户口的城市居民和近9亿有农村户口的农民。户口不是个地理概念，而是个社会经济地位概念。工人和干部可以一辈子在农村工作，但拥有城市户口。而农民，哪怕在城里工作了一二十年，也还是农村户口。这种社会不平等与生俱来、生而致之。由于农民低下的经济和政治地位，与“农民”相连的词汇本身就带有负面含义。

中国的城市和农村之间存在着天壤之别，两者的意识形态不同、生活方式不同、言谈举止不同。所以说，中国是一个工业化进程中的农业社会，由一个城市工业社会和一个农村农业社会共同组成。在过去的二十年，这个农业社会的一小部分迅速实现了工业化和城市化，但主要是在沿海地区和内地大中城市的郊区。

1993年以后，不再有人公开反对最终改革现行户口制度。问题是什么时候改革和如何改革。当前中国的城市化落后于中国工业化将近20个百分点，是阻碍中国社会经济发展的大障碍，直接缩小了全国商品市场、资金市场、劳务市场的规模，直接缩小了中国的内需市场，直接压缩了中国工业化的规模和速度，直接减缓了中国的社会经济发展，直接降低了中国 GDP 的总量和增长速度。亟待改革。

重庆已经率先开始大改革，从 2010 年开始推出两年 300 万人、十年 1 000 万人的农民进城计划。重庆能做到的，中国所有省市都能做到。重庆的初步实践印证了笔者多年来的预测：如果开放城市户口，不会出现农民蜂拥进城争当城里人的局面。三十年来，反对改革户口制度的主要理由，一向就是：如果取消城乡隔离中国农民就会像无头苍蝇一样，盲目涌进中国城市，来了就不走，中国城市都要变成贫民窟，天下就大乱了。珠江三角洲农民工工资，2009 年之后一再上涨，还是出现了民工荒，可见消灭城乡隔离，不会是洪水猛兽，中国农民不是盲目的无头苍蝇，而是高度理智的经济人。不要说没有工作农民不来，就是有工作，只要工资太低，农民也不会来。中国农民怎么会放弃冻不着、饿不着的宽敞农家不住，到城市来挤贫民窟呢？

可以理解，彻底改革现行户口制度不是一朝一夕的事。但是十年时间应该够了。中国已经部分放开了县、乡一级的城乡流动，这是一个良好开端。可以制定这样一个规划：先用三年左右时间开放 300 个地级市的户口，再用三年左右时间开放 30 个省会城市的户口，最后用三年左右时间开放北京、上海、广州、深圳等特大城市的户口。只要中央精心设计、精心施工，十年时间应该够了。

第十一节　未来中国社会分层前瞻

目前中国社会存在很大的贫富差距。根据《2009 年国民经济和社会发展统计公报》，2009 年，8 亿多农村户口居民人均纯收入 5 153 元，平均每月 430 元，这个统计，应该包括进了农民工外出打工的收入，是劳动者和老人、小孩收入的均值。2 亿多留在家中务农的农民的月平均收入，一般在农民工收入的一半以下。2 亿多农民工的月工资，包吃包住，起价一般在 1 000 元左右，低于 800 元的很少了，平均月收入大约在 1 500元到 2 000 元之间。按 2009 年农村贫困标准年收入 1 196 元测算，年末农村贫困人口为 3 597 万人。

2009 年，4 亿多城镇户口居民人均可支配收入 17 175 元，平均每月 1 431 元。3 000万国有工人平均月收入大约在 2 500 元至 3 000 元。2 亿多城市非国有工人平均月收入大约在 2 000 元至 2 500 元。4 000 万干部和 3 500 万准干部的工资，差距很大。工作五年以上的，月收入大约在 4 000 元至 15 000 元之间，不同地区、不同单位、不同行业之间，差距明显。而隐性收入，比如下一章组织社会学将要讨论的单位廉价买房的隐性收入，可能高出工资很多倍。月收入 10 000 元，也很容易生活窘迫，5 000 元支付房屋贷款，2 000 元维持用车，剩下的钱，也就和一个农民工差不多了。一些有权势的干部的月收入，主要是非工资收入，可以是几万元、十几万元、几十万元，甚至更多。外企高级职员、上层性工作者等特殊行业的月收入，大约在几万元至 20 万元之间。掌握 80% 中国产值的资产阶级的收入，就更多了。

上述贫富差距之中，有些是正常的，有些是非常有害的。首先，农民贫困是因为生产力的落后，尽管中央和省级政府正在尽力帮助农民，国家投资实现村村通公路、通电、通电视、通网络，取消农业税，恢复农村的合作医疗，等等。然而，只要现行户口制度不改革，中国农民的整体贫困状况就很难根本改变。第二，农民工遭受的不公正待遇直接源于现行户口制度。现行户口制度使得农民工不能变为城里人。他们不能普遍享受城市社会的失业保险、养老保险、医疗保险、贫困救济。一两亿农民工全国流动，引发诸多社会问题。中国工人阶级的壮大是今后几十年中国社会分层变化发展的主旋律，但城乡隔离直接阻碍其发展。这是非常有害的。第三，现行户口制度正在加剧中国沿海地区、中部地区、西部地区之间的收入差距。第四，市场经济天生贫富差距。第五，经济全球化正在加剧中国的贫富差距，这是不可避免的。

展望未来，中国必将逐渐形成一个统一的工人阶级，这个工人阶级的人数最终必将超过农民阶级。中国必将出现一个白领服务专业人士中产阶级，其人数最终必将超过工人阶级，形成中国中产阶级。没有人能准确预测这些情况将在何时发生和如何发生，但这是趋势。

本章小结

1. 社会分层，就是由于经济地位、政治地位、社会地位不同，或者说，由于财富、权力、声望不同，一个社会自上而下划分为不同的阶级和阶层。所谓阶级，就是这样一种社会集团，由于对生产资料的不同占有关系，一个阶级可以占有另一个阶级的劳动。社会阶级内部可以划分为不同阶层，有些社会阶层在阶级之外独立存在。

2. 在一个社会内部，社会分层有两个转折点或两个里程碑。第一个是在前工业社会转变成工业社会的过程中，一个社会的非农劳动力超过了50%，农业劳动力降到50%以下，这标志着这个社会开始进入工业社会。第二个里程碑或者转折点，是在从工业社会向后工业社会的转变过程中，白领服务业专业人士的人数超过了蓝领工人阶级的人数，正式形成了中产阶级，这标志着这个社会开始进入后工业社会。中国刚刚跨过第一个转折点。

3. 中国社会领先世界近两千年，一个重要原因，是中国先于欧洲近两千年消灭了封建社会。从秦到清中国是什么社会，有待研究。

4. 当今中国社会，4 000万干部，3 500万准干部，两三千万私有企事业主，相互交叉，不到1亿人，构成上层阶级。然后是4亿多工人，包括3 000万国有工人，2亿多城市非国有工人，2亿多农民工。然后是2亿多农民。基本上还是一个金字塔形的结构。农民阶级正在消亡。工人阶级正在壮大。有产阶层正在发展。干部队伍正在分化。中产阶级还没有产生。

5. 由于国际垄断资产阶级不允许中国资产阶级建立一个强大的中国，所以中国不能走美日欧资产阶级共和国的道路。只有共产党领导的国有企事业才能研发、生产中国成为世界强国所必需的东西，所以中国只能走共产党领导的社会主义共和国道路。

6. 现行户口制度是阻碍当今中国社会经济发展的毒瘤，最高领导集团必须下决心早日割除。

名词解释

社会分层：由于经济地位、政治地位、社会地位不同，或者说，由于财富、权力、声望不同，一个社会自上而下划分为不同的阶级和阶层。

阶级：就是这样一种社会集团，由于对生产资料的不同占有关系，一个阶级可以占有另一个阶级的劳动。

阶层：社会阶级内部可以划分为不同阶层，有些社会阶层在阶级之外独立存在。

分层社会学：研究社会分层的原因、过程、结构、演变规律的科学。

中文推荐阅读

相关文献

1. ［美］戴维·格伦斯基：《社会分层》，华夏出版社，2005 年。

2. 李春玲、吕鹏：《社会分层理论》，中国社会科学出版社，2008 年。

3. 中共中央组织部：《中国干部统计 50 年（1949—1998）》，党建读物出版社，1999 年。

4. 谭浩、赵超：《新中国成立60 年来领导班子和干部队伍建设综述》，新华网2009 年9 月27 日，http：//www. gov. cn/jrzg/2009 －09/27/content_ 1427800. htm。

5. 人事部政策法规司：《人事工作文件选编》（第1～31 卷），中国人事出版社，1980—2009 年。

6. 李拓：《和谐与冲突——新时期中国阶级阶层结构问题研究》，中国财政经济出版社，2002 年。

7. 陆学艺：《当代中国社会阶层研究报告》，社会科学文献出版社，2002 年。

8. 陆学艺：《当代中国社会流动》，社会科学文献出版社，2004 年。

9. 李培林：《中国社会分层》，社会科学文献出版社，2004 年。

10. 孙立平：《转型与断裂：改革以来中国社会结构的变迁》，清华大学出版社，2004 年。

11. 郑杭生：《中国社会结构变化趋势研究》，中国人民大学出版社，2004 年。

12. 邱泽奇：《当代中国社会分层状况的变迁》，河北大学出版社，2004 年。

13. 吴波：《现阶段中国社会阶级阶层分析》，清华大学出版社，2004 年。

14. 李春玲：《断裂与碎片：当代中国社会阶层分化实证分析》，社会科学文献出版社，2005 年。

15. 杨继绳：《中国当代社会各阶层分析》，甘肃人民出版社，2006 年。

16. 李友梅等：《当代中国社会分层：理论与实证》，社会科学文献出版社，2006 年。

17. 朱光磊：《当代中国社会各阶层分析》，天津人民出版社，2007 年。

18. 李毅:《中国社会分层的结构与演变》(中译本),安徽大学出版社,2008 年。

19. 李强:《当代中国社会分层:测量与分析》,北京师范大学出版社,2010 年。

20. 高爱娣:《中国工人运动史》,中国劳动社会保障出版社,2008 年。

21. 冯同庆:《中国工人的命运》,社会科学文献出版社,2002 年。

22. 韩俊:《中国农民工战略问题研究》,上海远东出版社,2009 年。

23. 陈桂棣、春桃:《中国农民调查》,人民文学出版社,2004 年。

24. [德] 托马斯·海贝勒:《作为战略群体的企业家:中国私营企业家的社会与政治功能研究》,中央编译出版社,2003 年。

25. 史耀疆:《制度变迁中的中国私营企业家成长研究》,中国财政经济出版社,2005 年。

26. 赵丽江:《中国私营企业家的政治参与》,中国经济出版社,2006 年。

27. 秦言:《中国中产阶级》,中国计划出版社,1999 年。

28. 陈冠任、易扬:《中国中产者调查》,团结出版社,2004 年。

29. 周晓红:《中国中产阶层调查》,社会科学文献出版社,2005 年。

30. 陈义平:《分化与组合:中国中产阶层研究》,广东人民出版社,2005 年。

31. 黄怡:《城市社会分层与居住隔离》,同济大学出版社,2006 年。

32. [意] 加塔塔·莫斯卡:《统治阶级:政治科学原理》,译林出版社,2002 年。

33. [美] 威廉·多姆霍夫:《谁统治美国》,译林出版社,2009 年。

34. [英] 非欧娜·戴维斯:《美国和英国的社会阶级》,重庆出版社,2010 年。

35. [日] 高坂健次:《当代日本社会分层》,中国人民大学出版社,2004 年。

相关论文

1. 冯仕政:《重返阶级分析——论中国社会不平等研究的范式转换》,《社会学研究》,2008 年第 5 期。

2. 仇立平:《阶级分析:对中国社会分层的另一种解读》,《上海大学学报》(社会科学版),2007 年第 2 期。

3. 仇立平:《回到马克思:对中国分层研究的反思》,《社会》,2006 年第 4 期。

英文推荐阅读

Watson, James L. (ed.) 1984. *Class and Social Stratification in Post-Revolution China*. Cambridge University Press.

Li, Yi. 2005. *The Structure and Evolution of Chinese Social Stratification*. University Press of America.

Firebaugh, Glenn. 2003. *The New Geography of Global Income Inequality*. Harvard University Press.

Origin

Eberhard, Wolfram. 1962. *Social Mobility in Traditional China.* Netherlands: E. J. Brill.

Ho, Ping – Ti. 1976. *The Ladder of Success in Imperial China: Aspects of Social Mobility, 1368 – 1911.* Columbia University Press.

Marsh, Robert M. (1961) 1980. *The Mandarins: The Circulation of Elites in China, 1600 – 1900.* The Free Press.

Chow, Yung – Teh. 1966. *Social Mobility in China: Status Careers among the Gentry in a Chinese Community.* Atherton Press.

Elman, Benjamin A. 2000. *A Cultural History of Civil Examination in Late Imperial China.* University of California Press.

Chang, Chung – li. 1955. *Chinese Gentry: Studies on Their Role in Nineteenth – Century Chinese Society.* University of Washington Press.

Esherick, Joseph W. and Rankin, Mary Backus (eds.). 1990. *Chinese Local Elites and Patterns of Dominance.* University of California Press.

Fei, Xiaotong. (1953) 1968. *China's Gentry.* University of Chicago Press.

Watson, James L. (ed.). 1984. *Class and Social Stratification in Post – Revolution China.* Cambridge University Press.

Peasant

Fei, Xiaotong. 1992 (1947). *From the Soil: The Foundations of Chinese Society.* University of California Press.

Fei, Xiaotong. 1947 (1939). *Peasant Life in China: A Field Study of Country Life in the Yangtze Valley.* Kegan Paul.

Prazniak, Roxann. 1999. *Of Camel Kings and Other Things: Rural Rebels against Modernity in Late Imperial China.* Rowman & Littlefield.

Hinton, William. 1997 (1966). Fanshen: *A Documentary of Revolution in a Chinese Village.* University of California Press.

Crook, Isabel and David. 1959. *Revolution in a Chinese Village Ten Mile Inn.* Routledge.

Endicott, Stephen. 1988. *Red Earth: Revolution in a Chinese Sichuan Village.* New Amsterdam Books.

Friedman, Edward, et al. 1991. *Chinese Village, Socialist State.* Yale University Press.

Potter, Sulamith Heins and Potter, Jack M. 1990. *China's Peasants: The Anthropology of a Revolution.* Cambridge University Press.

Huang Shu – min. 1998. *The Spiral Road: Change in a Chinese Village through the Eyes of a Communist Party Leader.* (2nd ed.). Westview Press.

Ruf, Gregory A. 1998. *Cadres and Kin: Making a Socialist Village West China, 1921 – 1991.* Stanford University Press.

Seybolt, Peter J. 1996. *Throwing the Emperor from His Horse: Portrait of a Village Leader in China, 1923 – 1995*. Westview Press.

Gao, Mobo. 1999. *Gao Village: A Portrait of Rural Life in Modern China*. University of Hawaii Press.

Chan, Anita, et al. 1992. *Chen Village under Mao and Deng*. University of California Press.

Gilley, Bruce. 2001. *Model Rebels: The Rise and Fall of China's Richest Village*. University of California Press.

Zhou, Kate Xiao. 1996. *How the Farmers Changed China: Power of the People*. Westview Press.

Vermeer, Eduard B., et al. (eds.). 1998. *Cooperative and Collective in China's Rural Development: Between State and Private Interests*. M. E. Sharpe.

Khan, Azizur Rahman and Carl Riskin. 2001. *Inequality and Poverty in China in the Age of Globalization*. Oxford University Press.

Wright, Daniel B. 2003. *The Promise of the Revolution: Stories of Fulfillment and Struggle in China's Hinterland*. Rowman & Littlefield.

Chen Guidi and Wu Chuntao. 2007. *Will the Boat Sink the Water: The Life of China's Peasants*. Public Affairs.

The Household Registration System

Wang Fei – Ling. 2005. *Organizing through Division and Exclusion: China's Hukou System*. Stanford University Press.

Solinger, Dorothy J. 1999. *Contesting Citizenship in Urban China: Peasant Migrants, the State, and the Logic of the Market*. University of California Press.

Chan, K. W. and Buckingham, W. 2008. Is China Abolishing the Hukou System? *China Quarterly* 195: 582 – 606.

Wang, Fei – Ling. 2004. Reformed Migration Control and New Targeted People: China's Hukou System in the 2000s. *The China Quarterly* 177: 115 – 132.

Chan, K.W. and Li Zhang. 1999. The Hukou System and Rural – Urban Migration in China: Processes and Changes. *The China Quarterly*: 831 – 840.

Cheng, Tiejun and Mark Selden. 1994. The Origins and Social Consequences of China's Hukou System. *The China Quarterly* 139: 644 – 668.

Worker

Smith, S. A. 2002. *Like Cattle and Horses: Nationalism and Labor in Shanghai, 1895 – 1927*. Duke University Press.

Honig, Emily. 1986. *Sisters and Strangers: Women in the Shanghai Cotton Mills, 1919 – 1949*. Stanford University Press.

Hershatter, Gail. 1986. *The Workers of Tianjin, 1900 – 1949*. Stanford University Press.

Zhang Lijia. 2009. "*Socialism Is Great!*": *A Worker's Memoir of the New China*. Anchor.

Hurst, William. 2009. *The Chinese Worker after Socialism*. Cambridge University Press.

Leslie T. Chang. 2009. *Factory Girls: From Village to City in a Changing China*. Spiegel & Grau.

Ngai Pun. 2005. *Made in China: Women Factory Workers in a Global Workplace*. Duke University Press.

Anita, Chan. 2001. *China's Workers under Assault: The Exploitation of Labor in a Globalizing Economy*. East Gate Book.

Capitalist

Kwan, Man Bun. 2001. *The Salt Merchants of Tianjin: State – Making and Civil Society in Late Imperial China*. University of Hawaii Press.

Bergere, Marie – Claire. 1989. *The Golden Age of the Chinese Bourgeoisie 1911 – 1937*. Cambridge University Press.

Coble, Parks M. 1986. *The Shanghai Capitalists and the Nationalist Government, 1927 – 1937*. Harvard University Press.

Pearson, Margaret M. 1997. *China's New Business Elite: The Political Consequences of Economic Reform*. University of California Press.

Malik, Rashid. 1997. *Chinese Entrepreneurs in the Economic Development of China*. Praeger.

Dickson, Bruce, J. 2003. *Red Capitalists in China: The Party, Private Entrepreneurs, and Prospects for Political Change*. Cambridge University Press.

Krug, Barbara. 2004. *China's Rational Entrepreneurs: The Development of the New Private Sector*. Routledge.

Chen Jie and Bruce J. Dickson. 2010. *Allies of the State: China's Private Entrepreneurs and Democratic Change*. Harvard University Press.

Cadre

Schwarcz, Vera. 1986. *The Chinese Enlightenment: Intellectuals and the Legacy of the May Fourth Movement of 1919*. University of California Press.

Ip, Hung – Yok. 2005. *Intellectuals in Revolutionary China, 1921 – 1949: Leaders, Heroes, and Sophisticates*. Routledge.

Xu, Xiaoqun. 2001. *Chinese Professionals and the Republican State: The Rise of Professional Association in Shanghai, 1912 – 1937*. Cambridge University Press.

Barnett, A. Dork. 1967. *Cadres, Bureaucracy, and Political Power in Communist China*. Columbia University Press.

Harding, Harry. 1981. *Organizing China: The Problem of Bureaucracy 1949 – 1976*.

Stanford University Press.

Lee, Hong Yung. 1991. *From Revolutionary Cadres to Party Technocrat in Socialist China*. University of California Press.

Cao, Cong. 2004. *China's Scientific Elite*. Routledge.

Mulvenon, James C. 1997. *Professionalization of the Senior Chinese Officer Corps: Trends and Implications*. Rand.

Liu, Xiuwu. 2001. *Jumping into the Sea: From Academics to Entrepreneurs in South China*. Rowman and Littlefield.

Hao Zhidong. 2003. *Intellectuals at a Crossroads: The Changing Politics of China's Knowledge Workers*. State University of New York Press.

Lu, Xiaobu. 2000. *Cadres and Corruption?: The Organizational Involution of the Chinese Communist Party*. Stanford University Press.

思考题

1. 人类社会分层的历史与现状如何？
2. 什么是人类社会分层发展的两个里程碑？
3. 中国社会分层结构的历史是什么样子？
4. 当今中国社会分层的结构是什么样子？
5. 中国社会分层的前景如何？
6. 为什么说中国现行户口制度是当今社会经济发展的严重阻碍？
7. 请参照现有的七个序言，试写一个《共产党宣言》2011 年中译本序言。

第六章　组织社会学

如前所述，分层社会学和组织社会学是最核心的两个分支社会学。中国组织社会学主要研究中国社会组织在组织构成、组织管理、组织目标、组织文化等方面如何赶上和超过发达国家的社会组织。具体说来就是要研究如何在世界500强企业里面有更多的中国企业，在世界100强大学里面怎样有更多的中国大学，中国政府怎样在组织结构上更为廉洁有效，中国军队怎样在组织结构上更有利于打赢，等等。周雪光、于显洋、刘祖云、李有梅等分别著有组织社会学著作。

第一节　组织社会学理论

周雪光认为，组织社会学是从社会学角度研究、解释组织现象的一门科学。于显洋认为，组织社会学是关于专业组织（包括企业及各类机构）的功能、结构及其运载规律和问题的研究科学。

一、社会组织的由来

中国最早的社会组织是“村”，半坡文化时期就有“村”了。军队作为社会组织，对发展组织起到非常重大的作用。军队是科层制政府结构产生的先声，先有了强大的科层制的军队，在这个基础上，中国在两千年前，率先诞生了人类第一个有完整的科层制的政府，所以是先有村，然后有军队，然后有政府，最后才有企业。政府、军队、企业，又都发展成现代社会组织。当今中国社会的主要社会组织有企业、政府、军队、学校、单位、村等。

二、科层制是现代社会组织的主要形式

科层制（bureaucracy）起源于中国，在秦汉之际就已十分完善，是现代社会管理的主要形式，指具有专业职能、固定规程和权威分等的理想型社会组织，通常又称为科层组织。李峰在《西周的政体——中国早期的官僚制度和国家》[①] 一书中，详细讨论了西周政府是中国科层制发展的重要环节，科层制始于西周中期。科层制代表着正式组织的绝对形式或理想类型，它具有以下基本特征：权威分层、职务分等；因公设职、专职专

① 李峰：《西周的政体——中国早期的官僚制度和国家》，三联书店，2010年。

人；任人唯贤、赏罚分明；照章办事、公平无私；公文往来，空口无凭。需要指出的是，这是正式组织的一种理想类型，现实社会组织中，其特征很可能与上述5个方面不尽相同。但上述5个基本特征仍不失为辨识科层制的有效尺度。

科层制所具备的纯技术性的优越性——结构上的完善化、活动上的法规化、功能上的高效化，是其他组织形态都无法匹敌的。科层制是社会精细分工和密切协作不断深入的结果，是日趋复杂的组织活动和日趋庞大的组织规模的必然要求。工业化和城市化为社会组织的全面科层制化提供了客观条件，反过来，社会组织的科层制化又使工业化和城市化更具效率和理性，从而在一定程度上又推动其向纵深发展。从社会组织内部来看，组织规模的不断扩大，秩序建立的不断形式化及组织规范、目标的不断世俗化，是社会组织科层制化的内部动因，也正是它们才使组织产生了对科层制化的需求。总之，科层制一方面造成了科层组织在社会组织中的形成和推广，另一方面也提高了各种理性化程度，从而为它们更高效地推进自身目标的达成、更充分地发挥各自在社会体系中的职能，起到了有力的推动作用。

三、组织管理基本理论的演变

学界经常提及的组织管理理论有：泰勒制和丰田瘦身管理。于显洋认为，组织社会学理论的发展有四种形态：理性系统组织理论，自然系统组织理论，开放系统组织理论，行动者系统的组织理论。周雪光为了搭起一个比较理论分析的研究框架，提出了四个主题：组织与市场，组织与制度，组织与社会网络，组织与有限理性。

泰勒的“科学管理”，就是研究如何把复杂的技术分解开来，成为很多简单的步骤。这些简单的步骤，完全可以由非技术工人来完成。泰勒还进一步研究工人怎样在最短的时间里完成一个简单的步骤。他要工人做各种不同的操作，然后用运动员那种计时表来测量每种操作需要几秒钟可以完成。在泰勒的研究中，他知道不可能所有的操作都不需要技术。但是，他可以用分工的办法把技术分割开来，不让任何工人控制一个完整的技术，这就使工人失去对生产过程的控制。泰勒的“科学管理”的基本原则可分为三条。第一，将生产程序与工人的技术分开。资方的经理们尽量从工人当中搜集各种有关技术的资料，并掌握每种生产所需要的时间，这样就可以对工人进行全面控制。第二，将所有需要头脑思考的工作从生产车间移出，集中在完全由资方控制的计划部门和设计部门。第三，当资方和资方的经理们掌握了所有有关生产的资料后，他们只需要列出一个清单，再由工人按步骤去执行。这样一来，管理阶层就可以硬性规定工人每天要做什么工作、工作中的每个细节、工人在规定时间里必须完成的工作。[①] 目前这种方法国内还在一定范围内使用，比如富士康。

“瘦身管理”是日本丰田汽车公司大野奈一在第二次世界大战刚结束后策划出来的一套工厂管理制度，也被称为“丰田制”。丰田制将生产分成几个人的小组来完成，在

① 金宝瑜：《从资本主义的工厂管理来认识鞍钢宪法的跨时代意义》，http://www.wyzxsx.com/Article/Class17/201003/139123.html。

小组中由工人、技术人员和小组长一起工作，工人可以发挥一定的自主性。在技术方面，大野奈一认为工人可以掌握好几种不同的技术，并且轮流做不同的工作，不像泰勒制下的工作那么单调无聊。如果有人不来上班或是迟到，小组里其他人必须负责加快工作，把损失补上。这样就使得工人不敢不来上班或迟到，因为他们怕会给组里其他人增加负担。资方这样做，就把工人旷工和迟到的棘手问题反过来交给工人自己处理。工人怕给组里其他人带来麻烦或者怕被其他工人骂，即使生了病也常常勉强带病上班。我们从名字上就可以猜出“瘦身管理”的意思，那就是要不断地除去“多余的浪费（肥肉）”以达到瘦身的目的。“不断地”是由日本的“Kaizen”翻译过来的。在实行丰田制的工厂里，到处都贴满了“Kaizen”，也就是说，不是达到一定程度的瘦身就可以满意了，而是必须不断地无止境地继续“瘦”下去。瘦身的范围包括节省材料、节省空间、节省能源、节省人工等。丰田制保持“无库存”就省去了仓库，也省去了因保持库存所占用的资金。①

现在谈到组织理论与组织社会学理论，一般都只介绍西方的理论，这实在有失偏颇。中华民族至少五千年文明史，秦汉以后领先世界近两千年，新中国六十年超日赶美，这其中就有不少组织理论和组织社会学理论的精华，应该加以总结和继承。比如，“鞍钢宪法”，“两参一改三结合”，“比、学、赶、帮、超”。比如，解放战争、抗美援朝战争中的组织管理和组织运行经验。比如，秦始皇在八年半的时间里，扫灭六国、一统天下过程中的组织管理和组织运行的经验。比如，先秦诸子的组织理论和组织社会学理论，等等。都有待总结和继承。

下面分别讨论当今中国社会的几种社会组织形式。村，正在消灭。当今中国社会组织形式现代的过程，在某种意义上，就是村消灭的过程。单位，不是中国特有的，不是中国先有的，确是当今中国的一个主要社会组织形式，主要分为企业单位和事业单位。如何把企业单位和事业单位办得更好，如何使中国有更多的世界 500 强企业和世界 100 强大学，是中国组织社会学研究的核心任务。

第二节　村

中国的村是一种前工业社会的社会组织形式。中国社会组织形式现代化的过程，从某种意义上讲，就是村消亡的过程。近年来，中国政府通过搞农转非、村转居加速城市化，这是一场伟大的社会革命。

根据《中国统计年鉴（2009）》，2008 年中国人口为 132 802 万人，有 60 667 万城市人口和 72 135 万农村人口。除了台湾省、香港特别行政区、澳门特别行政区以外，中国内地有 32 个省级行政区，其中包括 23 个省、5 个自治区、4 个直辖市；有 333 个地市，有 2 859 个县（包括县级市、市辖区）；有 40 828 个乡镇；有 60.4 万个行政村。平均一个省有 10 个市，一个市有 9 个县，一个县有 14 个乡，一个乡有 15 个村，一个

① 金宝瑜：《从资本主义的工厂管理来认识鞍钢宪法的跨时代意义》。

村有 1 194 个人。平均每村有 332 户，每户有 3.6 个人。除了外出打工的农民工之外，平均每村有 448 个农业劳动力。2008 年，每个村农作物平均播种面积有 3 881 亩，大约有2 652亩地种粮食，有 444 亩地种菜，有 267 亩地种果园，有 143 亩地种棉花。

根据《中国统计年鉴（2009）》，中国的村按地区划分为东、中、西部及东北地区农村，2008 年，东部地区农村人均纯收入达到 6 598.24 元，人均总支出 7 123.05 元。平均每户拥有电话机 0.84 部，移动电话 1.3 部；拥有洗衣机、电冰箱、空调机、抽油烟机等大型家用电器总数 1.71 台，自行车 1.46 辆，摩托车 0.76 辆；平均每户拥有照相机和家用计算机总数 0.21 台。中部地区农村人均纯收入达到 4 453.38 元，人均总支出 5 134.69 元。平均每户拥有电话机 0.62 部，移动电话 1.03 部；拥有洗衣机、电冰箱、空调机、抽油烟机等大型家用电器总数 0.88 台，自行车 0.94 辆，摩托车 0.49 辆；平均每户拥有照相机和家用计算机总数 0.05 台。

2008 年，西部地区农村人均纯收入达到 3 517.75 元，人均总支出 4 890.64 元。平均每户拥有电话机 0.53 部，移动电话 1 部；拥有洗衣机、电冰箱、空调机、抽油烟机等大型家用电器总数 0.69 台，自行车 0.58 辆，摩托车 0.44 辆；平均每户拥有照相机和家用计算机总数 0.04 台。东北地区农村人均纯收入达到 5 101.18 元，人均总支出 8 695.11元。平均每户拥有电话机 0.74 部，移动电话 1.09 部；拥有洗衣机、电冰箱、空调机、抽油烟机等大型家用电器总数 1.17 台，自行车 0.82 辆，摩托车 0.53 辆；平均每户拥有照相机和家用计算机总数 0.08 台。

目前国内关于村这种社会组织的研究，还有待进一步发展。在英文世界，一本书研究中国一个村，至少已经有了三十多本书。在中国现在反而难以找到研究中国一个村的学术著作。《共和国的村庄》① 一书，介绍了河北省遵化县西铺村，山西省昔日县大寨村，安徽省凤阳县小岗村，江苏省江阴市华西村，广东省深圳市龙岗区南岭村。其中，大寨村、华西村、南岭村，典型性都不十分强。小岗村的典型性现在争议很大。从组织社会学的角度出发，对村的研究，应该着重于对具有典型意义的、尽可能代表多数中国的村的典型村庄的研究。

目前在全国范围内，都存在农转居、村转非的伟大社会革命，但有的地方进展快，有的地方进展慢。村，作为一种社会组织形式，其消亡还有一个漫长的过程。

第三节　单　位

中国城市社会里的单位是工作场所和生活场所的结合。共有三种单位。第一种是党政机关，是 700 万公务员工作和生活的地方。第二种是企业单位。第三种是事业单位，包括公立大、中、小学，公立医院，公立的研究院所、博物馆、影剧院，等等。单位不但提供就业机会和发放工资，一般情况下，还决定人的社会地位和收入。一般说来，单位级别越高，单位越有钱，职工的福利就越好。换言之，做同样的工作，在不同的单位

① 王韩彬：《共和国的村庄》，山东画报出版社，2009 年。

里，工资福利可以相差很多。李璐璐、杨晓民、李汉林、渠敬东等著有研究中国单位的著作。

单位是一种制度创新。这种制度创新是农业社会向工业社会过渡时必要的组织形式。许多国家在相同的历史时期也都出现过类似的工作单位。有许多关于欧洲、美国和日本的工作单位的研究。有一部著名的日本电影，《啊，野麦岭!》，详细描述了日本那时的单位制度。有一本小册子，叫《新罕布什尔的阿莫斯奇格：一部美国工业的史诗》，只有30页，描述了一个19世纪的美国工作单位的典型环境：

几乎不用现金，以棉纱的形式支付实物工资。棉纱就成了交易时的货币。在商店用棉纱买东西，给房东用棉纱交房租（第11页）。

人们统统住公司的大宿舍……谁要是在星期天不去教堂，或者在厂里和其他地方说脏话，或者酗酒，就会被解雇（第14页）。

厂房的大钟（几乎每座厂房的塔上都有一个大钟）早上四点半就会敲响，是起床钟，五点半是第一遍早餐钟。早餐钟在六点再响一遍。早上六点半开工，晚上七点半收工。周一到周六每天中午有半小时的午餐时间。就是说，每周工作75小时，几乎是现在40小时的两倍（第15页）。[①]（李毅译）

所有工业化进程中的农业社会在快速工业化时，都要把千百万农民变成工人。工业化进程中的后发展者常常试图把大型工业企业变成一种自成一体的组织，同时具备生产单位、道德社区、家长权威、分配商品和特权的中心等多种功能。这在几乎所有的发展中国家都可以看到。

二十年前，多数研究者认为，单位制度，随着改革开放，在中国社会将迅速衰亡。二十年过去了，单位制度在中国有所衰亡，但在一些地区，一些行业，单位制度不仅没有衰亡，反而强化了。许多以农民工为主要劳动力的工厂，采取单位制度，给工人提供食宿，甚至管制工作的非工作时间，搞半军事化管理。一些国有企事业单位，继续修建职工宿舍楼群，以低于市场的价格，出售给本单位职工。单位制度，在中国内地，今后几十年，将走向何处，仍然是中国社会学界一个远远没有解决的问题。

一、企业单位

（一）新中国企业六十年的辉煌历程

新中国前三十年，建成了一个初步现代化的工业体系，包括几十个巨型（省级）企业，300多个大型（地师级）企业，3 000多个中型（县团级）企业。这些企业是中国发展“两弹一星”、进行三线建设、形成美苏中大三角的基础。《激荡三十年——中

① Straw, Willian Parker. *Amoskeagin New Hampshire; an epic in American industry*. New York: Newcomm Society of England, American Branch, 1948.

国企业 1978—2008》[①] 一书，把改革开放三十年来中国企业的发展改革分为五个阶段。

第一阶段，1978—1983 年。1979 年 7 月，国务院正式发布了《关于扩大国营工业企业经营管理自主权的若干规定》、《关于国营企业实行利润留成的规定》等 5 个文件。这 5 个文件的主要内容包括：①在完成国家计划的前提下，允许企业按照生产建设和市场需要制订补充计划，补充计划所生产的产品，企业可以按照国家定价自销；②实行利润留成，企业有权自行安排使用利润留成建立的生产发展基金、集体福利基金和职工奖励基金；③逐步提高固定资产折旧率和企业的留成比例；④企业有权向中央和地方有关部门申请出口自己生产的产品，并按国家规定获得外汇留成。改革的结果是：赚钱的国企，自己多分钱；赔钱的国企，还是要国家管。乡镇企业、私人企业开始发展。

第二阶段，1984—1992 年。1984 年实行厂长（经理）负责制。1985 年 1 月起，“拨改贷”在全国各行业全面推行。“拨改贷”即国家对基本建设由投资拨款改为贷款的简称。1986 年通过了《中华人民共和国企业破产法（试行）》。该法附加一条：《破产法》要等《工业企业法》实施三个月后才得试行。1986 年开始优化组合，企业的全体人员，从干部到工人，人人取消原有的职务、工资，摔掉“铁饭碗”；根据精简机构的要求，重新竞争上岗，优胜劣汰；分配拉开差距，奖勤罚懒。经过优化劳动组合，全国企业出现了一批富余人员。所谓富余人员大致有三种情况：一是精简机构，经过严格定编定员或是由生产调整而多出的人员；二是考试考核不合格者；三是老、弱、病、残不能顶岗者。经过优化劳动组合，在岗的“铁饭碗”砸掉了；干部职工都能上能下、能进能出。1988 年 7 月，出现了淡化还是强化工会之争。1992 年全国开始破“三铁”，当时社会保障制度还远没有建立起来，有的地方提出要以“三铁”——铁心肠、铁手腕、铁办法来砸“三铁”——铁交椅、铁饭碗、铁工资。随着改革从农村向城市推进，中国出现大型民营企业，如海尔集团，联想集团，万科集团，健力宝公司，TCL 集团，等等。

1983—1988 年，国家规定对国营企业征收实现利润的 55% 的所得税，并且要求税后还贷。过重的税收和上缴，使企业根本无法进行积累，无法归还银行本金。事实上大部分企业连利息也难以承担，只能靠再贷款来支付利息。借新债还老债，结果债务越积越多，终至不能自拔。企业高额负债不能偿还，使得大量银行贷款有去无回，形成大量的呆坏账，银行的金融资产质量不断恶化。许多企业因为不能还贷，银行也不再肯贷款给他们，出现了停产、半停产，大量工人下岗、领不到工资，生活陷入困境。1984 年至 1988 年的价格双轨制，造成全面混乱、全面腐败。1988 年价格闯关全面失败，引发剧烈通货膨胀，引发大抢购，引发 1989 年社会大动荡。

第三阶段，1993—1997 年。1993 年修正宪法，将宪法有关条文中的“国营经济”和“国营企业”分别修改为“国有经济”和“国有企业”。决定中国国有企业改革的方向是建立适应市场经济要求的“产权明晰、权责明确、政企分开、管理科学”的现代企业制度。国企出现“新三会”和“老三会”之争，新三会是股东会、董事会、监事会，老三会是党委会、工会、职工代表大会。1994 年公布《劳动法》，指出市场经济中

① 吴晓波：《激荡三十年：中国企业 1978—2008》，中信出版社，2008 年。

国家、企业、职工的利益已经分裂为三方，出现劳动关系矛盾，工会要维护工人利益。1993 年实行分税制。1994 年人民币大贬值。

1995 年中央最终决定采取“抓大放小”的战略，就是全力扶持那些巨型国有企业，把它们尽快送进“世界 500 强”。主张区别不同情况，采取改组、联合、兼并、股份合作制、租赁、承包经营和出售等形式，加快国有小企业改革改组步伐。在短短几年时间，全国中小国有企业、公有企业几乎全都完成了改制，在这个过程中国有资产大量流失。同时乡镇集体企业也完成了私有化改制。

第四阶段，1998—2002 年。一些国企大规模整体海外上市，中国电信、中国联通、中国石油等先后在纽约或香港成功上市。盘踞中国多时的跨国公司也随即调整自身战略，掀起了一场独资化的浪潮，与此同时，跨国公司开始从竞争性领域进入垄断或准垄断领域。就在跨国资本不断渗透，国有资本强势重组的同时，民营企业也在奋力争取自己的生存空间。2001 年中国入世后，江丰、花旗、友邦、渣打都把亚洲总部迁到上海。

1999 年，在许多国有企业早已回天无术，而银行危机深重以后，政府才不得不采取“债转股”的办法，由财政从发行的特别国债中拨出资金，组建四个资产管理公司，分工收购、管理和处置几大银行的不良资产，把银行原来对企业的债权转变成为资产管理公司握有企业的投资股权，然后再由资产管理公司把握有的企业股权向社会押价拍卖。这样一番周转的结果是：银行收回了不良资产；企业还掉了债务，却卖出了股权；社会资本从拍卖中以廉价占有了国有企业的股份，国家在资产管理公司押价拍卖企业股权中付出了一定的损失。1998 年开始房改，使房地产业成为暴利行业。

第五阶段，2003 年之后。以廉价劳动力为支撑的中国制造席卷全球，在集装箱、家电、电子玩具等上百个产品市场份额世界第一。但利润微薄，中国要卖出 8 亿件衬衫，才能进口一架空客机 380。阿里巴巴、网易、新浪、搜狐、百度等中国企业，在与外国的拼杀中，占领了中国市场的大部分份额。奇瑞、吉利等中国品牌也开始反攻中国国内汽车市场。但是，总的说来，以廉价劳动力、恶化环境、高能耗为特征的多数中国企业，在国际上遭遇更多的贸易保护主义的攻击，在国内也难以为继。比如，珠三角的劳动力价格已连续增长了好几年，这也是富士康等企业从珠三角迁往内地的重要原因之一。

（二）中国企业现状

下表展示了 2008 年中国内地工业企业的概况。三千多个大型企业，三万多个中型企业。就资产总值看，外资 73 016 亿元，超过了国企 67 102 亿元，台港澳 39 129 亿元。国企 67 102 亿元，只占内资 319 161 亿元的 21%。也就是说，就工业企业资产总值看，非公企业已占 4/5。就利润总额看，外资 5 266 亿元是国企 2 532 亿元的两倍多。

中国规模以上工业企业概况表（2008）

单位：亿元

项目	企业单位数（个）	工业总产值	资产总值	主营业务收入	利润总额	全部从业人员年平均人数（万人）
总计	426 113	507 448	431 306	500 020	30 562	8 837.6
按轻重工业分						
轻工业	178 536	145 429	103 083	141 207	8 468	3 593.8
重工业	247 577	362 019	328 223	358 813	22 094	5 243.9
按企业规模分						
大型企业	3 188	169 304	164 286	172 738	10 519	1 970.6
中型企业	37 204	149 810	141 043	146 075	9 410	2 789.2
小型企业	385 721	188 334	125 977	181 208	10 633	4 077.9
按登记注册分						
内资企业	348 266	357 654	319 161	353 406	22 320	6 258.2
国有企业	9 682	46 857	67 102	47 557	2 532	695
集体企业	11 737	8 956	4 990	8 799	617	217.8
有限责任公司	62 835	108 571	115 888	108 623	7 215	1 793.7
私营企业	245 850	136 340	75 880	131 525	8 302	2 871.9
其他企业	2 295	1 764	1 111	1 710	96	31.9
港澳台商投资企业	35 578	51 308	39 129	50 111	2 976	1 205.9
外商投资企业	42 269	98 486	73 016	96 503	5 266	1 373.5

注：规模以上企业为年主营业务收入在500万元以上的企业。

资料来源：《中国统计年鉴（2009）》，第487页。

（三）中国内地企业进入世界500强发展大战略

2009年世界500强排行，包括内地和台港澳，中国有43家企业入选：9 中国石化，13 中国石油天然气，15 国家电网，92 中国工商银行，99 中国移动通信，109 鸿海精密，125 中国建设银行，133 中国人寿，145 中国银行，155 中国农业银行，170 中化集团，185 中国南方电网，218 来宝集团，220 宝钢集团，242 中国中铁，252 中国铁道建筑总公司，263 中国电信，281 和记黄埔，291 国泰金融控股，292 中国建筑工程总公司，306 中油公司，318 中国海洋石油总公司，323 台塑石化，327 中国远洋运输总公司，331 中国五矿集团，335 中粮集团，341 中交集团，342 广达电脑，359 上汽集团，372 中钢集团，375 河北钢铁集团，380 中冶集团，385 一汽集团，411 怡和洋行，415 中信集团，419 中国联通，425 中国华能集团，426 中国航空工业集团，428 中国南方工业集团，436 华硕电脑，444 江苏沙钢集团，494 交通银行，499 中国铝业集团。

世界500强，美国企业占一半左右，日本有100多个，中国内地现在只有二十几个。就中国怎样尽快有更多企业进入世界500强，出现了一些论著，有些观点如下。

第一，企业必须有核心技术创新能力，否则不能成为真正的强者。

第二，企业对自己的核心技术创新能力必须有自己的专利。没有自己核心技术创新专利的企业，不可能成为强者。有核心的技术，有专利，自己不生产，外包给别人生产都行。

第三，要想成为世界500强，企业必须在国际竞争中建立世界级品牌。建立世界级强大企业，就是建立世界级强大品牌。品牌就是生命，一切为了品牌。

第四，要成为世界500强的企业，首先必须是国际化跨国企业，其技术、产品、专利、品牌都是国际性的，都是从国际竞争中冲杀出来的。国内市场国际化、国际竞争国内化的新竞争格局已经形成。中国大企业国际化已迫在眉睫。

第五，世界强大企业，同时都是世界性的强大金融集团，都是在全球股市运作的，建立世界强大企业的同时就是建立世界性金融大集团。目前，世界已进入一个资本运营的时代，国际上资本运营的浪潮风起云涌、此起彼伏。中国企业应该善于利用资本市场，善于融资，不断调高资金的效益。

第六，要成为世界500强企业，要先建立市场，后建立工厂。在国际、国内建立牢固的市场是第一位，建立生产基地是第二位。企业要想在海外设厂，前提条件是先开发和占有当地市场，使品牌出口量达到在当地设厂的盈亏平衡点。这不仅适用于进入国际市场，也适用于进入新的国内市场。有的企业在没有占领甚至不了解当地市场的情况下，就盲目投资设厂，不仅造成资源的巨大浪费，还影响了企业国际化的自信心，甚至造成“一朝被蛇咬，十年怕井绳”的后果。

第七，如果建立工厂，就是建立大规模的生产基地，实现规模经营，实现规模效益。有些行业不搞生产基地，搞外包工厂也行，比如耐克等世界500强企业，根本不建生产基地，只要有核心技术、品牌，叫别人帮着生产，自己收取巨额利润就行了。过去中国的企业大多数倾向于多元化，走的是大而全、小而全的道路，以为这样的企业实力强。结果往往事与愿违，不但投资多，而且发展慢、效益差，是一条失败的道路。因为它违背了社会化大生产的基本规律。专业化和规模化是社会化大生产的客观要求。世界500强企业大多数都是先走专业化和规模化的道路，成功之后才发展多元化的。

从专业化走向规模化和国际化是当代企业国际化的途径。什么是专业化？所谓专业化就是在自己涉足的领域里，做精、做深、做透。什么是规模化？规模化就是通过扩大生产规模，实现规模经营，扩大市场，降低经营成本，增加技术收入，使企业的竞争力得以提高。企业在规模方面每上一个台阶，价格就能够大幅下调，从而扩大市场占有率，提高企业竞争力。企业大，不一定就代表实力强。强大，应该是先强而后大，先实现专业化、规模化，在该领域做深做透，才能有较强竞争力，才能有做大的基础。

二、事业单位

李鸥著有《事业单位改革与管理》[①]，庄序莹等著有《事业单位改革与发展》[②]，成思危著有《中国事业单位元改革——模式选择与分类引导》[③]，郑国安等主编《非营利组织与中国事业单位体制改革》[④]。以下内容、数据来源于以上著作。

截至2005年底，全国事业单位总计125万个，工作人员超过3 035万人，是国家公务员的4.3倍，占全国财政供养人数的近80%。事业单位是指受国家机关领导、所需经费由国库支出、不实行经费核算的部门或单位，如学校、医院、科研机构等。事业单位从事科技、教育、文化、卫生、体育等非生产活动，需要国家财政供养。在我国传统的计划经济体制下，事业单位具有由政府主办并主管、经费依靠财政拨款、人员列入国家编制、活动遵循国家计划、业务脱离经济主体等特点。

我国事业单位的改革分为以下四个阶段：第一阶段（1979—1984年），恢复在文化大革命中破坏的各种制度。具体工作有：理顺高等教育和基础教育体制，调整高等院校和科研机构设置；恢复职称评审工作，推行专业技术职务聘任制；适当地下放事业单位的组织人事权，并开始机关后勤化的试点。事业单位改革先是从科研单位开始的，如1979年起已开始在科研事业管理体制上进行了试点准备工作；1984年7月10日，卫生部下发了《关于进一步扩大直属事业单位财务、基建、物资自主权的几项规定（试行）》。

第二阶段（1985—1992年）。自1985年起中共中央、国务院先后发布了有关科教文体卫等单项单位事业改革的决定。如1985年3月，发布了《中共中央关于科学技术体制改革的决定》；1985年4月，国务院批转了卫生部《关于卫生工作报告改革若干政策问题的报告》；1985年5月，发布了《中共中央关于教育体制改革的决定》；1992年党的十四大明确提出要建立和发展社会主义市场经济体制，建立与社会主义市场经济体制相适应的事业单位体制。

第三阶段（1993—2000年），下放人事、财务权力，扩大事业单位管理自主权；对国家机关所属事业单位进行清理整顿，并实行归口管理；建立政府特殊津贴制度，进行工资分配制度的改革；对各类人员实行分口管理，允许职工辞职，建立人才市场等。

第四阶段（2001年之后），推行多样化的分类管理，实行制度化的总量控制。2002年7月，国务院办公厅转发了人事部《关于在事业单位试行人员聘用制度的意见》；2006年1月1日人事部下发了《事业单位公开招聘人员暂行规定》。

① 李鸥：《事业单位改革与管理》，天津大学出版社，2007年。
② 庄序莹等：《事业单位改革与发展》，上海财经大学出版社，2009年。
③ 成思危：《中国事业单位元改革——模式选择与分类引导》，民主与建设出版社，2000年。
④ 郑国安等：《非营利组织与中国事业单位体制改革》，机械工业出版社，2002年。

本章小结

1. 组织社会学是研究人类社会组织的形式和管理方式的产生、发展和演变的科学。中国组织社会学是研究中国的社会组织（特别是大型企业组织、大学、军事组织、政府组织）在组织管理上如何赶上甚至超过发达国家同类社会组织的科学。

2. 中国社会组织领先世界2 000年，春秋战国以后中国产生了强大的组织严密的军队，在这个基础上形成了科层制，又在科层制的基础上形成了组织严密的世界上最早的最完善的政府体系。起源于中国的科层制是现代社会组织的主要形式。

3. 村的衰亡是中国社会组织形式现代化的重要指标。农转非、村转居是当今中国的一场伟大社会革命。

4. 单位是一种独特的社会组织形式，是工作场所和生活场所的结合，是社会保障和社会控制的结合。一二十年前学术界普遍认为随着中国现代化进程的加速，单位要弱化，可是中国从中央到基层的社会组织不但没有弱化反而全面强化。单位这种社会组织向何处去？需要研究。

5. 中国内地的企业经过60年的发展，在世界500强企业里已经有二十几个了。但这些500强里的中国企业没有一个是因为先进的生产力、先进的科技或先进的管理而进入世界500强的，而是因为行业垄断。中国的大企业如何才能不仅靠垄断，还靠先进的生产力、先进的科技、先进的管理进入世界500强呢？这是中国组织社会学的重要课题。

6. 中国的事业单位比中国的企业单位发展状况还令人担忧，事业单位，以大学和研究所为标志，离世界先进水平的距离没有接拉。如何自主创新，建立世界一流的大学和研究机构，是中国组织社会学的重要课题。

名词解释

组织社会学：研究社会组织的形式和管理方式的产生、发展、演变的科学。

中文推荐阅读

1. 周雪光：《组织社会学十讲》，社会科学文献出版社，2003 年。
2. 于显洋：《组织社会学》，中国人民大学出版社，2009 年。
3. 刘祖云等：《组织社会学》，中国时代经济出版社，2002 年。
4. 李友梅：《组织社会学与决策分析》，上海大学出版社，2009 年。
5. 王朝彬：《共和国的村庄》，山东画报出版社，2009 年。
6. 方明、刘军：《国外村镇建设借鉴》，中国社会出版社，2006 年。
7. 中国社会科学院：《中国村庄的工业化模式》，社会科学文献出版社，2002 年。
8. ［加］伊莎白・柯鲁克、［英］大卫・柯鲁克：《十里店（一）：中国一个村庄的革命》，上海人民出版社，2007 年。

9. 吴文励、武力：《马鞍村的百年沧桑：中国村庄经济与社会变迁研究》，中国经济出版社，2006 年。

10. 阎云翔：《私人生活的变革：一个中国村庄里的爱情、家庭与亲密关系(1949—1999)》，上海书店，2006 年。

11. 李璐璐：《中国的单位组织》，浙江人民出版社，2000 年。

12. 杨晓民：《中国单位制度》，中国经济出版社，1999 年。

13. 李汉林：《中国单位社会》，上海人民出版社，2004 年。

14. 李汉林、渠敬东：《中国单位组织变迁过程中的失范效应》，上海人民出版社，2005 年。

15. IBM 中国企业商业价值研究院：《洞察中国：中国企业跨越式成长之路》，东方出版社，2008 年。

16. 司岩：《中国企业征战海外：企业国际化理论与实践》，中国发展出版社，2006 年。

17. 陈惠湘：《登顶之舞：中国企业如何进行结构改革》，经济日报出版社，2007 年。

18. 娄向鹏：《老大——中国企业的历史性机遇》，北京大学出版社，2009 年。

19. 郎咸平：《突围：中国企业战略抉择》，东方出版社，2006 年。

20. 《公司战争 = companies wars ：全球危机下的中国企业战略突围》，机械工业出版社，2009 年。

21. 姜汝祥：《颠覆：中国企业如何向世界级企业看齐》，中国社会科学出版社，2007 年。

22. 王志乐：《走向世界的中国跨国公司》，中国经济出版社，2007 年。

23. 石建勋：《突出重围：中国企业跨国发展战略与案例》，中国经济出版社，2004 年。

24. 李鸥：《事业单位改革与管理》，天津大学出版社，2007 年。

25. 庄序莹等：《事业单位改革与发展》，上海财经大学出版社，2009 年。

26. 成思危：《中国事业单位元改革——模式选择与分类引导》，民主与建设出版社，2000 年。

27. 郑国安等：《非营利组织与中国事业单位体制改革》，机械工业出版社，2002 年。

英文推荐阅读

Nolan, Peter. 2001. *China and the Global Business Revolution*. Palgrave.

Sutherland, Dylan. 2009. *China's Large Enterprises and the Challenge of Late Industrialization*. Routledge.

Hendrischke, Hans. 2004. *Chinese Business Enterprise: An Introduction*. Routledge.

Zhu, Cherrie. 2004. *Human Resource Management in China.* Routledge.

Village

Unger, Jonathan. 2002. *The Transformation of Rural China.* M. E. Sharpe.

Hinton, William. 1997 (1966). *Fanshen: A Documentary of Revolution in a Chinese Village.* University of California Press.

Yang, C. K. 1959. *A Chinese Village in Early Communist Transition.* The M. I. T. Press.

Oi, Jean C. 1989. *State and Peasant in Contemporary China: The Political Economy of Village Government.* University of California Press.

Zhang, Weiguo. 2001. *Economic Reforms and Fertility Behavior: A Study of a Northern Chinese Village.* Curzon.

Work Unit

Bray, David. 2005. Social *Space and Governance in Urban China: The Danwei System from Origins to Reform.* Stanford University Press.

Bian, Morris L. 2005. *The Making of the State Enterprises System in Modern China.* Harvard University Press.

Frazier, Mark W. 2002. *The Making of Chinese Industrial Workplace: State, Revolution, and Labor Management.* Cambridge University Press.

Nolan, Peter. 2001. *China and the Global Business Revolution.* Palgrave.

OECD. 2000. *Reforming China's Enterprises.*

Shaw, Victor. 1996. *Social Control in China: A Study of Chinese Work Units.* Praeger.

Li, Hanlin and Wang Qi. 1996. *Research on the Chinese Work Unit Society.* Peter Lang.

Rural Enterprises

Grove, Linda. 2006. *A Chinese Economic Revolution: Rural Entrepreneurship in China.* Rowman & Littlefiled.

Oi, Jean C. 1999. *Rural China Takes Off: Institutional Foundations of Economic Reform.* University of California Press.

Yep, Ray. 2003. *Manager Empowerment in China: Political Implications of Rural Industrialization in the Reform Era.* Routledge.

Private Enterprises

Jie Chen and Bruce J. Dickson. 2010. *Allies of the State: China's Private Entrepreneurs and Democratic Change.* Harvard University Press.

Joint Venture and Foreign Firm

Cochran, Sherman. 2000. *Encountering Chinese Networks: Western, Japanese, and Chinese Corporations in China, 1880 – 1937*. University of California Press.

Rudman, Stephen Todd. 2006. *The Multinational Corporation in China: Controlling Interests*. Wiley – Blackwell.

思考题

1. 为什么说强大军队的科层制是科层制政府产生的根源？
2. 为什么说村的消亡是中国社会组织现代化的重要标志？
3. 为什么单位不但没有弱化反而强化？
4. 中国大型企业如何不靠垄断成为世界500强企业？
5. 中国的大学为什么办不好？

第七章　社会与个人

本章讨论社会与个人之间的关系。讨论为什么人是社会动物，社会环境怎样造人，普通个人的社会作用，杰出个人的社会作用。人民，只有人民，才是创造历史的动力。杰出人物出现与否是历史偶然性的集中表现。

第一节　人是社会动物

人是社会动物，是社会环境的产物。生物的人是高级哺乳类动物，人一生下来不具有社会本能，人完全是社会化的产物。如果把婴儿与狼放在一起，就是一个狼孩，他的生活习性、思维方式等都跟狼一样，回到人类社会之后，适应不了，一般活不长；同理，从小把婴儿放在野猪群里长大，他也习得了野猪、山猪的特性，就算回到人类的社会当中它也适应不了，活不长。所以人只有在人的教化情况下才能变成人，人是人类社会教化出来的一种社会动物。

人要成为社会动物只有通过逐渐地社会化——学习社会价值观念和文化，学习承担各种社会角色，才能获得社会成员的资格，才能从事和胜任社会的各种生产劳动，并作为社会成员而不断地社会化、发展完善自我。

人完全是社会化的产物。在不同环境里，产生不同性质的人。举例来说，中国、美国、日本、欧洲，由于社会环境不同，产生出来的人的性质的区别很大。

第二节　人的社会化

一、个人社会化

作为社会动物的人是社会环境的产物，环境造人。社会化就是社会环境把动物的人造就成社会动物的过程。社会化的结果是履行社会角色。不是一个角色，而是一堆角色，称为角色丛。不同的国家、民族、阶级、阶层、区域、学校、行业、单位、家族、家庭对同一个社会角色的塑造有所不同，形成人的不同的民族性、国家认同、阶级性、志趣、境界、地区性、行业性、个性，等等，无穷无尽的多样性。世界上 70 亿人，没有两个人是一模一样的。

人们一生中经历的社会化分为以下几种：第一，基本社会化。主要是指个体的生命前期，即婴儿期至青少年期的社会化。主要是学习和掌握作为社会一员所应具备的交际语言、认识技能和社会行为规范等，并将社会文化和价值标准内化，建立行为和评价系统，正确评价他人的角色和观点，学会将要承担和扮演的各类角色，并初步形成自我的人格特质。第二，继续社会化。是在基本社会化的基础上的发展和扩大。第三，再社会化。它不同于继续社会化，是指个体从原有的生活方式向另一种新的生活方式的转变、适应和内化的过程。

社会化的最佳结果，是培养出高尚的人，纯粹的人，有道德的人，脱离低级趣味的人，有益于人民的人；是培养出能够有所发现、有所发明、有所创造、有所前进的人。但是社会化的结果，有时候是卑鄙无耻的小人，因为在现实社会中，时有发生的情况是：卑鄙是卑鄙者的通行证，高尚是高尚者的墓志铭。

二、个性发展

国家、民族、阶级、阶层、地域、学校、行业、单位、家族、家庭对个性的形成，都起到很大的作用。个性是心理素质和社会行为特征的总和，人与人之间的个性差异一般表现在人的兴趣、能力、气质、性格四个方面。

兴趣是指一个人积极探究某种事物或进行某种活动的倾向。不同性格的人，有着不同的兴趣倾向。兴趣对一个人的个性形成和发展、对一个人的生活和活动有巨大的作用，这种作用主要表现在：对未来活动的准备作用，对正在进行的活动的推动作用，对活动的创造性态度的促进作用。

能力是指人们从事一定社会活动的本领。能力有特殊能力和一般能力之分，一般能力是指在很多基本活动中表现出来的共同能力，如观察力、记忆力、想象力、抽象概括能力等；特殊能力是指出现在某些专业活动中所必需的多种能力有机结合成的能力，如数学能力、音乐能力、飞行能力等。

气质是指人的情感和活动的快慢、强弱以及动作的灵敏或迟钝等方面的心理特征。有人把人的气质分为多血质、胆汁质、黏液质、抑郁质四种类型。当然，不同气质类型的人，其个性也不同。

性格是表现在人的态度和行为方面较稳定的心理特征，如寡断、刚强、懦弱等，是个性中最重要的心理特征，是区别个性最主要的心理标志。俗话说："性格决定命运。"性格伴随着我们的一生，它无时无刻不在影响着我们的生活。性格不仅是天生遗传的，更重要的是后天培养而形成的。

三、角色

角色是指与人们的某种社会地位、身份相一致的一整套权利、义务的规范与行为模式。社会角色依据不同的标准可划分为多种类型。从角色的动态扮演过程看，可分为理想角色、领悟角色和实践角色；从人们获得角色的方式上分，可分为先赋角色与自致角色；从人们承担社会角色的心态分，可分为自觉的角色和不自觉的角色；从角色规范化的程度划分，可分为规定性角色与开放性角色；从社会角色所追求的目标上分，可分为功利性角色和表现性角色。

人一生可能扮演多种角色。如，孙子，儿子，兄弟，堂兄弟，表兄弟，叔叔，伯伯，舅舅，男朋友，丈夫，小舅子，父亲，爷爷，高中生，大专生，学士，硕士，博士，下级，同僚，上级，等等。普通一员，军委主席，都是为人民服务的，没有贵贱之分。董存瑞，黄继光，杨根恩，邱少云，雷锋，柴振云，虽然都是普通士兵和基层干部，但因为作出了丰功伟绩，成了永生不朽的英雄人物。从先秦开始，中华民族认为，人生有三不朽：立功，立德，立言。当今市场经济社会，创立世界500强企业，创立世界名牌，也是立功。古今中外的世界强国，都是崇尚英雄的国家，都是英雄辈出的国家。不崇尚英雄，出不了英雄，是亡国灭种的先兆。

人们对社会角色的扮演会遇到矛盾，这就产生角色失调。这就跟我们日常生活中总会遇到一些困难或者是挫折，我们会感到迷茫，感到沮丧一样。而角色失调又可以分为四种情况：第一种情况是角色冲突，它是指在社会角色的扮演中，在角色之间或角色内部发生了矛盾、对立和抵触，妨碍了角色扮演的顺利进行。它有角色内的冲突与角色间的冲突这两个表现。第二种情况是角色不清，它是指社会大众或角色扮演者对于某一角色行为标准不清楚，不知道这一角色应该做些什么、不应该做什么和应该怎样去做。社会的急剧变迁，常常是造成社会角色不清的最主要原因。第三种情况是角色中断，是指一个人前后相继所承担的两种角色之间发生了矛盾，造成了角色实践的差距。最后一种情况是角色失败，是指角色扮演过程中发生的一种极为严重的失调现象。它是指由于多种原因导致角色扮演者无法进行成功表演而不得不半途而废；或扮演者虽然还没有退出角色，但每前进一步，困难重重，不断遇到更多的矛盾。人一生中，不可能把所有的角色都扮演好，比如，中国有句古话说，忠孝不能两全。古今中外的世界强国，都推崇为了国家和民族的根本利益和长远利益，而牺牲其他利益的角色。

第三节　普通个人的社会作用

社会环境通过社会化产生社会的人。社会的人可以简单分为普通个人和杰出个人。中国思想家早就认识到"水能载舟，亦能覆舟"。正如毛泽东所说："人民，只有人民，才是创造历史的动力。"[①] 马克思、恩格斯、列宁的有关论述如下：

马克思说：

在人类发展的以前一切阶段上，生产还是如此不发达，以致历史的发展，只能在这种对抗形式中进行，历史的进步整个来说只是极少数特权者的事，广大群众则不得不为自己取得微薄的生活资料，而且还必须为特权者不断增加财富。[②]

小农人数众多，他们的生活条件相同，但是彼此间并没有发生多种多样的关系。他

① 《毛泽东选集》（第3卷），第980页。
② 《马克思恩格斯全集》（第3卷），第41～42页。

们的生产方式不是使他们互相交往，而是使他们互相隔离。这种隔离由于法国的交通不便和农民的贫困而更为加强了。他们进行生产的地盘，即小块土地，不容许在耕作时进行分工，应用任何科学，因而也就没有任何多种多样的发展，没有任何不同的才能，没有任何丰富的社会关系，每一农户差不多都是自给自足的，都是直接生产自己的大部分消费品，因而他们取得生活资料多半是靠与自然交换，而不是与社会交往。一小块土地，一个农民和一个家庭；旁边是另一小块土地，另一个农民和另一个家庭。一批这样的单位就形成了一个小村子；一批这样的小村子就形成了一个省。这样，法国国民的广大群众，便是由一些同名数相加形成的，好像一袋马铃薯是由袋中一个个马铃薯所集成的那样。数百万家庭的经济条件使他们的生活方式、利益和教育程度与其他阶级的生活方式、利益和教育程度各不相同并互相敌对，所以他们就形成了一个阶级。由于各个小农彼此间只存在地域联系，由于他们利益的统一性并不是他们彼此间形成任何共同关系，形成任何的全国性联系，形成任何一种政治组织，所以他们就没有形成一个阶级。因此，他们不能以自己的名义来保护自己的阶级利益，无论是通过议会还是通过国民公会。他们不能代表自己，一定要别人来代表他们。他们的代表一定要同时是他们的主宰，是高高站在他们上面的权威，是不受限制的政府权力，这种权力保护他们不受其他阶级的侵犯，并在上面赐给他们雨水和阳光。所以归根到底，小农的政治影响表现为行政权力支配社会。①

历史活动是群众的事业，随着历史活动的深入，必将是群众队伍的扩大。②

恩格斯说：

自从阶级产生以来，从来没有一个时期社会上可以没有劳动阶级而存在的。这个阶级的名称、社会地位改变了。农奴代替了奴隶，而他们自己又被自由工人所代替，所谓自由，是摆脱了奴隶地位的自由，但也是除了他自己的劳动力以外一无所有的自由。但是有一件事是很明显的，无论不从事生产的社会上层发生什么变化，没有一个生产者阶级。

在17世纪的英国和18世纪的法国，甚至资产阶级的最光辉灿烂的成就都不是它自己争得的，而是平民大众，即工人和农民为它争得的。③

只有在英国才有的社会历史。只是在英国，纯粹作为个人，有意识地不代表普遍原则的人们才促进了民族的发展，并且使之接近完成。只有在这里，群众才是为自己的私人利益进行活动的群众；只有在这里，原则要对历史有所影响必须先转化为利益。④

从1830年起，在这两个国家（指英、法两国）里，工人阶级即无产阶级，已被承认为争夺统治而斗争的第三个斗士。但是关系已经非常简单化，只有故意闭起眼睛的人

① 《马克思恩格斯全集》（第8卷），第4218页。
② 《马克思恩格斯全集》（第2卷），第104页。
③ 《马克思恩格斯全集》（第18卷），第325页。
④ 《马克思恩格斯全集》（第1卷），第661~662页。

才看不见，这三大阶级的斗争和他们利益冲突是现代历史的动力，至少是这两个最先进国家的现代历史的动力。①

列宁说：

在一百多年以前，创造历史的是一小撮贵族和资产阶级知识分子，工农群众则尚在沉眠不醒的状态中。因此当时历史的进步也是慢得可怕的。②

革命是被压迫者和被剥削者的盛大节日。人民群众在任何时候都不能像在革命时期这样以新社会秩序的积极创造者的身份出现。在这样的时期，人民能够做出从市侩的渐进主义的狭小尺度，看来是不可思议的奇迹。③

现在资本主义大大提高了一般文化，其中也有群众文化。战争震动了群众，以空前未有的惨祸和痛苦唤醒了他们。战争推动了历史，于是历史在现时就以火车头般的速度飞快前进。现在，历史是千百万人独立创造的。④

随着人们历史创造活动的扩大和深入，作为自觉的历史活动家的人民群众在数量上也必定增多起来。⑤

具有优秀精神品质的是少数人，而决定历史结局的都是广大群众，如果这些少数人不适应群众，群众有时就会对他们不太客气。⑥

“群众生气勃勃的创造力是新社会的基本元素。……生气勃勃的创造性的社会主义是由人民群众自己创立的”，“只有相信人民的人，只有投入人民生气勃勃的创造力泉源中去的人，才能获得胜利并保持政权。”⑦

第四节　杰出个人的社会作用

一、对马克思有关理论的误解

改革开放前，中国有人误解了马克思的一段话，马克思说：“6月13日的伟大退却，只是由于被秩序党封为伟人的尚加尔涅提出了更伟大的战斗报告书，才显得逊色了。如爱尔维修所说的，每一个社会时代都需要有自己的伟大人物，如果没有这样的人物，它就会创造出这样的人物来。”⑧

① 《马克思恩格斯全集》（第21卷），第342～344页。
② 《列宁全集》（第27卷），第148页。
③ 《列宁全集》（第9卷），第98页。
④ 《列宁全集》（第27卷），第148页。
⑤ 《列宁全集》（第2卷），第463页。
⑥ 《列宁全集》（第33卷），第253页。
⑦ 《列宁全集》（第2卷），第269～273页。
⑧ 《马克思恩格斯全集》（第7卷），第72页。

马克思这段话的意思是：有一个跳梁小丑，名字叫尚加尔涅，根本称不上什么伟大人物。爱尔维修说每一个社会时代都需要有自己的伟大人物，如果没有这样的人物，它就会创造出这样的人物来，实际上并非如此。比如，我们这个时代就没有伟大人物，只有尚加尔涅这样的跳梁小丑。

中国有人在读马克思这段话的时候，没有认真把上下文看清楚，把马克思的意思完全理解相反了，以为马克思赞成爱尔维修的话。实际上，马克思的意思很清楚：马克思反对爱尔维修这个说法。黎澍发现了这个问题，纠正了这个错误，这是黎澍的一大贡献。

二、杰出人物出现与否是历史偶然性的集中表现

杰出人物出现与否，是历史偶然性的集中表现。在特定历史条件下，特别是在人类历史、亚洲历史、中国历史的关键转折关头，最高统治集团、最高统帅的意识有时候可以起到决定作用。是否出现秦始皇、汉武帝、唐太宗、成吉思汗、明成祖、毛泽东，中国历史、亚洲历史、世界历史都会有所不同。是否出现亚历山大、恺撒、伊丽莎白女王、彼得大帝、拿破仑、林肯、明治、俾斯麦、斯大林、罗斯福，世界历史都会有所不同。时势造英雄，英雄造时势。但是，有时势，也可能出英雄，可能不出英雄。多数情况下，很难出英雄。只要出了英雄，时势就大变。本书第二章、第三章都讨论了，古今中外许多国家、民族、文明、文化，包括一些强盛一时的，都衰亡了，甚至灭绝了。究其原因，有很大的偶然性。而杰出人物出现与否，是历史偶然性的集中表现。

三、以毛泽东为例

毛主席的历史地位主要有三个方面。第一，他是新中国的主要缔造者。毛泽东的文采武功，可以和中国历史上的任何一位伟大开国皇帝相媲美。第二，他是当今世界一个强大民族国家的缔造者，如同美国的林肯或罗斯福、日本的明治、德国的俾斯麦、法国的拿破仑和戴高乐、英国的伊丽莎白女王和丘吉尔、俄国的彼得大帝和斯大林、印度的甘地。毛泽东的雄才大略，不输当今世界任何一个大国的国父。第三，他是世界近代革命史上三大革命之一的伟大领袖。毛泽东领导的中国革命，其深度和广度都在法国革命和俄国革命之上。没有毛泽东，就没有中国革命的胜利，就没有新中国的建立，就没有今日中国高速发展的可能性。

1840 年之后，中国百年国耻。因为国内团结不起来，在世界上被人欺负。中央内部，中央和地方之间，各派势力之间，各阶级阶层之间，各个地方割据势力内部，团结不起来。一直到 1949 年，蒋系之外，有桂系、华北傅作义、山西阎锡山、西北“二马”、四川刘文辉、湖南程潜、云南龙云，等等，无数地方势力。蒋系内部，也是派系林立，尔虞我诈，见死不救者，比比皆是。

中国要复兴，要重新崛起，需要有一支力量，首先，在内部，能够团结如一人，坚如磐石。第二，能够全部消灭中国其他所有武装势力，完全彻底统一中国。第三，率领

统一的中国，建立现代工业，富国强兵，在世界上重新站立起来，树立中华民族伟大复兴的思想基础和物质基础。这三步，一步比一步难，非要有雄才大略的杰出人物不可。张学良晚年评价张作霖和蒋介石说：张作霖有雄才无大略，蒋介石有大略无雄才。这一评价是入木三分的。道光、咸丰、慈禧、袁世凯、蒋介石，都是没有雄才大略的人。中华民族，眼看着，毫无希望了。

东方红，太阳升，中国出了个毛泽东。毛泽东有大略，掌握了人类社会、亚洲社会、中国社会发展的大趋势。毛泽东更有雄才，首先，1935 年遵义会议后，在危难之中，挽救了红军、挽救了党、挽救了中国革命。后来在党内沉着应对了张国焘、王明、林彪等人的挑战。第二，明断自天启，大略驾雄才，从 1927 年起兵到 1949 年，奋战 22 年，最后全部消灭了中国内地所有其他武装力量，彻底统一了中国内地。仅解放战争就消灭蒋介石 800 万军队。第三，抗美援朝，一战扭转百年国耻，使中国人在世界上重新站立起来。三年半基本建成现代工业体系，坦克、飞机、大炮自给。随即开始并在大约十年时间里搞出两弹一星。抗美援越，三线建设，联合反霸，最终形成美苏中“大三角”。没有毛主席，中国人民可能今天还在黑暗中苦斗。毛泽东这个杰出人物的出现，这个历史的偶然，改变了中国社会、亚洲社会、人类社会的走向。虽然有“大跃进”、“文革”的失误，但瑕不掩瑜。毛主席的丰功伟绩，与山河同在，与日月齐辉。

四、今日中国呼唤杰出人物

对杰出人物的巨大作用，毛泽东在理论上有重大的突破。前苏联认为，物质决定意识，意识对物质有反作用，但没有决定作用。毛泽东认为，意识不仅有反作用，在历史的关键时刻，有时候，意识也能起决定作用。对中国历史上的杰出人物，毛泽东有一个著名的论断：

北国风光，千里冰封，万里雪飘。
望长城内外，惟余莽莽；大河上下，顿失滔滔。
山舞银蛇，原驰蜡象，欲与天公试比高。
须晴日，看红装素裹，分外妖娆。

江山如此多娇，引无数英雄竞折腰。
惜秦皇汉武，略输文采；唐宗宋祖，稍逊风骚。
一代天骄，成吉思汗，只识弯弓射大雕。
俱往矣，数风流人物，还看今朝。

今日中国，要尽快转变经济发展模式，自主创新，建立世界经济强国；要尽快改革现行户口制度，建立和谐社会；要尽快实施官员财产申报和党员遗产限额，加强民主法制，建立世界政治强国。完成这些伟大事业需要有雄才大略的杰出人物。今日中国正在呼唤杰出人物。

本章小结

1. 人是社会动物，人是社会环境的产物。社会化就是把自然人转变为社会人的过程。社会化要培养个性的全面发展、多样发展。

2. 水能载舟，亦能覆舟，人民，只有人民，才是创造世界历史的动力。

3. 杰出个人出现与否是历史偶然性的集中表现。

4. 当今中国呼唤杰出人物。

名词解释

社会化： 社会化是家庭、学校、社会把一个自然人转变为社会人的过程。社会化的结果，可能是顶天立地的英雄，也可能是卑鄙无耻的小人。

中文推荐阅读

1. 张分田：《秦始皇传》，人民出版社，2009 年。

2. 杨生民：《汉武帝传》，人民出版社，2005 年。

3. 张作棚：《曹操传》，人民出版社，2008 年。

4. 赵克尧、许道勋：《唐太宗传》，人民出版社，2002 年。

5. ［美］杰克·威泽弗德：《成吉思汗与今日世界之形成》，重庆出版社，2009 年。

6. 朱耀廷：《成吉思汗传》，人民出版社，2007 年。

7. 蒋兆成、王日根：《康熙传》，人民出版社，2005 年。

8. 中央文献研究室：《毛泽东年谱（1893—1949）》（上、中、下卷），人民出版社，1993 年。

9. 金冲及：《毛泽东传 1893—1949》，中央文献出版社，2004 年。

10. 逢先知、金冲及：《毛泽东传 1949—1976》（上、下卷），中央文献出版社，2003 年。

11. ［英］菲力普·肖特：《毛泽东传》，中国青年出版社，2010 年。

12. 叶永烈：《历史选择了毛泽东》，广西人民出版社，2005 年。

13. 叶永烈：《毛泽东与蒋介石》，广西人民出版社，2005 年。

14. 中央文献研究室：《周恩来年谱 1898—1949》，中央文献出版社，1998 年。

15. 中央文献研究室：《周恩来年谱 1949—1976》（上、中、下卷），中央文献出版社，1997 年。

16. 金冲及：《周恩来传》（上、下卷），中央文献出版社，2008 年。

17. 中央文献研究室：《邓小平年谱 1975—1997》（上、下卷），中央文献出版社，2007 年。

18. ［古希腊］阿里安：《亚历山大远征记》，商务印书馆，2003 年。
19. ［俄］瓦利舍夫斯基：《亚历山大》，京华出版社，2010 年。
20. ［古罗马］恺撒：《高卢战记》，商务印书馆，2009 年。
21. ［古罗马］恺撒：《内战记》，商务印书馆，1986 年。
22. ［美］詹姆斯·费鲁德：《凯撒大帝》，京华出版社，2010 年。
23. ［美］苏珊·罗纳德：《海盗女王——伊丽莎白一世和大英帝国的崛起》，中信出版社，2009 年。
24. 夏继果：《伊丽莎白一世时期英国外交政策研究》，商务印书馆，1999 年。
25. ［俄］尼·伊·帕甫连科：《彼得大帝》，国际文化出版公司，2009 年。
26. 拿破仑：《拿破仑文选》，商务印书馆，1991 年。
27. ［法］乔治·勒费弗尔：《拿破仑时代》（上、下卷），商务印书馆，1997 年。
28. ［德］艾密尔·鲁特维克：《拿破仑》，国际文化出版公司，2008 年。
29. ［美］威尔·杜兰、艾丽尔·杜兰：《拿破仑时代》，东方出版社，2003 年。
30. ［美］本杰明·托马斯：《林肯传》，商务印书馆，2009 年。
31. ［德］艾密尔·鲁特维克：《林肯》，国际文化出版公司，2009 年。
32. 林怀秋等：《明治天皇》，辽海出版社，1998 年。
33. 王日根：《光绪皇帝 VS 明治天皇》，新星出版社，2006 年。
34. ［英］艾伦·帕麦尔：《俾斯麦传》，商务印书馆，1982 年。
35. ［德］艾密尔·鲁特维克：《俾斯麦》，国际文化出版公司，2009 年。
36. 俾斯麦：《思考与回忆——俾斯麦回忆录》，东方出版社，2007 年。
37. 刘彦章等：《斯大林年谱》，人民出版社，2003 年。
38. ［英］伊恩·格雷：《斯大林》，新华出版社，1981 年。
39. ［俄］叶梅利亚诺夫：《斯大林：未经修改的档案——通向权力之路》，译林出版社，2006 年。
40. ［俄］叶梅利亚诺夫：《斯大林：未经修改的档案——在权力的顶峰》，译林出版社，2006 年。
41. ［俄］弗拉基米尔·卡尔波夫：《大元帅斯大林》，社会科学文献出版社，2005 年。
42. ［美］詹姆斯·麦格雷戈·伯恩斯：《罗斯福》，国际文化出版公司，2008 年。
43. 罗斯福：《罗斯福选集》，商务印书馆，1982 年。
44. 黎澍：《马克思恩格斯列宁斯大林论功史科学》，人民出版社，1980 年。
45. 黎澍：《马克思恩格斯列宁斯大林论历史人物评价问题》，人民出版社，1981 年。
46. 黎澍：《历史文化》，重庆出版社，2001 年。

思考题

1. 为什么说人是社会动物？

2. 什么是民族性？“性格决定命运”是什么意思？
3. 人民群众的伟大作用是什么？
4. 伟大领袖（杰出个人）的社会作用是什么？
5. 为什么说杰出人物出现与否是历史偶然性的集中表现？
6. 为什么说当今中国呼唤杰出人物？

第三编
社会体制

中国要真正重回世界第一，就必须是一个能够自主创新的世界经济强国。1949年新中国建立后，经过60年艰苦卓绝的奋斗，中国取得了辉煌的成就，站在了赶超美国的起跑线上。但也存在许多问题，如贫富差距过大、环境污染严重、社会保障不足、腐败问题，等等。但今天中国和美、日、欧相比最落后的地方，就是自主创新能力差。

第八章　经济社会学

经济社会学与经济学不同。经济学主要研究给定经济体制下的经济运行，而经济社会学主要讨论经济体制和经济模式，把经济作为一个社会体制，作为社会整体的一个部分来讨论。周长城、朱国宏、桂勇、张其仔等著有经济社会学著作。

第一节　经济社会学理论

一、对中外经济体制的历史比较研究

对中国经济体制进行历史研究，是中国经济社会学的重要部分。经济日报出版社出版的九卷本《中国经济通史》，孙健的三卷本《中国经济通史》，麦迪森的《世界经济千年史》与《中国经济的长期表现（公元960—2030年）》等有关著作，为中国经济社会学提供了起步的基础。秦汉之后，中国经济总值基本上保持世界第一，长达两千年，直到1865年前后，英国经济总值才超过中国。新中国六十年，一扫百年国耻，超日赶美。2010年经济总值超过日本，世界第二。不久的将来可能超过美国，重回世界第一。这些辉煌成就，必然有经济体制方面的理论原因。找出这些理论原因，是中国经济社会学的重要任务。

对中国经济体制进行比较研究，对照当今世界主要强国的经济体制，找出中国经济体制和发展模式的不足之处，找到改革的政策与战略，是中国经济社会学的核心部分。左大培、裴小革的《世界市场经济概论》，把当今世界主要经济体制分为六种，并着重分析了美国、法国、新加坡、瑞典、日本、南斯拉夫、韩国、德国的经济体制。左大培这本书是中国经济社会学的一个成就。

二、市场对经济的稳定与持续增长的自发调节

物价和工资自发调节人力、物力、财力、生产、分配、交换、消费以及进口、出口等。商品生产者和经营者的经济活动都是在价值规律的自发调节下追求自身的利益，根据价格的涨落决定自己的生产和经营活动。价值规律自发调节生产资料和劳动在各部门的分配，对资源合理配置起积极的促进作用。哪里工资高，民工就去哪里打工。如果卖粮难，有些土地就会荒芜。如果粮价、肉价、蔬菜价格涨了，产量就会增加。房价如果涨得快，更多资金就会加入炒房。这就是市场对人力、物力、财力的自发调节。

三、市场调节的局限性

不可以迷信市场。2008 年发生的美日欧金融危机、经济危机再一次说明这一点。市场有与生俱来的缺陷，市场调节的局限主要在于：

第一，通过市场调节，从总需求同总供给的不适应，到商品价格的升降，到企业和个人按照变动后的价格来调整供求，再到总需求同总供给相适应，将是一个很长的过程。在这一过程中，总需求和总供给的不适应可能会给国民经济造成较大的损失。

第二，在市场调节过程中，即使总需求同总供给的不适应引起了商品价格的升降，但由于商品价格之间是相互联系的，一些商品价格的升降会在商品价格之间引起连锁反应，而连锁变动的商品价格究竟会在何种程度上对商品的供给和需求进行调整，进而使总需求会在何种程度上同总供给相适应，则是不确定的。特别是把价格变动及其效应的产生当作一个连锁的过程来看，这种不确定性将更加显著。这是市场自行调节的又一个局限性。

第三，如果让市场自行调节，供给由于受到资源供给条件的约束，供给不足的商品不可能完全按照供求比例的变化而自行升降其价格，从而也就不能通过价格的自行升降来协调需求和供给之间的关系。

第四，在实际生活中，经济信息系统并不健全，与社会商品生产和经营有关的各方在市场上并不能及时得到自己所需的信息。在市场调节过程中，从价格的升降到供求的调整，实际上都只可能在信息不完整的情况下进行。因此，在实际生活中，市场调节作用的发挥不能不受到较大的限制。

第五，市场调节的结果即使可以使供求趋于平衡，但不一定符合社会和经济发展目标。特别是就社会的协调发展来说，市场调节的局限性是明显的，市场不可能自行使社会在收入分配方面、社会生活质量的提高方面、地区的发展方面达到相互协调的境地。

第六，市场调节中的趋利性使得一些公益性产业得不到应有的发展。在这种情况下，政府调控方能体现良好的作用，例如对于基础教育、公共卫生、环境保护、基础设施等产业予以扶持。只有这样才会避免经济发展的不稳定性并切实提高人民的生活质量。

正因为市场调节有上述各种局限性，因此在经济运行过程中，政府调节是必要的。政府调节首要的任务是确定社会和经济发展目标。

四、政府调节的范围

世界银行在 1997 年世界发展报告中，列出一个政府的最低职能、中级职能、积极职能。最低职能包括提供公共物品和保护穷人。公共物品包括国防、法制、产权管理、宏观经济管理、公共健康。保护穷人包括反贫困和灾难救助。中级职能包括教育、环保，水、电、煤气、电话的供应，反垄断，保护银行存款的安全，提供退休、贫困救济、失业的社会保障。积极职能包括培育市场、培育产业、财产再分配。

高柏认为，在积极职能方向，中国政府在培育市场和产业集群等方面所做的努力远远超过许多国家，这是中国经济发展成功的重要原因之一。在中级职能和低级职能方面，在20世纪90年代的改革过程中，政府全面撤退，把责任转嫁给个人，导致中国高储蓄与低消费并存。进入21世纪之后，中国政府开始加强中级职能和低级职能。

五、当今中国经济体制和经济模式存在的问题

改革开放三十年来，中国经济腾飞，经济总值超日赶美。但三十年来中国的经济体制和经济模式，在有些方面已经难以为继，有些方面可能从一开始就不妥当。具体表现为：一是资源环境约束强化。二是投资和消费关系失衡。三是收入分配差距过大。四是科技创新能力不强。五是产业结构不合理。六是城乡区域发展不协调。

突出的结构性矛盾导致现有体制和模式难以为继，表现在七个方面：一是产能过剩矛盾突出。二是能源资源和环境问题突出，可持续发展压力增大。三是关键环节核心技术的缺失使得中国一些行业发展基础薄弱。四是贸易条件不断恶化，贸易摩擦增加。五是产业组织结构无序，宏观资源配置效率低。六是居民收入和消费需求增长缓慢。七是制约了服务业尤其是生产性服务业的发展。①

第二节　全面自主创新　建立世界经济强国

中国要真正重回世界第一，就必须是一个能够自主创新的世界经济强国。1949年新中国建立后，经过60年艰苦卓绝的奋斗，中国取得了辉煌的成就，站在了赶超美国的起跑线上。但也存在许多问题，如贫富差距过大、环境污染严重、社会保障不足、腐败问题，等等。但今天中国和美、日、欧相比最落后的地方，就是自主创新能力差。

表8-1　新中国经济六十年概况

年份	国民总收入（单位：亿元）	国内生产总值（单位：亿元）	第一产业生产总值（单位：亿元）	第二产业生产总值（单位：亿元）	第三产业生产总值（单位：亿元）	人均国内生产总值（单位：元/人）
1952	679.0	679.0	346.0	141.8	191.2	119
1979	4 062.6	4 062.6	1 270.2	1 913.5	878.9	419
1985	9 040.7	9 016.0	2 564.4	3 866.6	2 585.0	858
1990	18 718.3	18 667.8	5 062.0	7 717.4	5 888.4	1 644
1995	59 810.5	60 793.7	12 135.8	28 679.5	19 978.5	5 046

① 国家发改委课题：《“十二五”时期我国产业结构调整和战略与对策研究》，《经济研究参考》，2010年第43期。

（续上表）

年份	国民总收入（单位：亿元）	国内生产总值（单位：亿元）	第一产业生产总值（单位：亿元）	第二产业生产总值（单位：亿元）	第三产业生产总值（单位：亿元）	人均国内生产总值（单位：元/人）
2000	98 000.5	99 214.6	14 944.7	45 555.9	38 714.0	7 858
2005	184 088.6	183 217.4	22 420.0	87 364.6	73 432.9	14 053
2008	302 853.4	300 670.0	34 000.0	146 183.4	120 486.6	22 698

资料来源：《新中国六十年统计资料汇编》，第9页。

外国人有的，中国人要有，外国人没有的，中国人也要有。中国一定要有自己的装备制造业，要有自己的计算机硬件、软件，要自己建北斗系统，自己造大客机，自己造航空母舰，自己造品牌汽车，自己造品牌药品，自己造品牌手机，自己造高速列车，自己造核电站，自己造海上钻井平台，自己搞环保技术。要有100个世界500强企业，要有20所世界100强大学。要有先进的国防工业，要有自己的太空武器体系，要自己造第五代战机，要自己造先进潜艇，要自己造中国的太平洋舰队、印度洋舰队、大西洋舰队，要自己造航天飞机。做不到这些，就不能在实质上赶上美国。所有这些，都要靠自主创新。

搞不成自主创新，从长远讲，经济、军事、政治、外交、文化、教育等都将受制于人。搞不成自主创新，经济就不能转型，就会继续做世界加工厂，不仅中国品牌不能进入世界市场，中国市场还会被更多的外国品牌所占领，水污染将更严重，国家将更缺水、更缺土地、更缺电，空气质量会更坏，蓝领会更多，白领相对就更少，贫富差距也会更大。

搞不成自主创新，不仅国内市场拱手相送，人才也会跑光。1949年建国时，美国有6 000多中国留学生，多数人与国民党有关系，与共产党无关。新中国成立后不久，4 000多人回祖国服务，多数成为各行各业的领军人物。现在，十个留美博士，九个不回国。十多年来，在美国，笔者身边环绕的大多是中国名校毕业生。北大、清华、中科大，整班出国的情况，屡见不鲜。任务带学科，这是“两弹一星”留给我们的重要经验。全力以赴在所有领域和行业自主创新、赶超世界先进水平，所有领域和所有行业都会人才辈出，科学和教育自然就会有大的发展。

中国现在有足够的钱、足够的人才进行全面自主创新，完全可以为所当为。今后能不能搞成自主创新，不在于资金不足，也不在于人才不足。从1949年到90年代初期，由于资金缺乏、人才缺乏，中国在自主创新方面，一直不得不有所为、有所不为。现在完全不同了。银行存款余额60多万亿人民币，国内生产总值30多万亿人民币，政府财政收入6万多亿人民币，外汇储备2万多亿美元。中国虽然大专以上文化人口还不到总人口的6%，但现在研究生、本科生、大专生的就业都成了问题。本来，在中国这个发展阶段，在所有行业和领域都需要赶超世界先进水平，百业待兴，钱根本就不够用，需要借钱，人才根本就不够用，需要引进人才，怎么会钱和人才都“多”得成了灾？就是因为不搞全面自主创新。

搞不成自主创新，不在于没有钱、没有人，在于没有一口气。“两弹一星”、核潜艇、洲际导弹、成昆铁路，都是在很困难的形势下搞出来的。造大飞机，二十年前中国自己停了。计算机软件、硬件的高端研发，当年中国自己停了。京沪高速铁路，是中国自己不造。一汽、二汽、上汽的轿车，都是自己丢了中国品牌，合资做了别人的加工厂。奇瑞、吉利能做的事，一汽、二汽、上汽谁不能做？各行各业、各个领域，都要有中国自己的品牌，都要用中国品牌争夺中国市场并在世界市场占有一席之地。市场占有率只有百分之百，你多百分之一，别人就少百分之一。世界500强企业，中国多一个，外国就少一个。世界100强大学，中国多一个，别人就少一个。这里不可能有双赢、多赢。狭路相逢勇者胜。没有别的出路，只能亮剑。世界经济强国，都是这么拼出来的。敢拼才有可能赢，不拼根本没出路。

如果一切向钱看，自主创新不容易搞，因为自主创新的企业、行业、地区、领域、学科并不见得多赚钱。现在，就轿车而言，奇瑞、吉利并不比一汽、二汽、上汽赚的钱多。自主创新，有利于国家和民族的长远利益，但搞自主创新的企业、行业、地区、领域、学科，在短期、中期并不见得能赚钱，说不定要赔钱，说不定要赔大钱，要付出巨大的代价，要有巨大的牺牲。国家要在法律、制度、政策等方面，鼓励非国有部门自主创新。但在中国现行体制下，更要强制国有部门自主创新，更要依靠政府牵头组织国有、民营“两条腿”自主创新。搞自主创新，争夺中国市场、打入世界市场，不能算短期的经济账。几十年来，日本汽车在美国一直比在日本卖得便宜。十几年来，我亲眼看到，韩国汽车赔本赚吆喝，硬是打进了美国市场。在自主创新方面，要坚决反对一切向钱看，要一切向中国品牌看，要一切向市场份额看。为了国家和民族的长远利益，即使暂时赔钱，也要创中国品牌，也要争夺中国市场，也要打入国际市场。关系国计民生的重大产品，如果中短期内非赔不可，国家要垫钱。当然，中短期可以垫钱，但不能长期垫钱，就长远讲，最终至少要不赔钱。

政府要带头支持民族工商业。比如汽车，国有集团购买力，必须买国产汽车。党、政、军、公、检、法、工、青、妇等国有企事业单位，所有国有集团购买力，都应该买国产汽车。不是买合资车，是买真正的中国品牌车。如果中国的高级军官都坐美日欧汽车，那他们还为谁而战？周总理的手表都是国产的，要恢复这个传统。各级领导干部，其座车、服装、手表、日用品都应该是中国品牌。应该把这个作为考核、任用、提拔干部的硬指标。在美国，坐外国车，就不要选了。韩国官员如果坐日本车，韩国汽车工业哪有今天？这首先是有没有一口气的问题。如果中国政府的集团购买力都不带头支持中国民族工商业，那中国品牌还有什么希望？

不搞自主创新，从长远讲，政治上也不能长期稳定。中国现在这个政治体制，有利于统一祖国、抵抗列强入侵；有利于应付洪水、地震、“非典”这一类的大型突发事件；在目前这个发展阶段，特别有利于全面自主创新。全面赶超就是要和世界500强企业拼杀，就是要和世界军火巨头拼杀，就是要和世界100强大学拼杀，就是要和好莱坞拼杀，就是要和CNN、《纽约时报》、《欧洲金融时报》拼杀。就像长期的革命战争年代能杀出40多岁的元帅、30多岁的兵团司令、20多岁的军长和师长，杀出一代英雄豪杰一样，全面自主创新，在所有领域全面赶超世界先进水平，必然使出类拔萃的各级各类领导干部不断涌现。如果不搞自主创新，不赶超世界先进水平，对内对外均无激烈竞争，久而久之，明白人、能人就上不来，坏人、庸人就下不去。只有全面自主创新、全面赶超世界先进水平，才能保证执政党人才辈出。

全面自主创新能产生巨大的民族凝聚力。现在，个人之间、单位之间、企业之间、地区之间、行业之间，为了钱，为了权，为了利，有的时候交相争夺。竞争在某些时间和空间是必要的，但中华民族团结起来自主创新、赶超世界先进水平，同等重要。为了国家和民族的自主创新，为了中国品牌能够争夺中国市场、走向世界市场，为了中国在各行各业、各个领域赶超世界先进水平，必然要求上下团结，必然要求个人、单位、企业、地区、行业之间，抛弃恩怨，同心协力。大家都是中国人，是有共同利益的，心往一处想，劲儿往一处使。不搞全面自主创新、全面赶超，就没有这种凝聚力，就容易窝里斗，就容易成一盘散沙。

中华民族要有浩然正气。现在，有钱人、有权人、名人广受推崇，这是正常的，但不全面、不协调。受推崇的，更应该是中华民族在各行各业、各个领域自主创新、赶超世界先进水平的奋斗者和领导者。只有这样，社会风气、民心士气才能端正。当今中国经济体制和经济模式在哪些方面阻碍自主创新、亟待改革，是当今中国经济社会学研究的当务之急。

第三节　敢打国际货币战争　建立世界金融强国

中国金融体制改革的战略大目标究竟是什么？就是要把中国建设成为世界金融强国，就是要把人民币建设成为和美元、欧元、日元相鼎立的世界大货币，就是要争夺世界印钞机的印钞权。中国建立世界金融强国，的确到了加速推进的时候了。

最近几年，建立世界金融强国、把人民币建立成为世界大货币的大战略，没有向前大步推进。原因是遇到了一些枝节问题的干扰。这些枝节问题，都很棘手。比如热钱问题，人民币升值问题，沿海劳动密集型出口加工工业问题，外汇储备迅速增加的问题，拿着外汇储备买不到外国企业的问题，贸易顺差迅速扩大的问题，国内银行贷款质量、服务质量的问题，等等，都很棘手。

要奋斗，就会有牺牲。在建立金融大国、向全球推广人民币的过程中，不可能所有个人、单位、企业、地区、行业在所有时候都得利。应该努力把损失降到最低，但不可能没有损失、没有牺牲。中国的油、气、电、水、煤、土地的价格，都远远低于国际价格，再加上便宜的劳动力，使中国成了世界加工厂。中国出口1美元的货物，有时只赚到几美分加工费。研发、销售两头在外，使中国老是处于世界产业链的低端，在科技上和发达国家的差距拉大了，还丢了很大一块国内市场。更不用说，在资源、环境、劳工利益方面的损失。沿海有些中小型低科技劳动密集型出口加工企业，利润微薄，人民币一升值，就很难维持。这种现状，一方面，强迫中国资方为了生存自主创新、自创品牌，从低科技劳动密集型向高科技资本密集型过渡；另一方面，为中国自主创新节省和提供了更多的油、气、电、水、煤、土地、资金、劳动力。目前中国城市社会保障制度日益完善，农村实际生活水平稳中有升，外贸顺差过大，外汇底存过多，在这种形势下，沿海一些中小型低科技劳动密集型出口加工企业退出市场，不仅是中国社会经济完全可以承受的，而且是有利有弊，就长远来讲是利大于弊的。

外贸顺差大，本来是好事情。只是，顺差拿到手上不花，外汇越积越多，拿在手上不断贬值，好事就变成了坏事。只要敢把顺差花掉，花到对国计民生有用的事情上，外贸顺差就不是坏事，就是好事，越多越好。外贸顺差这么多，正是自由兑换人民币的好时机。

人民币不能自由兑换，不是世界货币，在很大程度上直接降低了中国的综合国力。人民币现在的汇率币值不得不比实际价值低，一个很重要的原因就是人民币不能自由兑换，不是世界货币，这直接降低了中国在世界上的相对国内生产总值，直接降低了中国的国际地位。美国的世界霸权，是经济霸权、军事霸权、美元霸权的三位一体。1949年之后，中国在经济上、军事上都是世界的一极。现在，建立在中国经济实力、军事实力之上的人民币，在世界上地位坚挺、前景上扬，中国建立世界金融强国的条件业已成熟。

中国要在全世界自由兑换人民币，要把人民币建成和美元、欧元、日元并驾齐驱的世界大货币，要鼓励周边国家和地区使用人民币，要在全世界推介人民币，要鼓励中外双边贸易和国际贸易用人民币结算，要鼓励外国像用美元、欧元、日元一样用人民币做外汇底存，要鼓励美、日、欧国家和股民持有中国国库券和人民币债券、股票。只要这样，中国的经济力量、军事力量就直接变成了中国的金融力量，中国的社会经济就不会再任由美元升贬摆布，中国就部分拿到了“国际印钞机”的印钞权，中国就可以向全世界发行中国国库券和人民币股票、债券，中国社会经济自然就更紧密、更直接地影响世界经济、世界金融，中国就可以用人民币的升、贬值影响世界。上面提到的那些枝节问题，多数都会自然消亡。作为金融强国，中国的金融力量和经济力量、军事力量相结合，中国的综合国力就会上一个大的台阶。自由兑换人民币，进而建立世界金融强国，要加快推进。当今中国金融体制在哪些方面阻碍人民币国际化、阻碍中国成为世界金融强国，亟待改革，是当今中国经济社会学的重要课题。

本章小结

1. 从秦始皇到1840年，从1949年至今，中国有辉煌的经济成就，在经济体制上有很多值得总结的精华。

2. 社会主义市场经济是人类社会的必由之路。市场调节起着基础性的作用；政府调节做市场做不了的事，起到同样重要的作用，或者比市场调节更重要的作用。

3. 能否建立自主创新的经济体制，在于最高决策集团能否制定正确的大战略，最高决策集团能否根据正确的大战略确立正确的路线方针政策，能否制定正确的法律法规来执行大战略。只有经济体制作相应的改革，作相应的创新，才有可能转变经济发展模式。

4. 中国现行金融体制无论在国际金融方面还是在国内金融方面都存在很大的缺陷，都需要大力改进。国际金融体制改革，人民币可自由兑换，建立世界金融强国，条件早已成熟，要快速推进。

5. 中国的税收制度是目前世界上最公平的税收制度之一，农民不交税，工人由于最低工资很低，税收起征的最低工资线很低，很多人也不交税。但是一些纳税人有相当一部分收入是“灰色收入”，不计入正常收入。“灰色经济”和“灰色收入”，是造成贫富悬殊的一个重要原因。

名词解释

经济社会学：斯梅尔瑟和斯威德伯格认为，经济社会学就是将社会学的参考框架、变量和解释模型应用于分析关于稀缺物品和服务的生产、分配、交换及消费活动这样复杂的现象。

中文推荐阅读

相关文献

1. 周长城：《现代经济社会学》（研究生教材），武汉大学出版社，2003 年。

2. 周长城：《经济社会学》，中国人民大学出版社，2003 年。

3. 左大培、裴小革：《世界市场经济概论》，中国社会科学出版社，2009 年。

4. 朱国宏、桂勇：《经济社会学导论》，复旦大学出版社，2005 年。

5. 张其仔：《新经济社会学》，中国社会科学出版社，2001 年。

6. ［瑞典］理查德·斯威德伯格：《经济社会学原理》，中国人民大学出版社，2008 年。

7. ［美］斯梅尔塞、［瑞典］思威德伯格：《经济社会学手册》，华夏出版社，2009 年。

8. ［美］弗雷格斯坦：《市场的结构：21 世纪资本主义社会的经济社会学》，上海人民出版社，2008 年。

9. 《中国经济通史》（九卷本），经济日报出版社，2000 年。

10. 孙健：《中国经济通史》（三卷本），中国人民大学出版社，2000 年。

11. ［美］卡梅伦、尼尔：《世界经济简史——从旧石器时代到 20 世纪末》，上海译文出版社，2009 年。

12. ［英］安格斯·麦迪森：《世界经济千年史》，北京大学出版社，2003 年。

13. ［英］安格斯·麦迪森：《中国经济的长期表现（公元 960—2030 年）》（第二版），上海人民出版社，2008 年。

14. ［美］道宾：《经济社会学》，上海人民出版社，2008 年。

15. ［美］纪廉：《新经济社会学》，社会科学文献出版社，2006 年。

16. ［美］夏普：《社会问题经济学》（第十八版），中国人民大学出版社，2009 年。

17. 高和荣：《现代西方经济社会学理论述评》，社会科学文献出版社，2006 年。
18. 刘国光：《中国十个五年计划研究报告》，人民出版社，2006 年。
19. 胡鞍钢：《中国大战略》，浙江人民出版社，2003 年。
20. 宋鸿兵：《货币战争》，中信出版社，2007 年。
21. 廖子光：《金融战争》，中央编译出版社，2008 年。
22. 曾鸣：《龙行天下——中国制造业未来十年新格局》，机械工业出版社，2008 年。

相关网站

1. 中国国家发展和改革委员会　http：//www. sdpc. gov. cn/
2. 中国经济网　http：//www. ce. cn/
3. 中国经济信息网　http：//www. cei. gov. cn/

英文推荐阅读

Naughton, Barry. 2007. *The Chinese Economy: Transitions and Growth.* The MIT Press.

Maddison, Angus. 2007. *Chinese Economic Performance in the Long Run.* OECD.

Guo Rongxing. 2010. *An Introduction to the Chinese Economy.* Wiley.

Hamilton, Gary. 2004. *Commerce and Capitalism in Chinese Societies.* Routledge.

Fishman, Ted C. 2005. *China, Inc.: How the Rise of the Next Superpower Challenges America and the World.* Scribner.

Shenkar, Oded. 2005. *The Chinese Century: The Rising Chinese Economy and Its Impact on the Global Economy, the Balance of Power, and Your Job.* Wharton.

Nolan, Peter. 2004. *China at the Crossroads.* Polity Press.

Huang Yasheng. 2008. *Capitalism with Chinese Characteristics: Entrepreneurship and the State.* Cambridge University Press.

Chai, Joseph C. H. (ed.). 2000. *The Economic Development of Modern China.* Edward Elgar.

Volume Ⅰ: *Prewar Economic Development.*

Volume Ⅱ: *Socialist Modernization, 1949 – 1978.*

Volume Ⅲ: *Reform and Opening up since 1979*

Rostow, W. W. 1991 (1959). *The Stages of Economic Growth.* (3rd ed.). Cambridge University Press.

Origin

Wagner, Donald B. 2001. *The State and the Iron Industry in Han China.* Nordic Institute of Asian Studies Publishing.

Zhang Shuguang. 2001. *Economic Cold War: America's Embargo against China and the*

Sino-Soviet Alliance, 1949 – 1963. Stanford University Press.

General

Feigenbaum, Evan A. 2003. *China's Techno-Warriors: National Security and Strategic Competition from the Nuclear to the Information Age.* Stanford University Press.

Whiting, Susan H. 2001. *Power and Wealth in Rural China: The Political Economy of Institutional Change.* Cambridge University Press.

Oi, Jean C. 1999. *Rural China Takes Off: Institutional Foundations of Economic Reform.* University of California Press.

Tong Daochi. 2002. *The Heart of Economic Reform: China's Banking Reform and State Enterprise Restructuring.* Ashgate.

Ling, Nah Seok and John Wang. 2000. *China's Emerging New Economy: Growth of the Internet and Electronic Commerce.* World Scientific.

Walter, Carl E. and Fraser J. T. Howie. 2003. *Privatizing China: The Stock Market and Their Role in Corporate Reform.*

Spatial Economy

Wei Yehua. 2000. *Regional Development in China: States, Globalization, and Inequality.* Routledge.

Wang Shaoguang and Hu Angang. 1999. *The Political Economy of Uneven Development: The Case of China.* M. E. Sharpe.

Yeung, Godfrey. 2001. *Foreign Investments and Socio-Economic Development in China: The Case of Dongguan.* Palgrave.

Economic Globalization

Wood, Franses. 2008. *The Silk Road.* University of California Press.

Huang Yasheng. 2003. *Selling China: Foreign Direct Investment during the Reform Era.* Cambridge University Press.

Fu Jun. 2000. *Institutions and Investments: Foreign Direct Investment in China during an Era of Reforms.* University of Michigan Press.

Zhang Xiaoguang. 2000. *China's Trade Patterns and International Comparative Advantage.* St. Martin's Press.

Woetzel, Jonahan R. 2003. *Capitalist China: Strategies for a Revolutionized Economy.* John Wiley & Sons.

Bhalla, A. S. and S. Qiu. 2003. *Employment Impact of China's World Trade Organization.* Routledge.

思考题

1. 中国经济领先世界两千年，那时中国经济体制有什么优越性？
2. 1949—1979 年，中国经济体制有什么优越性和不足之处？
3. 改革开放以后，中国经济体制有什么优越性和不足之处？
4. 市场调节的作用是什么？
5. 政府调节的作用是什么？
6. 中国现行经济体制有哪些因素阻碍建立自主创新的发展模式？
7. 中国现行金融体制有哪些因素阻碍人民币国际化、阻碍中国成为世界金融强国？

第九章　政治社会学

与政治学主要研究给定政治体制下的政治运行不同，政治社会学主要研究政治体制。政治社会学不是孤立地研究政治体制，而是把政治体制作为社会整体的一个部分来研究。中国政治社会学主要研究中国政治体制的变化发展和未来走向。本章简要讨论中国古代、国家统一阶段、工业化过程中、工业社会和后工业社会的政治体制，简要讨论共产党今天在中国执政是历史和人民的选择、中国民主化的道路、如何反腐防腐等问题。毛寿龙、王威海、梁丽萍、夏玉珍、江立华等分别著有政治社会学相关著作。

第一节　中国政治体制的发展

人类社会的政治体制是怎么发展过来的，来龙去脉是什么，看美、日、英、法、德、俄、意，看不清楚，因为他们的历史太短了。看中国，反倒一目了然，因为中国历史长。中国先于欧洲近两千年消灭了封建社会，建立了民族国家。毛泽东去世前三年，再一次认真思考了中国政治体制发展的历史，肯定了柳宗元《封建论》的看法。毛泽东的原文和柳宗元的原文如下。

七律　读《封建论》呈郭老[①]

毛泽东

1973 年 8 月 5 日

劝君少骂秦始皇，焚坑事业要商量。
祖龙魂死秦犹在，孔学名高实秕糠。
百代都行秦政法，十批不是好文章。
熟读唐人封建论，莫从子厚返文王。

封建论

柳宗元

天地果无初乎？吾不得而知之也。生人果有初乎？吾不得而知之也。然则孰为近？曰：有初为近。孰明之？由封建而明之也。彼封建者，更古圣王尧、舜、禹、汤、文、

---

① 《建国以来毛泽东文稿》，人民出版社，第 13 卷，第 361 页。

武而莫能去之。盖非不欲去之也，势不可也。势之来，其生人之初乎？不初，无以有封建。封建，非圣人意也。

彼其初与万物皆生，草木榛榛，鹿豕狉狉，人不能搏噬，而且无毛羽，莫克自奉自卫。荀卿有言："必将假物以为用者也。"夫假物者必争，争而不已，必就其能断曲直者而听命焉。其智而明者，所伏必众，告之以直而不改，必痛之而后畏，由是君长刑政生焉。故近者聚而为群，群之分，其争必大，大而后有兵有德。又有大者，众群之长又就而听命焉，以安其属。于是有诸侯之列，则其争又有大者焉。德又大者，诸侯之列又就而听命焉，以安其封。于是有方伯、连帅之类，则其争又有大者焉。德又大者，方伯、连帅之类又就而听命焉，以安其人，然后天下会于一。是故有里胥而后有县大夫，有县大夫而后有诸侯，有诸侯而后有方伯、连帅，有方伯、连帅而后有天子。自天子至于里胥，其德在人者死，必求其嗣而奉之。故封建非圣人意也，势也。

夫尧、舜、禹、汤之事远矣，及有周而甚详。周有天下，裂土田而瓜分之，设五等，邦群后。布履星罗，四周于天下，轮运而辐集；合为朝觐会同，离为守臣扞城。然而降于夷王，害礼伤尊，下堂而迎觐者。历于宣王，挟中兴复古之德，雄南征北伐之威，卒不能定鲁侯之嗣。陵夷迄于幽、厉，王室东徙，而自列为诸侯。厥后问鼎之轻重者有之，射王中肩者有之，伐凡伯、诛苌弘者有之，天下乖戾，无君君之心。余以为周之丧久矣，徒建空名于公侯之上耳。得非诸侯之盛强，末大不掉之咎欤？遂判为十二，合为七国，威分于陪臣之邦，国殄于后封之秦，则周之败端，其在乎此矣。

秦有天下，裂都会而为之郡邑，废侯卫而为之守宰，据天下之雄图，都六合之上游，摄制四海，运于掌握之内，此其所以为得也。不数载而天下大坏，其有由矣：亟役万人，暴其威刑，竭其货贿，负锄梃谪戍之徒，圜视而合从，大呼而成群，时则有叛人而无叛吏，人怨于下而吏畏于上，天下相合，杀守劫令而并起。咎在人怨，非郡邑之制失也。

汉有天下，矫秦之枉，徇周之制，剖海内而立宗子，封功臣。数年之间，奔命扶伤之不暇，困平城，病流矢，陵迟不救者三代。后乃谋臣献画，而离削自守矣。然而封建之始，郡国居半，时则有叛国而无叛郡，秦制之得亦以明矣。继汉而帝者，虽百代可知也。

唐兴，制州邑，立守宰，此其所以为宜也。然犹桀猾时起，虐害方域者，失不在于州而在于兵，时则有叛将而无叛州。州县之设，固不可革也。

或者曰："封建者，必私其土，子其人，适其俗，修其理，施化易也。守宰者，苟其心，思迁其秩而已，何能理乎？"余又非之。

周之事迹，断可见矣：列侯骄盈，黩货事戎，大凡乱国多，理国寡，侯伯不得变其政，天子不得变其君，私土子人者，百不有一。失在于制，不在于政，周事然也。

秦之事迹，亦断可见矣：有理人之制，而不委郡邑，是矣。有理人之臣，而不使守宰，是矣。郡邑不得正其制，守宰不得行其理。酷刑苦役，而万人侧目。失在于政，不在于制，秦事然也。

汉兴，天子之政行于郡，不行于国，制其守宰，不制其侯王。侯王虽乱，不可变也，国人虽病，不可除也；及夫大逆不道，然后掩捕而迁之，勒兵而夷之耳。大逆未彰，奸利浚财，怙势作威，大刻于民者，无如之何，及夫郡邑，可谓理且安矣。何以言之？且汉知孟舒于田叔，得魏尚于冯唐，闻黄霸之明审，睹汲黯之简靖，拜之可也，复其位可也，卧而委之以辑一方可也。有罪得以黜，有能得以赏。朝拜而不道，夕斥之矣；夕受而不法，朝斥之矣。设使汉室尽城邑而侯王之，纵令其乱人，戚之而已。孟舒、魏尚之术莫得而施，黄霸、汲黯之化莫得而行；明谴而导之，拜受而退已违矣；下令而削之，缔交合从之谋周于同列，则相顾裂眦，勃然而起；幸而不起，则削其半，削其半，民犹瘁矣，曷若举而移之以全其人乎？汉事然也。

今国家尽制郡邑，连置守宰，其不可变也固矣。善制兵，谨择守，则理平矣。

或者又曰："夏、商、周、汉封建而延，秦郡邑而促。"尤非所谓知理者也。

魏之承汉也，封爵犹建；晋之承魏也，因循不革；而二姓陵替，不闻延祚。今矫而变之，垂二百祀，大业弥固，何系于诸侯哉？

或者又以为："殷、周，圣王也，而不革其制，固不当复议也。"是大不然。

夫殷、周之不革者，是不得已也。盖以诸侯归殷者三千焉，资以黜夏，汤不得而废；归周者八百焉，资以胜殷，武王不得而易。徇之以为安，仍之以为俗，汤、武之所不得已也。夫不得已，非公之大者也，私其力于己也，私其卫于子孙也。秦之所以革之者，其为制，公之大者也；其情，私也，私其一己之威也，私其尽臣畜于我也。然而公天下之端自秦始。

夫天下之道，理安斯得人者也。使贤者居上，不肖者居下，而后可以理安。今夫封建者，继世而理；继世而理者，上果贤乎，下果不肖乎？则生人之理乱未可知也。将欲利其社稷以一其人之视听，则又有世大夫世食禄邑，以尽其封略，圣贤生于其时，亦无以立于天下，封建者为之也。岂圣人之制使至于是乎？吾固曰：非圣人之意也，势也。①

李峰近年出版的《西周的政体》与《西周的灭亡》两本书，也佐证了柳宗元的上述分析是完全成立的。下面分别讨论中国古代政治体制、国家统一阶段的政治体制、工业化过程中的政治体制、工业社会与后工业社会的政治体制、中国共产党今天执政是历史和人民的选择、中国民主化的道路、官员财产申报与党员遗产限额。

一、中国古代政治体制

中国在全世界最先建立了统一的民族国家政治体制，成为全人类学习的典范。在先秦封建社会，政府官位由贵族世袭。公元前221年秦统一，始皇帝采纳法家的意见，实行郡县制。以行政法律规定了中央政府、郡政府、县政府的结构和功能。各级主官，从郡守到县令，都由中央政府任命。汉初，汉高祖刘邦向儒家妥协，一半土地郡县制，一半土地分封制。结果，正如法家预言，诸侯国越富有越强大，就越想独立于中央。汉朝

① 柳宗元：《柳河东集》，上海人民出版社，1974年，第43~48页。不习惯读古文的读者，可以在互联网上查阅《封建论》的现代汉语译文。

花了半个世纪，通过血腥的武力平叛，才荡平诸侯国，恢复郡县制。唐朝的政府结构变得更加正式和细致。在尚书令之下，中央政府设吏、户、礼、兵、刑、工六部。自唐代到1906年，这个六部制度在中国延续了1 300年。

从汉末至1911年，中国的“公务员制度”的构成有三个角度，如表9－1所示。第一，“公务员”划分为十八级。第二，“公务员”也可按政府级别划分，分属于中央政府、省政府、州政府、县政府。第三，“公务员”也可按文职、武官、专业技术人员来划分。表9－1显示了这三个角度如何构成一个完整的统一体。直到今天，中国的干部制度还是这样一个“三合一”的统一体。

1906年，当日本在1895年打败清政府、1905年打败俄国之后，清政府终于决心改革维持了1 300年的六部制度，加入七个新的部门，变成一个现代的政府结构。1906年，改革后的清朝中央政府结构如下：总理、副总理、副总理、副总理、外务大臣、外务部、民政部、度支部、陆军部、学部、法部、海军部、农工商部、理藩部、邮传部。

唐代以后，日本、朝鲜、越南和其他一些亚洲国家学习、采纳了中国的科举制度。“二战”以后，没有接受西方的强烈影响，这些国家和地区大都恢复和建立了全国统考（科举）。正如傅高义所指出的，精英政府和全国统考是日本和“亚洲四小龙”迅速工业化的两个重要的制度性因素。

西方也学习和照搬了中国的公务员制度和科举制度。《不列颠百科全书》（*Encyclopedia Britannica*）直截了当地指出：

> 中国的公务员制度（Chinese civil service）是传统中国政府的行政管理制度，其成员通过竞争性的考试选拔录用。中国的公务员制度造就了中华帝国2 000多年的稳定局面，并为中国社会提供了社会流动的主要渠道。后来，它成为其他亚洲和西方国家建立公务员制度时模仿的典范。（李毅译）

一本美国的中国研究经典著作指出：

> 虽然最早的西方大学口头考试可以追溯到“1219年之后的时期”，但是，根据《新英语辞典》，“考试”一词直到1612年才有了“笔试”的意思。与考试有关的词汇，例如“考卷”和“考题与答案”，直到19世纪才首次出现。多数研究者认为1702年标志着欧洲笔试制度的开始。1747年出现了数学学士学位；1802年出现了第一个为学士学位设立的真正的考试。在1791年法国大革命期间，法国采用了科举制度（公务员考试制度）；德国于1800年左右、英属印度于1855年采用了科举制度。英国于1870年把英属印度的科举制度应用到英国本土的各级政府①……20多年后，各种期刊还争相指责竞争性的科举考试是一种“照搬的中国文化”②。（李毅译）

① MacNair, Harley Farnsworth (ed.). *China*. University of California Press, 1946. p. 442.
② MacNair, Harley Farnsworth (ed.). *China*. University of California Press, 1946. p. 450.

表 9-1 清朝“公务员”制度

级别（18）	中央	地方	军队	专业技术人员
正一品	太保、大学士		大将军	太师、太傅
从一品	少保、太子太保 六部及中央各院首长 督察院左都御史 督察院右都御史		提督 正都统	少师、少傅 太子太师 太子太傅
正二品	太子少保 六部及中央各院副首长	总督 河道总督 漕运总督	总兵	太子少师 太子少傅
从二品	内阁学士	省巡抚	协都统 副将	翰林院掌院学士
正三品	督察院左副都御史 督察院右副都御史	按察使司按察使	正参领 参将	
从三品		盐运司运使	参将 游击	
正四品	大理寺少卿	粮道	佐领	
从四品	内阁侍读学士	知府	佐领	翰林院侍读学士
正五品			正军校	太医院院使
从五品	各部、府副理事官	道监察御史	守备	
正六品	各部院主事 大理寺左右寺丞		副军校	
从六品				翰林院修撰
正七品	各部院七品笔帖式	知县	协军校	太医院御医
从七品				
正八品		县丞		
从八品			上士	
正九品			中士	
从九品		司狱、吏目	下士	

资料来源：Marsh，1980，214－235. 李毅制表。

1912年，慈禧太后死后不久，中华民国就取代了清王朝。孙中山和袁世凯任民国第一任和第二任大总统。袁就任不久就颁布法律规定了新的“公务员”等级制度，将“公务员”大致分成三种等级，从高到低分别是选任、荐任、委任，加上少数特任。这个制度共有四等三十七级，只有最低的委任级别才使用考试选拔。1915年，袁颁布了一项关于为中央机关和地方政府重开考试和培训制度的法规。1928年蒋介石上台后，基本继承了这套制度。

中华民国的官方意识形态是孙中山的三民主义和五权宪法。1928—1949年，中国的中央政府共有五个分支：行政院、立法院、司法院、考试院、监察院。总统在五院院长之上。行政院由中央政府各部组成，行政院长是实际上的总理，立法院是议会，司法院是最高法院，至今，中国台湾还在实行这个五权宪法。

1931—1949年，中国战乱频繁。1949年以前的干部制度十分有效地把文职、军官和专业技术人员三结合为一体。1949年毛泽东建立新中国之后，基本上延续了这个干部制度。毛泽东说，百代尚行秦政法，这是对两千多年来中国政治体制发展演变的精确总结。

二、国家统一阶段的政治体制

罗斯托（W. W. Rostow）1959年出版的《经济增长的阶段》（*The Stages of Economic Growth*）提出经济增长有五个阶段：①传统社会；②起飞前；③起飞；④走向成熟；⑤大众消费阶段。按照这个五阶段论，中国社会正处在“起飞”阶段的中期。奥甘斯基（Organski, A. F. K）1965年出版的《政治发展的阶段》（*The Stages of Political Development*）提出政治发展有四个阶段：①初步统一；②工业化；③社会福利；④富裕社会。按照这个四阶段论，中国社会正处在“初步统一”阶段的末期和“工业化”阶段的中期。笔者认为，政治发展阶段与经济发展阶段直接相关。

从1840—1949年，西方民主在中国屡试屡败，可以用八个字来概括：“百年国耻，八大失败。”耿云志等人的《西方民主在近代中国》① 叙述了这个过程。以下内容，主要来自该书。

第一大失败，戊戌变法的失败。甲午战败，割让台湾，赔偿巨款，国将不国。康梁上书，要求拒和、迁都、变法、练兵，慈禧不准。当时除美国外，世界上西方列强和日本，都是君主立宪制。光绪和康梁要实行君主立宪制，变法图强。但是慈禧不准，戊戌变法失败了。

第二大失败，预备立宪失败。义和团，八国联军，《辛丑条约》，中国眼见要亡国灭种。1905年日俄战争，俄国惨败，更加刺激了清朝。1908年，清朝公布《钦定宪法大纲》，主要抄袭日本明治宪法，公布九年筹备立宪清单，准备九年之后实行君主立宪制。仅仅过了三年，清朝就被辛亥革命推翻了。

第三大失败，孙中山临时政府和《临时约法》的失败。辛亥革命，清朝灭亡，成

① 耿云志等：《西方民主在近代中国》，中国青年出版社，2003年。

立中华民国，孙中山就任第一任总统。因为军队弱小，打不过军队强大的袁世凯，孙中山只做了三个月，就被迫把总统之位让给袁世凯。中华民国本来是抄袭美国宪法，实行总统制。孙中山把总统位子交给袁世凯之前，不甘心，仓促修改《中华民国临时约法》，把总统制改为内阁制，大权归总理和内阁，架空总统。这完全是“对人立法”。袁世凯就任中华民国第二任总统后，根本不理会这个针对他设立的《临时约法》，杀掉了想当总理的国民党领袖宋教仁。

第四大失败，民国第一届国会失败。参议员北迁后陆续通过了《国会组织法大纲》和《国会选举法大纲》。选举法规定，男子，年纳税 2 元以上，有 500 元以上不动产，小学毕业或同等学力，可以选举。合格选民 4 000 多万，占人口万分之十。选出参众两院议员 870 名，国民党占多数。袁世凯以每人 5 000 元至 8 000 元不等，收买议员为其服务。1913 年 7 月，宋教仁被刺，国民党在南方起义反袁，只有少数国民党议员南下参加二次革命，多数留在北京。1913 年 10 月 6 日，国会召开总统选举会，袁世凯派军警、流氓包围国会，以武力和饥饿相威胁，三次投票，选举袁世凯为总统。1914 年 1 月 10 日，袁世凯干脆下令解散国会。

第五大失败，“五四”运动提倡“德先生”的失败。五四运动大力宣传民主与科学。以胡适为代表的实验主义是宣扬欧美自由主义民主的主要力量。民主，Democracey，德谟克拉西，德先生，在各种报章杂志，铺天盖地而来。民主，人权，个人自由，个性解放，平民主义，这些表述民主的名词，成了“时代的精神”，“神圣之权威”。但对于现实的中国，毫无用处，军阀混战，天下大乱，民不聊生，国土沦丧。

第六大失败，蒋介石训政失败。孙中山去世后，1926 年 7 月，蒋介石率北伐军开始北伐。国共合作，共同北伐。北伐军占领上海后，1927 年 4 月 12 日，蒋介石开始全面屠杀共产党员。1927 年 7 月 15 日，汪精卫在武汉开始全面屠杀共产党员，蒋汪合流。1928 年 6 月，蒋介石占领平、津，东北易帜，蒋介石开始训政。孙中山去世前，认为中国不能立即搞民主，在中国搞民主要有军政、训政、宪政三个阶段。蒋介石名义上统一了中国，军政结束，所以开始搞训政，以党代政，个人独裁。军阀混战，围剿红军，十年内战；九一八丢掉东北，《何梅协定》丢掉平津；攘外必先安内，镇压抗日力量，导致张杨发动西安事变捉蒋；七七卢沟桥事变，日本全面侵华，蒋介石十年训政全面失败。

第七大失败，抗战期间宪政运动失败。九一八事变后放弃东北，丧权辱国，人民激愤，要求蒋介石结束训政，实行宪政。孙科主持制定了《中华民国宪法草案》，于 1936 年 5 月 5 日公布，简称“五五宪草”。这是个国民党一党专政的宪法。原定于 1937 年 11 月 12 日召集国民大会，因为 7 月 7 日卢沟桥事变抗战爆发而取消。抗战初期，国民党迅速丢失了几乎所有中国大城市和战略要地，1938 年汪精卫投敌。民主党派发起第一次宪政运动，要求国民党结束训政，实行宪政，于 1940 年 4 月 1 日提出《国民参政会宪政期成会提出中华民国宪法草案（五五宪草）之修正草案》，简称“期成宪草”。“期成宪草”反对“五五宪草”的一党专政。4 月 5 日孙科、蒋介石公开反对。4 月 6 日蒋介石再次公开坚决反对。第一次宪政运动夭折。1941 年皖南事变。1943 年蒋介石闪击延安未遂。罗斯福要求蒋介石从早实施宪政，1943 年 9 月，国民党通过《关于实施宪政总报告之决议案》，决定战争结束一年后实行宪政，这是做给美国看的。但民主党派决心利用这个机会，要求国民党把决议变为行动，这就是第二次宪政运动。1944年蒋介石豫湘桂大溃败，在国内外引发公愤，国内民主党派和共产党再次要求立即结束国民党一党专政，成立联合政府。蒋介石反对成立联合政府，但建议于1945年11月25日召集国民大会。抗日战争于8月14日结束了。宪政运动无果而终。

第八大失败，抗战胜利后蒋介石宪政失败。1945年8月抗战结束，1946年蒋介石发动全面内战，决心三个月消灭共产党。1946年11月15日，蒋介石召开没有共产党和民主党派参加的国民大会，通过一党专政的宪法。1947年7月，下达“勘平共匪叛乱总动员令”，同时取缔民盟，在全国查封民盟。1948年3月29日，国民党行宪国大在南京召开。4月19日，选举蒋介石为总统。不到九个月，蒋介石由于在三大战役中惨败，于1949年1月21日宣布下野。百年国耻，八大失败，到此结束。

三、工业化过程中的政治体制

“二战”结束六十五年来，第三世界国家和地区，搞美、欧、日式的普选式民主的政治体制，就经济发展和社会稳定而言，没有一个成功的。相反，凡是经济发展迅速、社会比较稳定的，都是不搞美、欧、日式普选、竞选的国家和地区。这种现象在理论上称为新权威主义。

普选绝不是灵丹妙药。纵观世界经济发展史，普选在任何时候、任何地方都没有促进过经济发展。纵观世界政治发展史，普选在任何时候、任何地方都没有解决过腐败问题，使政府和社会更廉洁。普选从来不保证能选出有才干的人，更不用说选出雄才大略的领导人。普选的优点是保证政权的合法性和连续性，保证政权的平稳过渡，避免内战，避免统治集团内讧，不论选出的领导人有多笨。正是基于这个优点，中国迟早要搞普选。

四、工业社会与后工业社会的政治体制

中国刚刚进入工业社会，远远没有进入后工业社会，没有讨论有关政治体制的基础。本章后面列举的相关著作中，对有关情况有所介绍。黑格·哈罗普的《比较政府与政治导论》，介绍了当今世界的各种政治体制，特别是美日欧的政治体制。多姆霍夫的《谁统治美国》与戴伊的《谁掌管美国》，全面介绍了当今美国政治体制。王绍光的《民主四讲》，对美、日、欧的政治体制，有全面深刻的分析。刘瑜的《民主的细节》，文笔优美，很好看，但很不深刻，很不全面，对不了解美国的读者，可能产生严重的误导。中国必将成为成熟的工业社会，之后中国必将进入后工业社会。中国迟早要普选。届时，如何吸取美、日、欧的经验教训，趋利避害，选择制定最有利于中国的政治体制，相信后代中国人比我们聪明。

五、中国共产党今天执政是历史和人民的选择

中国共产党今天执政是世界历史、亚洲历史、中国历史的选择，是中国人民的选择。由于道光、咸丰、慈禧、袁世凯、蒋介石腐败无能，中国才有百年国耻。“东方红，太阳升，中国出了个毛泽东”，毛主席领导中国共产党，殊死搏斗，前赴后继，建立了新中国，中国人重新站立起来，最终形成美苏中大三角。改革开放三十年，在中国共产党领导下，中国国内生产总值现在超过日本，不久以后可能超过美国，重回世界第一。今天，全世界、全中国没有任何力量，能代替中国共产党的领导。今天，任何内外敌人，都无法战胜中国共产党。

中国现行政治体制是世界上最好的政治体制。第一，横向和全世界所有2009年人均国内生产总值3 800美元以下的国家和地区比较，当今中国的政治体制是世界上最好的。第二，纵向和美日欧发达国家处在中国现在这个发展阶段时的政治体制相比，当今中国的政治体制是世界上最好的。现在，在互联网上，可以看到一些世界名片，形象地反映了美日欧在当今中国这个发展阶段的状况：《悲惨世界》、《雾都孤儿》、《苔丝》、《望乡》、《啊，野麦岭!》、《愤怒的葡萄》，等等。当今中国这个体制既能促进经济发展，又能保持社会稳定。这么好的体制，不是从天上掉下来的，百代尚行秦政法，这是中华民族五千年求索的成果。要把中国最好这个问题在国内外讲清楚，要大声讲，不然，对外严重损害中国在世界上的形象，对内严重伤害中国的民心士气。如果有人要骂中国政治体制，不要怕对骂，不要让人觉得中国人在这个问题上很心虚。当今世界上哪个政治体制，都有很多不足之处，都有很多缺点错误，找事儿骂人谁不会。中国将来搞普选，选择什么样的政治体制，是下一代中国人的事，现在不用操心，操心也没用。相信下一代中国人比我们更有智慧，相信后代中国人在普选条件下，继承中国五千年政治智慧，中国政治体制会成为那时世界上最好的政治体制之一。

第二节　中国民主化的道路

一、邓小平的英明论断

小平同志1987年关于中国政治体制改革的三点总结，历史证明是完全正确的。第一，普选是件好事情，中国迟早要搞。第二，现在不能搞，因为社会经济条件不成熟，会把中国搞乱。第三，大约五十年之后（从1987年算起），等社会经济发展了、条件成熟了，就可以搞。由于中国社会经济发展的速度比1987年小平同志预计的还要快，时间可能提前。

即使将来在中国搞普选，也有巨大的危险性。一个是苏联化的危险性，一个是印度化的危险性，一个是拉美化的危险性。戈尔巴乔夫乱党、乱军、乱国，自毁长城、自我矮化、自我否定、自我瓦解、自我投降，使苏联分崩离析、社会经济崩溃、裂土分疆。

国内生产总值从世界第二掉到了世界第十八，经济损失超过苏联“二战”期间的经济损失好几倍，比中国“大跃进”和“文革”的经济损失加起来还要大好多倍。十年间，俄国男子平均寿命下降了十几岁。曾经攻克柏林的俄国军队，1994 年在车臣首府遭叛军设伏围攻，伤亡上万人。[①] 2000 年，笔者在莫斯科亲眼看到了俄国社会政治经济崩溃后的浩劫，甚为感慨。

将来在中国搞普选，印度化的危险性也很大。在国际社会学、发展社会学领域，中印比较研究是一个显学，成果卓著。60 年前，社会经济发展的各项指标，印度几乎全面领先中国，而今天，中国几乎全面领先印度。为什么？美国学者、印度学者回答了这个问题。基本一致的答案是，虽然印度在发展条件和发展环境的各个方面都优于中国，但中国的政治体制比印度好得多。较之印度政治体制，中国政治体制更加能够统一国家、团结人民、集中力量搞建设。[②] 2006 年，一本专门研究印度政治体制如何阻碍印度经济发展的书在美国社会学界获大奖。[③]

对北京奥运开幕式，西方国家有很多评论文章，有几篇广为传播，其中一篇是一个印度名人发在一个印度大报上的文章[④]。这篇文章在盛赞中国是包括印度在内的第三世界的榜样之后，痛批印度的民主制度：

可行的民主制度不只是基于选举，它要求一个均衡运转的公民社会和一个基于妥协和尊重法律的自信的政府机构。

一些事情涌上我的心头：为什么我们印度人总是选出干不了事儿的政府？为什么我们不能容忍对公民自由的限制，却能忍耐腐败、仇恨、恐怖主义、分离主义成为我们生活的一部分？为什么印度民主在民族团结方面完全失败？尽管印度的民族构成比中国略为复杂，为什么我们比中国在处理少数民族问题上出了大得多的问题？为什么攻击印度国会的恐怖分子被赦免了？我们怎么能容忍国会议员拿了现钞就抛弃自己的政党？为什么年复一年，在那些无辜的女人、男人、儿童被炸弹炸死后，我们才有个所谓的“高度安全戒备”？为什么我们的肚子里能装下这么多的腐败法官和这么腐败的司法制度？

简而言之，除非我们有守法的、负责的、有纪律的公民在和谐中团结起来，除非我们有胜任的、不腐败的司法和行政官员，否则我们就没有民主。我们恐怕是世界上最大的、不发达的、不成熟的、幼稚的、不守规矩的民主。（李毅译）

有关拉美化的问题，近年来国内研究很多，这里就不赘述了。总之，中国将来搞普

① ［俄］尼·伊·雷日科夫：《大国悲剧——苏联解体的前因后果》，新华出版社，2008 年。

② Bhalla，A. S. 1995. *Uneven Development in the Third World*：*A Study of India and China*，2nd ed. St. Martin's Press.

Raj，A. 2006. *Unraveling the China Miracle—A Comparative Study with India*（1950 – 2005）. Book Surge.

③ Chibber，Vivek. 2006. *Locked in Place*：*State-Building and Late Industrialization in India.* Princeton University Press.

④ http：//www. thehindubusinessline. com/2008/08/11/stories/2008081150980900. htm

选，如果搞出个戈尔巴乔夫，或者搞成印度化，或者搞成拉美化，那就是国家、民族的大灾难，那还不如不搞。对上述看法，一些朋友很难接受，说中国不会搞苏联式、印度式、拉美式的民主，中国可以搞美式民主。限于篇幅，这个问题无法展开。同样是普选，基于非常特殊的地理环境、人口状况、历史条件，美式民主非常特殊。且不说今天的美国政治和70年代比很不同，它和30年代比也是大不同的。日本、德国、英国、法国的普选模式和美国都有很大的不同，谁都不敢照搬美国模式，连加拿大和墨西哥也不敢照搬美国的模式。

亚洲，特别是东亚更为特殊。东亚（儒家）文化圈很难搞美式民主。美、日政治制度在现实中差别巨大，日本宪法是几个美国下级军官花几天时间仿照美国宪法制定的，但实行起来，却是自民党一党执政近60年，形成了家族政治、金钱政治。新加坡至今没有一个成型的反对党。韩国政治还没有成型，还在混乱中过渡。照搬美国的是菲律宾，但菲律宾完全搞坏了，把社会经济搞得倒退了好多年。中国这样一个大国，即使将来搞普选，也肯定不能照搬美国模式，必须基于中国的历史和现实，一定要选择传承中国五千年历史文化传统的、为中国长远利益和根本利益服务的普选制度。

二、官员财产申报与党员遗产限额

中国2010年开始实行副处级以上干部财产申报，这是对中国长治久安的一个极大的保障。水能载舟，亦能覆舟，腐败问题不解决，“江山”谁也坐不久。毛泽东时代，成就巨大，形成美苏中大三角；错误明显，有“大跃进”、“文革”；但官员相对非常清廉，没有严重的腐败问题。改革开放以来，成就巨大，经济总量已经超过日本，不久以后有可能超过美国，但腐败问题愈演愈烈，严重危及中国共产党执政的合法性。

国民党的失败是前车之鉴。苏联、东欧共产党垮台之前，各级领导干部有脱离群众、生活奢华的一面，但并没有过量家产和过量遗产。中国牺牲了2 100万革命烈士，尸积成山、血流成河，当时共产党全心全意为人民服务，与人民鱼水情深，所以取得长期执政的地位。现行大中小学课本、电影《大决战》（三部六集）、《建国大业》、电视剧《亮剑》、《潜伏》、《人间正道是沧桑》、《罪域》等无数革命影视剧日日夜夜都在歌颂与号召人民推翻有着过量家产和过量遗产的国民党。如果共产党的一些领导干部，特别是高级领导干部，利用执政地位，获得过量家产和过量遗产，并且屡禁不止，愈演愈烈，共产党就不仅完全丧失了执政的合法性与合理性，而且成为自己党的理想、党的理论、党的宣传所明确界定的革命对象。

在理论上、制度上、法律上和实践上，这个问题都有进一步推进的必要。中国现有近8 000万共产党员，有4 000万干部，其中700万公务员。在理论上，应该明确干部、公务员和党员，就不应该成为有钱人、富人。商人的任务是赚钱，赚钱多说明工作好，可以攀比谁钱多。干部、公务员和党员，怎么能攀比谁钱多？同级干部、公务员和党员，应该比谁穷，谁穷谁光荣，越穷越光荣。如果同级干部、公务员、党员，相互攀比谁钱多，亡党亡国，就不远了。

要解决思想理论问题。市场经济社会，没有钱办不了事。干部、公务员和党员，也要搞钱，钱越多越好，但不是为自己的家产搞钱，而是为了国家和事业搞钱，比如科研经费，上百万，上千万，上亿，越多越好，但不能有过量家产。在思想理论上，要全力提倡干部、公务员和党员安贫乐道，要赤条条来、赤条条去。要全力提倡：人遗子，金满籝；我遗子，一屋书。

要在制度上解决官员过量家产问题。市场经济社会，送钱的方式方法很多，收钱的方式方法很多，防不胜防，绝大多数都发现不了。中国是政府主导的发展模式，各级官员大权在握，想要致富，非常容易。通过控制家产反腐防腐，是目前世界各国的成功经验。共产党提拔干部，一定要把穷作为重要标准。同级干部，谁穷提拔谁，谁“富”就查谁，谁“富”就抓谁，谁“富”就杀谁。这个“富”，指的是来源不明的过量家产和过量遗产。对于来源不明过量家产，就要查，就要抓，就要杀。一定要从家产总量这个最容易控制的地方来反腐防腐。副处以上，考核的时候，查家产；提拔的时候，查家产；去世之后，查家产；张榜公布，悬赏举报；一经查实，严惩不贷。

要尽快在法律上、在制度上解决党员的遗产问题。党员去世之后，最多可以传给后代多少遗产，这个问题要尽快解决。资本家可以入党，但资本家入党后也不能有过量遗产。美日欧资本主义国家的共产党，都有类似的规定，完全可以借鉴。要有一个最高限额，超过部分一律交党费。只要尽快把官员财产申报和党员遗产限额法制化，并切实严格执行，腐败问题就可以有效控制，共产党就可以长期执政。

本章小结

1. 中国先于欧洲近两千年消灭了封建制度，这是中国领先世界近两千年的重要原因。欧洲建立现代民族国家初期学习借鉴了中国经验。

2. 普选绝不是灵丹妙药。纵观世界经济发展史，普选在任何时候、任何地方都没有促进过经济发展。纵观世界政治发展史，普选在任何时候、任何地方都没有解决过腐败问题、使政府和社会更廉洁。普选从来不保证能选出有才干的人，更不用说选出雄才大略的领导人。普选提供了权力移交的合法性，因此中国迟早要搞普选。

3. 中国共产党今天执政，是世界历史和中国人民的选择。相对而言，当今中国的政治体制是世界上最好的政治体制。

4. 小平同志1987年关于中国政治体制改革的三点总结，历史证明是完全正确的。第一，普选是件好事情，中国迟早要搞。第二，现在不能搞，因为社会经济条件不成熟，会把中国搞乱。第三，大约50年之后（从1987年算起），等社会经济发展了、条件成熟了，就可以搞。由于中国的社会经济发展快速前进，或许中国实现普选会比邓小平预计的要提前。

5. 腐败问题失控，就要亡党亡国。官员财产申报和党员遗产限额可以从制度上解决中国的腐败问题，有关政策、规定、法律要尽快颁行。

名词解释

政治社会学：政治社会学是研究政治体制运行、变化、发展的科学。政治社会学不是孤立地研究政治体制，而是把政治体制作为社会整体的一个部分来研究。

中文推荐阅读

相关文献

1. 白钢：《中国政治制度通史》（1～10卷），人民出版社，1996年。
2. 毛寿龙：《政治社会学：民主制度的政治社会基础》，吉林出版社，2007年。
3. 王威海：《政治社会学：范畴、理论与基本面向》，上海人民出版社，2008年。
4. 梁丽萍：《政治社会学》，中央编译出版社，2009年。
5. 夏玉珍、江立华：《政治社会学教程》，华中师范大学出版社，2005年。
6. 岳天明：《政治合法性问题研究：基于多民族国家的政治社会学研究》，中国社会科学出版社，2006年。
7. 杨光斌、李月军：《当代中国政治制度导论》，中国人民大学出版社，2008。
8. ［美］奥罗姆：《政治社会学导论》，上海人民出版社，2006年。
9. ［英］福克斯：《政治社会学》，华夏出版社，2008年。
10. ［法］莫里斯·迪韦尔热：《政治社会学》，东方出版社，2007年。
11. ［英］凯特·纳什、阿兰·斯科特：《布莱克维尔政治社会学指南》，浙江人民出版社，2007年。
12. 王绍光：《民主四讲》，三联书店，2008年。
13. ［英］罗德·黑格、马丁·哈罗：《比较政府与政治导论》（第五版），中国人民大学出版社，2007年。
14. ［美］汉娜·阿伦特：《论革命》，译林出版社，2007年。
15. ［美］利普哈特：《民主的模式：36个国家的政府形式和政府绩效》，北京大学出版社，2006年。
16. 耿云志：《西方民主在近代中国》，中国青年出版社，2003年。
17. ［美］李侃如：《治理中国：从革命到改革》，中国社会科学出版社，2010年。
18. 赵鼎新：《东周战争与儒法国家的形成》，华东师范大学出版社，2006年。
19. 李峰：《西周的政体》，三联书店，2010年。
20. 李峰：《西周的灭亡》，上海古籍出版社，2007年。
21. ［美］多姆霍夫：《谁统治美国》（第5版），译林出版社，2009年。
22. ［美］托马斯·戴伊：《谁掌管美国》，世界知识出版社，1980年。
23. 刘瑜：《民主的细节》，上海三联书店，2010年。

相关刊物

1. 《战略与管理》
2. 《政治学》

相关网站

1. 中国共产党 http://www.cpc.people.com.cn
2. 中国中央政府 http://www.gov.cn
3. 中国全国人大 http://www.npc.gov.cn
4. 中国全国政协 http://www.cppcc.gov.cn

英文推荐阅读

Lieberthal, Kenneth. 2003. *Governing China: From Revolution through Reform.* W. W. Norton.

Saich, Tony. 2001. *Governance and Politics of China.* (2nd ed.). Palgrave.

Chang Chunshu. 2007. *The Rise of the Chinese Empire.* University of Michigan Press.

De Bary, Wm. Theodory (ed.). 2004. *Nobility and Civility: Asian Ideals of Leadership and the Common Good.* Harvard University Press.

Hui, Victoria Tin-Bor. 2005. *War and State Formation in Ancient China and Early Modern Europe.* Cambridge University Press.

Shambaugh, David (ed.). 2000. *The Modern Chinese State.* Cambridge University Press.

Swaine, Michael D. and Tellis, Ashley J. 2000. *Interpreting China's Grand Strategy: Past, Present, and Future.* Rand.

Organski, A. F. K. 1965. *The Stages of Political Development.* Alfred. A. Knopf.

Linz, Juan J. and Stepan, Alfred. 1996. *Problems of Democratic Transition and Consolidation: Southern Europe, South America, and Post-Communist Europe.* Johns Hopkins University Press.

Origin

Kiser, Edgar and Yong Cai. 2003. *War and Bureaucratization in Qin China: Exploring an Anomalous Case.* American Sociological Review 68: 511-539.

Mu Chuntu. 1982. *Traditional Government in Imperial China: A Critical Analysis.* St. Martin's Press.

Hsieh, Pao Chao. 1966. *The Government of China (1644-1911).* Octagon Books.

Mccord, Edward A. 1993. *The Power of the Gun: The Emergence of Modern Chinese Warlordism.* University of California Press.

Houn, F. W. 1959. *Central Government of China, 1912-1928: An Institutional Study.* University of Wisconsin Press.

Eastman, Lloyd E. 1990. *The Abortive Revolution: China under Nationalist Rule, 1927 – 1937*. Harvard University Press.

De Ven, Hans van. 2003. *War and Nationalism in China: 1925 – 1945*. Routledge.

Strauss, Julia C. 1998. *Strong Institutions in Weak Polities: State Building in Republic China, 1927 – 1940*. Oxford University Press.

Eastman, Lloyd E. 1984. *Seeds of Destruction: Nationalist China in War and Revolution, 1937 – 1949*. Stanford University Press.

Stranahan, Patricia. 1998. *Underground: The Shanghai Communist Party and the Politics of Survival, 1927 – 1937*. Rowman & Littlefield.

Averill, Stephen C. 2006. *Revolution in the Highlands: China's Jinggangshan Base Area*. Rowman & Littlefield.

Kampen, Thomas. 1999. *Mao Zedong, Zhou Enlai and the Evolution of the Chinese Communist Leadership*. Nordic Institute of Asian Studies Publishing.

Hinton, William. 1997 (1966). *Fanshen: A Documentary of Revolution in a Chinese Village*. University of California Press.

Barrett, David P. and Larry N. Shyu (ed). 2001. *Chinese Collaboration with Japan, 1932 – 1945*. Stanford University Press.

Goodman, Davis S. G. 2000. *Social and Political Change in Revolutionary China: The Taihang Base in the War of Resistance to Japan, 1937 – 1945*. Rowman & Littlefield.

Shum, Kui – Kwong. 1988. *The Chinese Communists' Road to Power: The Anti-Japanese National United Front, 1935 – 1945*. Oxford University Press.

Westad, Odd Arne. 2003. *Decisive Encounters: The Chinese Civil War, 1945 – 1950*. Stanford University Press.

Pepper, Suzanne. 1999. *Civil War in China: The Political Struggle, 1945 – 1949*. (2nd ed.). Rowman & Littlefield.

Fung, Edmund S. K. 2000. *In Search of Chinese Democracy: Civil Opposition in Nationalist China, 1929 – 1949*. Cambridge University Press.

General

Yang, Dali. 2004. *Remaking the Chinese Leviathan: Market Transition and the Politics of Governance in China*. Sanford University Press.

Huang, Jing. 2000. *Factionalism in Chinese Communist Politics*. Cambridge University Press.

Local

Chu Tung – tsu. 1969. *Local Government in China under the Qing*. Stanford University Press.

Watt, John R. 1972. *The District Magistrate in Late Imperial China*. Columbia University

Press.

Blecher, Marc and Vivienne Shue. 1996. *Tethered Deer: Government and Economy in a Chinese County*. Stanford University Press

Zhong Yang. 2003. *Local Government and Politics in China: Challengers from Below*. M. E. Sharpe.

Democratization

Ogden, Suzanne. 2002. *Inklings of Democracy in China*. Harvard University Press.

Wang, Yanlai. 2003. *China's Economic Development and Democratization*. Ashgage.

Guo Xiaoqin. 2003. *State and Society in China's Democratic Transition: Confucianism, Leninism, and Economic Development*. Routledge.

Zhou Jinghao. 2010. *China's Peaceful Rise in a Global Context: A Domestic Aspect of China's Road Map to Democratization*. Lexington Books.

Corruption

Sun Yan. 2004. *Corruption And Market In Contemporary China*. Cornell University Press.

Lu Xiaobo. 2000. *Cadres and Corruption: The Organizational Involution of the Chinese Communist Party*. Stanford University Press.

思考题

1. 毛泽东的《读〈封建论〉》与柳宗元的《封建论》如何看待中国封建社会？
2. 为什么说中国先于欧洲近两千年消灭了封建社会？
3. 为什么 1840 年之后西方民主制度在中国屡试屡败？
4. 为什么说中国共产党今天执政是历史和人民的选择？为什么说当今中国的政治体制是世界上最好的政治体制？
5. 如何解决腐败问题？
6. 邓小平关于中国民主化道路的规划是什么？

第十章　军事社会学

与军事学主要研究给定军事体制下的军事行为不同，军事社会学主要研究军事体制，军事社会学不是孤立地研究军事体制，而是把军事体制作为社会整体的一个部分来研究。中国军事社会学主要研究中国军事体制建设的变化发展与大战略。本章作一些简单的叙述和讨论，为进一步发展中国的军事社会学贡献少许资料和想法。张明庆主编出版了《军事社会学》。

第一节　目前中国国防军事战略态势

从涿鹿之战到秦统一之战，再到左宗棠收复新疆之战，从解放战争到抗美援朝，中国都在军事体制上有过辉煌灿烂的成就。如今，世界新军事变革、美国军事装备和军事体制的巨大优势，对中国军事体制的建设和改革提出了全新的紧迫任务。

中国的国防军事体制的改革和建设，面临着严峻而复杂的国际、亚洲、周边军事态势。祖国尚未统一，台湾问题进展很慢。当今中国军事实力，与当今中国国内生产总值世界第二的经济地位，与保护中国核心利益的需要，与解决台湾问题的需要，还远远不相称。有些方面，中国与国际先进水平的距离，不但没有缩小，还在拉大。要讨论中国的军事体制建设的大战略，首先要对中国国防军事面临的形势有一个较为客观的、全面的了解。

冷战结束之后，美军在欧洲大举缩编。2010 年开始，美军从伊拉克大举撤军。不久之后，美军将从阿富汗大举撤军。为了应对中国的崛起，美军把全球布置的重点，放在中国周边。除了在日本、韩国各有数万驻军，还在全力经营关岛，作为夏威夷和日韩之间的战略支持点。同时大力加强与印度、越南的军事战略关系，持续在缅甸寻找机会。这就是国内学者经常提到的美国在中国周边的 U 形包围态势。以中国目前的经济军事实力，美国并不是要侵略中国，朝鲜战争、越南战争，美国已经试验过了。美国也不是要围堵中国，中国给美国出口廉价产品，还“借”给美国两万亿美元，美国希望这种状况继续下去。本书认为，美国对华军事包围态势的战略目的是牵制中国，使中国在美国牵制之下，无法干扰和挑战美国在全世界、包括在中国周边的一强独霸的世界霸主地位。

第二节 自力更生 建立世界军事强国

没有中国的军队，便没有中国的一切。没有一支强大的中国军队，便没有强大的中国。没有一支强大的中国空军和强大的中国海军，台湾问题就无法解决。中国国防实力和中国经济实力，是中国综合国力的两个最重要的组成部分。建立世界军事强国，主要靠政府，主要靠自力更生。中国别无出路，必须自力更生、奋发图强，全力建设核武器、天军、电磁激光武器以及空军、海军、陆军等所有军兵种。不是一个世界军事强国，中国就无法对人类作出较大贡献。

第一，要什么和不要什么？美国过去有过而现在要淘汰的东西，中国根据自己的需要可以考虑不要。但是，美国现在有的和正在为将来造的东西，中国都要有。只要美国有的，中国就一定要有，一定要自己造。现在能造的，现在就造。现在不会造的，也要投入人力、物力、财力，加紧研制，争取早日造出来。

第二，要花多少钱？和平年代穷兵黩武，必然损害经济建设。应在不影响经济发展的基础上加快国防建设。可以学习美国。国防军事预算占国内生产总值的比例，与美国看齐。等中国产值赶上美国了，中国国防军事费用就和美国持平了。

第三，什么叫永远不称霸？就是中国国内生产总值超过美国之后，军费和世界第二持平。什么叫称霸，像美国现在这样，美国军费占全球军费一半，美国军费超过世界军费第二到第十的总和，就叫做称霸。

中国的国防军事建设与当今中国的经济建设是不相称的。20 世纪 80 年代，中国把工作重点转移到经济建设上，国防建设的力度缓了下来。这样做，一方面，节省了大量的经费，有利于经济建设，有助于今日中国国内生产总值超日赶美。但另一方面，中国在国际上的军事话语权小了，国际敌对势力和搞“台独”的人胆子大了。在一些重要方面，中国和美国的距离在拉大。2010 年 4 月，美国已成功试飞空天飞机。美国的太空战和太空部队，已经进入实际运行阶段。中国在这方面有几十年的差距，面临美国的严重威胁。

中国国防军事建设的长远目标，应该是准备对应强敌信息化条件下的全面战争。打赢高科技条件下的局部战争，是个阶段性的目标，这个阶段已经过去了。就国防军事建设的长远战略大目标来讲，无论遥远的太空，无论深邃的大海，无论地球上任何角落，只要是中华民族利益所在和中国国家利益所在，中国军事力量都要有所准备。没有永远的敌人，没有永远的朋友。犯强汉者，虽远必诛。中国军事体制改革的长远目标，是比照美国的世界各大军区，建立相应的中国军区。建立中国自己的太平洋舰队、印度洋舰队、大西洋舰队。

本章小结

1. 从涿鹿之战到秦统一之战，再到左宗棠收复新疆之战，从解放战争到抗美援朝，中国在军事体制上有过辉煌灿烂的成就。世界新军事变革，美国军事装备和军事体制的巨大优势，对中国军事体制的建设和改革提出了全新的紧迫任务。

2. 中国的国防军事体制的改革和建设，面临着严峻而复杂的国际、亚洲、周边军事态势。祖国尚未统一，台湾问题进展很慢。当今中国军事实力，与当今中国国内生产总值世界第二的经济地位，与保护中国核心利益的需要，与解决台湾问题的需要，还远远不相称。有些方面，中国与国际先进水平的距离，不但没有缩小，还在拉大。

3. 没有中国的军队，便没有中国的一切。没有一支强大的中国军队，便没有强大的中国。没有一个强大的中国空军和强大的中国海军，台湾问题就无法解决。中国国防实力和中国经济实力，是中国综合国力的两个最重要的组成部分。中国要成为真正的世界第一，就必须是一个世界军事强国。建立世界军事强国，主要靠政府，主要靠自力更生。

4. 中国军事体制改革的长远目标，是建造中国自己的太平洋舰队、印度洋舰队、大西洋舰队，比照美国的世界各大军区，建立相应的中国军区。

名词解释

军事社会学：军事社会学主要研究军事体制，但不是孤立地研究军事体制，而是把军事体制作为社会整体的一个部分来研究。中国军事社会学主要研究中国军事体制建设的变化发展与大战略。

中文推荐阅读

相关文献

1. 张明庆：《军事社会学》，中国社会科学出版社，2002 年。
2. 军事科学院：《中国军事通史》（17 卷 20 册），军事科学出版社，2005 年。
3. 饶胜文：《布局天下》，解放军出版社，2006 年。
4. 杨天石、臧运祜：《战略与历次战役》，社会科学文献出版社，2009 年。
5. 王树增：《解放战争》，人民文学出版社，2009 年。
6. 军事科学院：《抗美援朝战争史》（1 ~3 卷），军事科学出版社，2000 年。
4. 王树增：《朝鲜战争》，人民文学出版社，2009 年。
8. 张嵩山：《解密上甘岭》，北京出版社，2010 年。
9. 刘成军、刘源：《新中国国防和军队 60 年》，人民出版社，2009 年。
10. 张万年主编：《当代世界军事与中国国防》，中央党校出版社，2003 年。
11. 熊光楷：《国际战略与新军事变革》，清华大学出版社，2003 年。
12. 黄宏：《世界新军事变革报告》，人民出版社，2007 年。
13. 陈勇、姚有志：《面向信息化战争的军事理论创新》，解放军出版社，2004 年。
14. 许和震：《作战方式的革命性变化》，解放军出版社，2004 年。
15. 编委会：《未来之王：天军及其武器装备》，世界图书出版公司，2009 年。

16. 蔡风震等：《空天战场与中国空军》，解放军出版社，2004 年。
17. 蔡风震、田安平等：《空天一体作战学》，解放军出版社，2006 年。
18. 闵增富：《空军军事思想概论》，解放军出版社，2006 年。
19. 陆儒德：《中国海军之路》，大连出版社，2009 年。
20. 张文木：《论中国海权》，海洋出版社，2010 年。
21. 鞠海龙：《中国海权战略》，时事出版社，2010 年。
22. 胡孝民、应甫成：《联合火力战略理论研究》，国防大学出版社，2004 年。
23. 姜放然：《信息化条件下的合同战斗指挥》，高等教育出版社，2004 年。
24. 孙岩：《台湾问题与中美关系》，北京大学出版社，2009 年。
25. ［英］利德尔·哈特：《战略论》，战士出版社，1981 年。
26. ［德］埃里希·鲁登道夫：《总体战》，解放军出版社，2005 年。
27. 钮先钟：《西方战略思想史》，广西师范大学出版社，2003 年。
28. 勒希民：《当代国外军事名著精选》（上、下卷），军事谊文出版社，1995 年。
29. 王仲春：《核武器核国家核战略》，时事出版社，2007 年。
30. 姜振飞：《冷战后的美国核战略与中国国家安全》，光明日报出版社，2010 年。
31. 王稚：《21 世纪美军先进军事技术和武器系统》，解放军出版社，2002 年。
32. 闵增富：《美国未来空军》，解放军出版社，2007 年。
33. 王平建：《美国未来海军》，解放军出版社，2007 年。

相关刊物

1.《现代军事》
2.《环球军事》
3.《国防大学学报》

相关网站

1. 中国国防部 http：//www. mod. gov. cn/
2. 中国军网 http：//www. chinamil. com. cn/
3. 全球防务网 http：//www. defence. org. cn/
4. 全球军事网 http：//www. militaryy. cn/index. html
5. 中国空军网 http：//www. plaaf. net/
6. 中国海军网 http：//www. c801. com/

英文推荐阅读

Swaine，Michael D. and Tellis，Ashley J. 2000. *Interpreting China's Grand Strategy：Past，Present，and Future.* Rand

Goldstein，Avery. 2005. *Rising to the Challenge：China's Grand Strategy and International Security.* Stanford

Weeks, Stanley B. and Charles A. Meconis. 2004. *The Armed Forces of the USA in the Asia-Pacific Region*. I. B. Tauris.

Fisher, Richard. 2010. *China's Military Modernization: Building for Regional and Global Reach*. Stanford Security Studies.

Shambaugh, David. 2002. *Modernizing China's Military: Progress, Problems, and Prospects*. University of California Press.

Manning, Robert A. 2000. *China, Nuclear Weapons, and Arms Control: A Preliminary Assessment*. Council on Foreign Relations Press.

Gordon, Yefim. 2010. *Chinese Air Power: Current Organisation and Aircraft of all Chinese Air Forces*. Midland Publishing.

Cole, Bernard D. 2010. *The Great War at Sea: China's Navy Enters the Twenty-First Century*. (2nd ed.). Naval Institute Press.

Erickson, Andrew S. 2007. *China's Future Nuclear Submarine Force*. Naval Institute Press.

Howarth, Peter. 2008. *China's Rising Sea Power: The PLA Navy's Submarine Challenge*. Routledge.

Graff, David A. 2002. *Medieval Chinese Warfare, 300 – 900*. Routledge.

Elleman, Bruce. 2001. *Modern Chinese Warfare*. Routledge.

Dreyer, Edward L. 1995. *China at War, 1901 – 1949*. Longman.

Waldron, Arthur N. 2001. *The Chinese Civil Wars, 1911 – 1949*. Oxford University Press.

Wilson, Dick. 1991. *China's Revolutionary War*. St. Martins Press.

Cumings, Bruce. 1981 – 1990. *The Origins of the Korean War*. Princeton University Press.

Halberstam, David. 2008. *The Coldest Winter: American and the Korean War*. Hyperion.

Fehrebach, T. R. 2000. *This Kind of War: The Classic Korean War History*. 50th Anniversary ed. Brassey's.

Stueck, William. 2002. *Rethinking the Korean War: A New Diplomatic and Strategic History*. Princeton University Press.

Varhola, Michael. 2000. *The Korean War, 1950 – 1953*. Da Capo Press.

Lowe, Peter. 2000. *The Korean War*. Palgrave.

Kaufman, Burton I. 1997. *The Korean War: Challenges in Crisis, Credibility, and Command*. McGraw – Hill.

Li Xiaobing, et al. (eds.). 2001. *Mao's Generals Remember Korea*. University of Kansas Press.

Scobell, Andrew. 2003. *China's Use of Military Force: Beyond the Great Wall and the Long March*. Cambridge University Press.

Mark A. Ryan, et al. (eds.). 2003. *Chinese Warfighting: The PLA Experience since 1949*. East Gate Book.

思考题

1. 中国领先世界两千年在军事体制上的原因是什么？
2. 中国打赢解放战争和抗美援朝战争在军事体制上的原因是什么？
3. 目前和未来中国面临怎样严峻的国防军事态势？
4. 中国未来国防军事体制建设大战略的原则是什么？

第十一章　社会保障学

社会保障学是研究社会保障体制的科学。社会保障学是社会学的重要组成部分。郑功成等多人著有多种社会保障学的著作。

第一节　社会保障学概述

中国古代就在理论上和实践上重视社会保障。第二章社会学理论关于大同的理论，就包括全面的社会保障：老有所终，壮有所用，幼有所长，鳏寡孤独废疾者，皆有所养。中国历代都有社会保障的机构、法律和法规，自古就有巨型粮仓，以为赈灾之用。新中国建立后，很快对全国人民实行全面社会保障，使中国的人均寿命从1949年的35岁提高到1979年的67岁。

改革开放初期，没有同时建立与市场经济相适应的社会保障制度，影响了社会公正和社会稳定。从1997年开始，中国在短短几年里建立起一个囊括几亿人的世界上最大的社会保障体制。1997年发布了《关于建立统一的企业职工基本养老保险制度的决定》，统一了城镇企业职工基本养老保险制度。1998年发布了《关于建立城镇职工基本医疗保险制度的决定》，明确了基本医疗保险制度的模式和改革方向。1999年发布了《失业保险条例》，进一步明确了覆盖范围、筹资办法、缴费比例、享受条件和保障水平。同年，颁布了《城市居民最低生活保障条例》和《社会保险费征缴暂行条例》，进一步规范了城市贫困居民社会救助和社会保险费征缴工作。2004年颁布了《工伤保险条例》，进一步明确了覆盖范围、筹资办法、缴费比例、享受条件和保障水平等。

从表11－1可以看出，到2008年，一半城镇劳动者有了养老保障；四分之一城镇劳动者有了失业保障；一小半城镇工作者有了医疗保障；城镇贫困救济人口达2 000多万。社会保障的水平应该与社会经济发展水平相适应，不能攀比。美日欧等西方发达国家的社会保障水平很高，从摇篮到坟墓，欧洲最高，这是造成美日欧2008年金融危机、经济危机的重要原因之一。社会保障水平过高，一是带来严重的财政危机；二是助长惰性，人民不愿干活，影响国家整体竞争力。

笔者认为，我国建立一个全国性的社会保障体系的基本原则如下：

第一，失业、养老、贫困救济经费的缴纳，必须是义务的和强制的。每个雇主、每个雇员都必须缴纳。对4亿多工人及其雇主，都要强制缴纳。

第二，失业、养老、贫困救济缴纳费用的门槛要低，低到每个雇主和雇员都交得起。国家可以鼓励雇员和雇主多交费，上不封顶，但是起征点必须低到足以让这个系统得以全面迅速建立起来。

表 11－1　中国社会保障基本情况

年份	参加保险人数（万人）			社会保险基金（亿元）			农村贫困人口（万人）	城镇低保人数（万人）
	城镇基本养老保险	失业保险	城镇职工基本医疗保险	基金收入	基金支出	累计结余		
1978							25 000	
1985							12 500	
1990	6 166			187	152	117	8 500	
1995	10 979	8 238	746	1 006	877	517	6 540	
2000	13 617	10 408	3 787	2 645	2 386	1 328	3 209	403
2005	17 488	10 648	13 783	6 975	5 401	6 074	2 365	2 234
2008	21 891	12 400	19 996	13 696	9 925	15 176	4 007	2 335

注：2008 年农村贫困人口数据根据新修订的农村贫困标准统计，新贫困标准将原低收入人口纳入贫困人口统计，故与历史数据不可比。

资料来源：国家统计局：《新中国六十年统计资料汇编》，中国统计出版社，2010，第 84 页。

第三，失业、养老、贫困救济的缴纳和支付必须是全国性的。根据身份证号码，建立社会保障个人账号，中国可以很容易地建立一个全国性的社会保障体系。全国性劳务市场只能建立在全国性社会保障体系之上。绝不能在这个省交了，在那个省领不到。

第四，"三条线"都必须低到足以符合中国的社会经济发展水平。失业保障、养老保障、贫困救济是三条最主要的社会保障线。中国是个贫穷的发展中国家，2009 年人均 GDP 只有 3 800 美元，负担高额的社会福利只会阻碍社会经济发展。所以，贫困和失业救济要低到接受救济的人愿意在任何时候到任何地方去工作。这样，穷人就不会在任何地方，特别是在城市地区大量集中。最低养老金要合理，这样国家才支付得起所有中国老人的养老金。

第二节　失业保障

1999 年国务院颁布《失业保险条例》。2000 年发布《失业保险金申领发放办法》。表 11－2 显示了中国失业保险的基本情况。首先，我国现行失业保险制度覆盖面小。失业保障要尽快覆盖中国所有 4 亿多工人。其次，《失业保险条例》只是国务院的行政法规，缺乏强制性，而征收部门又缺少强有力的制约手段，拒缴、欠缴和漏缴现象在各地普遍存在。因此，失业保障要尽快变为法律强制执行。再次，失业保险统筹层次低，基金调剂能力差。目前我国失业保险实行的是县（市）级统筹。这一低层次的统筹办法与我国区域经济结构的实际情况和社会保障制度的要求不相适应，也难以发挥失业保险基金的互济功能。要力争早日变为全国统筹。

表 11－2　我国失业保险的基本情况

年份	年末参保人数（万人）	全年发放失业保险金人数（万人）	全年发放失业保险金（亿元）
1994	7 968.0	196.5	5.1
1995	8 238.0	261.3	8.2
1996	8 333.1	330.8	13.9
1997	7 961.4	319.0	18.7
1998	7 927.9	158.1	20.4
1999	9 852.0	271.4	31.9
2000	10 408.4	329.7	56.2
2001	10 354.6	468.5	83.3
2002	10 181.6	657.0	116.8
2003	10 372.4	741.6	133.4
2004	10 583.9	753.5	137.5
2005	10 647.7	677.8	132.4
2006	11 186.6	598.1	125.8
2007	11 644.6	538.8	129.4
2008	12 399.8	542.5	139.5

资料来源：《中国统计年鉴（2009）》，第 942 页。

第三节　养老保障

一、农村养老保障

人民公社时期实行五保制度。实行包产到户之后，五保制度就停止了。2006 年颁布《农村五保供养工作条例》，恢复了五保制度。现在，农民基本养老保险制度的覆盖对象是拥有承包土地，并直接从事农业生产的劳动者。随着户籍改革的推行以及我国城市化进程的不断加快，农村居民人数将持续下降，中国从 2010 年开始在全国试行给农民发放养老金。目前建立农民基本养老保险制度的基本思路，是统账结合、现收现付、循序渐进、全国统一。以个人缴费加财政补贴为筹资模式，以待遇确定和财政兜底为给付模式，实行集中统一管理的管理体制。

二、城市养老保障

1997 国务院《关于建立统一的企业职工基本养老保险制度的决定》确定，个人账户规模为本人工资的11%。其中，. 个人缴费部分全部记入个人账户，由5%逐步增至8%。其余部分由企业缴费划入。待遇支付分为两部分：一是基础养老金，相当于社会平均工资的20%左右；二是个人账户养老金，月支付标准为个人账户累计储存额除以120。

表11－3 参加城镇基本养老保险人数 单位：万人

年份	合计	职工	离退休人员
1989	5 710.3	4 816.9	893.4
1990	6 166.0	5 200.7	965.3
1991	6 740.3	5 653.7	1 086.6
1992	9 456.2	7 774.7	1 681.5
1993	9 847.6	8 008.2	1 839.4
1994	10 573.5	8 494.1	2 079.4
1995	10 979.0	8 737.8	2 241.2
1996	11 116.7	8 758.4	2 358.3
1997	11 203.9	8 670.9	2 533.0
1998	11 203.1	8 475.8	2 727.3
1999	12 485.4	9 501.8	2 983.6
2000	13 617.4	10 447.5	3 169.9
2001	14 182.5	10 801.9	3 380.6
2002	14 736.6	11 128.8	3 607.8
2003	15 506.7	11 646.5	3 860.2
2004	16 352.9	12 250.3	4 102.6
2005	17 487.9	13 120.4	4 367.5
2006	18 766.3	14 130.9	4 635.4
2007	20 136.9	15 183.2	4 953.7
2008	21 891.1	16 587.5	5 303.6

资料来源：《中国统计年鉴（2009）》，第942页。

表11－3显示了截至2008年中国城镇养老保障的状况。首先，保障人数有待迅速提高，要尽快对全体城镇劳动者和全体农民工实行法律上的强制养老保险。其次，目前

公务员、事业单位、企业单位、民营单位存在多元的养老体制和养老标准。或许可以参照美日欧的有关体制，研究决定中国养老体制的长远目标。在确定体制上的长远目标后，再缓慢、逐步向最终目标靠拢。目前一般企业与公务员、事业单位、国有企业单位养老金差距很大的状况，长远说来，肯定难以为继。

第四节　贫困救济

中国2006年颁布了《农村五保供养工作条例》，2007年颁布了《国务院关于在全国建立农村最低生活保障制度的通知》。长期以来，中国有绝对贫困和相对贫困两条贫困线，2008年中国的绝对贫困线为人均年收入低于786元，人均年收入786～1 067元之间的为相对贫困人口，又称低收入人口。从2009年起，中国取消农村绝对贫困人口和低收入人口区别对待的政策。由于扶贫标准的调整，中国扶贫开发的首要对象从没有解决温饱的绝对贫困人口调整为人均年收入在1 067元以下的低收入人口，并对其全面实施扶贫政策，不再区分绝对贫困与相对贫困的概念。扶贫开发的首要任务，也不仅限于解决贫困人口的温饱，还要帮助扶贫对象脱贫致富。

1999年颁布《城市居民最低生活保障条例》；2003年颁布《城市生活无着的流浪乞讨人员救助管理办法》；2003年颁布《法律援助条例》。"城市低保"是城市居民生活最低保障线的简称，是当前我国社会保障体系的重要组成部分。表11－4显示了中国贫困救济的状况。

表11－4　享受补助、救济人员情况　　单位：万人

年份	2000	2001	2002	2003	2004	2005	2006	2007	2008
城市居民最低生活保障人数	702.8	1 170.7	2 064.7	2 246.8	2 205.0	2 234.2	2 240.1	2 272.1	2 334.8
城市临时救济人次数（万人次）	155.6	213.9	321.4	348.3	285.2	234.4	123.0	243.2	227.6
农村低保和传统救济人数	300.2	385.3	2 339.7	1 160.5	1 402.1	1 891.8	2 987.8	4 172.6	4 926.3
农村临时救济人次数（万人次）	1 667.6	1 800.5	1 677.6	2 009.8	1 720.0	1 359.9	963.8	646.0	831.0

资料来源：《中国统计年鉴（2009）》，第939页。

第五节　医疗保障

关于医疗体制改革，有两个重要文献。第一个是国务院发展研究中心在《中国发展评论》2005 年增刊第 1 期发表的《对中国医疗卫生体制改革的评价和建议》，这篇数万字的课题组研究报告，全面评价了新中国 55 年医疗体制建设的经验教训，认为毛泽东时代的医疗保障体制取得了伟大的成就，而改革开放之后的医疗体制改革，从总体上讲是不成功的，必须重新改革，建立新体制。第二个就是 2009 年的新医改方案。根据上述国务院研究报告的思路，经过五年时间的反复研究，党中央、国务院确定了新的医改方案，决定在 2020 年实现全民医疗保障。

一、新中国医疗保障体制概述

毛泽东时代，面向工农兵，以预防为主，中西医结合，卫生工作与群众运动相结合。政府充分发挥当时动员能力强、社会组织水平高的优势，在政府控制药品、医疗设备和基本医疗服务价格的计划经济体制基础上，逐步建立起一个基本覆盖城乡居民、效率较高的公共卫生和医疗服务体系。公共卫生在医疗卫生事业中处于优先地位，重视公共卫生事业的城乡协调，重视公共卫生体系与医疗体系之间的协调，重视不同层级政府间的职责配合与协调，政府在实施计划管理的同时，注重社会动员。婴儿死亡率大幅度下降，人均寿命指标大幅度提高。当时中国医疗卫生体制是联合国承认和宣传的全世界第三世界国家的典范。

1985 年之后，医疗体制改革所带来的消极后果，主要表现为医疗服务的公平性下降和卫生投入的宏观效率低下。医疗系统与公共卫生系统逐渐割裂，基层公共卫生体系建设滞后，政府投入不足，放权过度、约束不足，导致公共卫生机构行为发生严重偏移，公共卫生筹资方式不合理，导致地区差距不断扩大，公共卫生多部门管理导致效率低下。整体公共卫生状况没有得到进一步改善。

在公平性方面，不同社会成员医疗卫生需求的实际满足程度，由于收入差距的扩大而严重地两极分化。富裕社会成员的医疗卫生需求可以得到充分的满足，多数社会成员，包括相当多农村人口以及部分城市居民，其医疗卫生需求，出于经济原因很难得到满足，贫困阶层则连最基本的医疗卫生服务都享受不到。在 2000 年世界卫生组织对成员国卫生筹资与分配公平性的评估排序中，中国列 188 位，在 191 个成员国中倒数第 4。

医疗体制改革搞坏了，主要原因和下面一章要讨论的教育体制改革出问题的原因一样，就是一切向钱看。本来，公共医疗保障体制和义务教育体制一样，是为了社会公平和社会公正，要由政府投资，不是为了赚钱。医疗体制改革错误地走了市场化的道路，把需要政府出资办的事情，交给了市场，变成了产业。不少人在医疗产业赚了大钱，但国家和人民的医疗事业遭到了极大的破坏。现在，中国医疗费用约占到中国国内生产总值的5%。这是一笔非常巨大的资金。根据有关专家的简单测算，用这笔钱，足够建立一个满足13亿人口基本需要的全民医疗保障体制。

二、医疗体制改革新方案

2009年3月17日，党中央、国务院发布《关于深化医药卫生体制改革的意见》，简称“新医改方案”。其总体原则为：坚持公共医疗卫生的公益性质，坚持预防为主、以农村为重点、中西医并重的方针，实行政事分开、管办分开、医药分开、营利性和非营利性分开，强化政府责任和投入。总体目标为：提供安全、有效、方便、价廉的医疗卫生服务。到2020年，覆盖城乡居民的基本医疗卫生制度基本建立。四大体系：建立覆盖城乡居民的公共卫生服务体系、医疗服务体系、医疗保障体系、药品供应保障体系四位一体的基本医疗卫生制度。五大重点：加快推进基本医疗保障制度建设；初步建立国家基本药物制度；健全基层医疗卫生服务体系；促进基本公共卫生服务逐步均等化；推进公立医院改革试点。

改革的具体做法是，向全民提供基本医疗卫生制度，这个制度分为基本医疗卫生与非基本医疗卫生两个部分，政府保障基本医疗卫生保障制度的建立和运行。非基本医疗保障制度，要形成医疗市场，以满足人民多层次、多样化的医疗卫生要求。中央在医疗改革的第一年，就投入690亿元人民币，将600多万关闭破产的国有企业退休人员、1 400多万大学生、4 300多万农民工纳入城镇医疗保障范围，在全国所有城镇展开城镇居民医疗保障，在制度上全面覆盖城市居民基本医疗保障。中央财政支持1 000个县级医院、4 700多个城乡基层医疗卫生机构建设。2010年，新农合和城镇居民医保的财政补助标准，已提高到每人120元。2010年之前，医保门诊覆盖面，城镇扩大到60%的地区。新农合达到50%～60%的地区。2010年中央财政在农村地区支持1万多个县、乡、村三级医疗卫生机构建设。中央决心健全基本药物招标采购机制，切断不合理的利益链条，努力把虚高的药价降下来。对基层医疗卫生机构运行所必需的缺口资金，纳入政府投入统筹解决。

本章小结

1. 社会保障，自古以来，必不可少。社会保障到位，有利于长治久安、安居乐业、稳定繁荣、国家的统治稳定。社会保障做得不好，民心势必不稳，国家动荡不安。

2. 新中国六十年社会保障取得伟大成就，建立了覆盖几亿人的全面社会保障，人均寿命大幅提高。1997年以后，中国再次推动社会保障的改革，在失业、养老、贫困救济和医疗保障方面都取得长足进展。

3. 我国失业保险制度经过20多年发展，保险人数不断上升，从1994年7 968万人到2008年1.24亿人。成就之外也还存在问题，失业保险也还存在问题，失业保险覆盖人数不多，对失业者保障功能有限。

4. 中国城镇居民养老保险参保人数从1989年的5 710万增长到2008年的2.1891

亿人，社会养老保险基金收入由1989年的146亿元增长到2008年的9 740亿元，基金支出由1989年的118亿元增加到2008年的7 389亿元，2008年养老保险基金累计结余9 931亿元，取得突出成就。但也存在问题，城乡养老不统一；城市内部公务员、事业单位和企业单位不统一。

5. 2008年中国绝对贫困线为人均年收入786元，相对贫困线为人均年收入786元至1 067元。2008年有2 335万城镇居民和4 926万农村居民享受了贫困救济。

6. 新中国前三十年，中国医疗卫生政策取得伟大成就，保障了全国人民的基本医疗卫生需要，大幅度提高了中国人民的人均寿命，是全世界第三世界国家学习的榜样。改革开放以后的医疗体制改革，总体上不成功。2009年中国公布了新的医疗方案，决定在2020年实行全民健保，目前有关工作正在顺利进行。

名词解释

社会保障：国家对全体公民的基本物质生活予以保障的制度，主要包括失业保障、养老保障、贫困救济、医疗保障。

中文推荐阅读

相关文献

1. 郑功成：《中国社会保障改革与发展战略》，人民出版社，2008年。
2. 郭士征：《社会保障学》，上海财经大学出版社，2009年。
3. 李秉坤等：《社会保障学》，经济科学出版社，2008年。
4. 盖锐、杨光：《社会保障学》，清华大学出版社，2009年。
5. 曹信邦：《社会保障学》，科学出版社，2007年。
6. 邓人松、刘昌平：《新农村社会保障体系研究》，人民出版社，2007年。
7. 馨芳、国太、劲民：《世界各国的社会保障制度》，中国物资出版社，1994年。
8. 石秀和：《中国农村社会保障问题研究》，人民出版社，2006年。
9. 《社会保险》，中国法制出版社，2007年。
10. 陈佳贵、王延中：《中国社会保障发展报告》，社会科学文献出版社，2004年。
11. 焦凯平：《养老保险》，中国劳动社会保障出版社，2001年。
12. 袁志刚：《养老保险经济学》，上海人民出版社，2005年。
13. ［法］卡特琳·米尔丝：《社会保障经济学》，法律出版社，2003年。
14. 卢海元：《走进城市：农民工的社会保障》，经济管理出版社，2004年。
15. 李彦昌：《城市贫困与社会救助研究》，北京大学出版社，2004年。
16. 陈佳贵、王延中：《中国社会发展报告：转型中的卫生服务与医疗保障》，社会科学文献出版社，2004年。
17. 王保真：《医疗保障》，人民卫生出版社，2005年。
18. 冯英、聂文倩：《外国的医疗保障》，中国社会科学出版社，2008年。

19. 张奇林、杨红燕：《中国医疗保障制度改革研究：以美国为借鉴》，武汉大学出版社，2007 年。

20. 顾建平：《中国的失业与就业变动研究》，农业出版社，2003 年。

21. 郭松山：《中国失业保障制度与再就业》，上海财经大学出版社，2008 年。

22. 宋其超：《失业及其治理》，中国财政经济出版社，2004 年。

23. 叶响裙：《中国社会养老保障：困境与抉择》，社会科学文献出版社，2004 年。

24. 刘昌平、殷宝明、谢婷：《中国新型农村社会养老保险制度研究》，中国社会科学出版社，2008 年。

25. 刘昌平：《可持续发展的中国城镇基本养老保险制度研究》，中国社会科学出版社，2008 年。

相关刊物

1. 《社会保障研究》
2. 人大复印资料《社会保障制度》分册

相关网站

1. 中国人力资源和社会保障部　http://www.mohrss.gov.cn/index.html
2. 中国社会保障网　http://www.cnss.cn/
3. 中国劳动和社会保障法律网　http://www.cnlsslaw.com/list.asp?Unid=1524

英文推荐阅读

Goodman, Roger, et al. (eds.). 1998. *The East Asian Welfare Model: Welfare Orientalism and the State.* Routledge.

Krieg, Renate and Schadler, Monika (eds.). 1994. *Social Security in the People's Republic of China.* Mitteilungen.

Schwartz, Jonathan. 2010. *State and Society Resposes to Social Welfare Needs in China: Serving the People.* Routledge.

Frazier, Mark W. 2010. Socialist Insecurity: *Pensions and the Politics of Unevne Development in China.* Cornell University Press.

Scheid, Volker G. 2002. *Chinese Medicine in Contemporary China: Plurality and Synthesis.* Duke University Press.

思考题

1. 新中国六十年社会保障体制的经验教训是什么？
2. 中国失业保障体制的成就是什么？问题何在？
3. 中国养老保障体制的成就是什么？问题何在？

4. 中国贫困救济体制的成就是什么？问题何在？
5. 新中国医疗保障体制的经验教训是什么？
6. 在2020年实现全民健保的主要障碍是什么？

第十二章　教育社会学

与教育学主要研究给定教育体制下的教育行为不同，教育社会学主要研究教育体制。教育社会学不是孤立地研究教育体制，而是把教育体制作为社会整体的一个部分予以研究。鲁洁、钱民辉、侯定凯、杨昌勇、谢维和、刘精明、吴刚等分别著有教育社会学。

第一节　教育社会学理论

教育体制的社会功能主要有以下几个方面：

第一，实行义务教育是实现社会公平的重要手段。古今中外的人类社会都存在着极大的社会不平等，今日中国，有的人是千万富翁，亿万富翁，有的人是背井离乡出来打工的，有的人生活无着，需要救济。教育体制最大的作用就是在这样不公平的状况下，尽可能地实现社会公平。无论是富人的孩子，还是穷人的孩子，都实行免费九年义务教育。一同参加科举，一同参加高考，一同参加公务员考试，在分数面前人人平等。

第二，传承人类文明。古今中外，很多文明很辉煌，但没有流传下来。比如：古埃及、古玛雅、古印度的文明都消失了。学校教育体制，传授人类文明。从小学到中学，再到大学，教育体制把人类的文明传承下来了。

第三，推进人类文明发展。这个作用，不是在小学、初中、高中、本科，而是在于研究生教育和高校科研。高校科研的一个重要方面，是推进人类文明。

第四，学校教育基本上不培养杰出人才。伟人、领袖、大家、大师、里程碑、发明创造，都是从实践中成长起来的。所以指望学校培养杰出人才本身就是不切实际的，是对学校教育的过高要求，是难以做到的。实践才能出人才。所谓教育出人才，主要体现在研究生教育和高校科研，在这个过程中，或许能出人才。要在小学、初中、高中、本科阶段出人才是对学校教育不切实际的要求。学校教育不出人才，但是它可以为出人才打基础，培养一些基本素质。

第二节　科举制度

中国的科举制度是人类迄今为止最伟大的促进社会公平的制度之一。对于研究中国的学者来说是常识，而许多人却一无所知的是，西方学习和照搬了中国科举制度。《不列颠百科全书（2005）》直截了当地指出：

（中国的公务员制度是）传统中国政府的行政管理制度，其成员通过竞争性的考试选拔录用。中国的公务员制度造就了中华帝国2 000多年的稳定局面，并为中国社会提供了社会流动的主要渠道。后来，它成为其他亚洲和西方国家建立公务员制度时模仿的典范。[①]

整体而言，中国科举制度是由利玛窦介绍到欧洲的。利玛窦在中国生活了27年，死于1610年。他的日记最初是用意大利语写的，并不打算发表。另一位神父将它翻译成了拉丁语，按照主题重新编辑，于1615年发表。很快，这本书就被翻译成了所有主要欧洲语言。在马可波罗之后300年，这本书向欧洲重新展现了中国。1953年，美国天主教当局将它从拉丁语翻译成英语，名为《16世纪的中国：利玛窦日记1583—1610》[②]。该书第一编第五章是“论中国的艺术、科学、学位”；利玛窦在这里将中国的进士、举人和秀才翻译成博士、硕士和学士（Ricci，1953，1615，26－41）。第一编第六章是“中华帝国的行政管理制度”（同上，41－59）。这两章和全书以令人难以置信的详细程度介绍了中国的科举制度和公务员制度。

西方直接照搬了中国科举制度。1946年，加利福尼亚大学出版了著名的《中国》一书。这本书作为美国关于中国的最权威的教科书长达十多年。它由哈里·法恩斯沃斯·麦克奈尔主编，作者都是西方国家著名的研究中国问题的学者。[③] 该书第三十章是“中国的科举制度与西方”。以下文字直接引自该章：

> 虽然最早的西方大学口头考试可以追溯到“1219年之后的时期”，但是，根据《新英语辞典》，“考试”一词直到1612年才有了“笔试”的意思。与考试有关的词汇，例如“考卷”和“考题与答案”，直到19世纪才首次出现。多数研究者认为1702年标志着欧洲笔试制度的开始。1747年出现了数学学士学位；1802年出现了第一个为学士学位设立的真正的考试。在1791年法国大革命期间，法国采用了科举制度（公务员考试制度）；德国于1800年左右、英属印度于1855年采用了科举制度。英国于1870年把英属印度的科举制度应用到英国本土的各级政府（MacNair，442）……20多年后，各种期刊还争相指责竞争性的科举考试是一种“照搬的中国文化”。（MacNair，450）（李毅译）

科举制度是1905年以前中国社会分层的一个重要特征。秦以后的2 000多年，士为四民之首。唐代以后，士特指考生和有功名的人。书中自有黄金屋，一个人的政治、法律和经济地位都取决于他在科举考试中的成绩和名次。甚至衣服的款式和颜色，以及

---

① Encyclopedia Britannica. 2005. *Chinese Civil Service*. Encyclopedia Britannica Online. http://search.eb.com/eb/article? tocld＝9024152

② *China in the Sixteenth Century*: *The Journals of Matthew Ricci*: *1583—1610*. Random House, 1953. 这是一本600多页的书。该书今天可以在大多数美国大学图书馆里找到。

③ MacNair, Harley Farnsworth. (ed.). *China*. University of California Press, 1946. 此书今天可以在大多数美国大学图书馆里找到，有两种版本：1946年版和1970年的重印版，两者完全一样。

纽扣的式样，都由成绩决定。个人家庭背景不直接影响个人科举考试成绩。如果不能通过考试，在某些情况下，功名和官衔可以购买，但是这些官衔往往是些虚职。有功名的人和官员购置土地，富有的地主和商人购买功名和官衔，如此，有功名和没有功名的两大统治集团合并成为一个统治阶级。

埃尔曼的著作极为详尽地展现了科举制度①，展现了科举制度在整个中国历史中的重要性。理解科举的关键在于理解录取过程。汉代通过客观评估士子的业绩来录用官员。为了使未来的官员学习关于理想社会的政治思想，皇帝建立了太学，在太学独尊儒术，以儒家为官方意识形态。为了考察未来的官员是否对这些为官的必要知识了然于胸，一个广博的考试制度就此建立。

汉代的太学毕业生按照最后的成绩被分成两等。第一等成为朝臣并为中央政府效力，第二等则返回原籍成为地方政府的下级官员。汉朝的文官选拔制度的另一种方式称为“察举制度”（举孝廉），意思是地方政府可以向中央政府推荐有能力的人。于是，公务员制度发展成为学校培养、博士带弟子、举孝廉相结合的诠选制度。从此中国政府成了一个学者组成的政府。南北朝时期，九品中正制演变成了仅仅从大门阀士族中推荐官员。上品无寒门，下品无世族。为改变这种状况，隋唐开科举考试，向所有阶级开放。虽然只有官员、地主、商人的子弟有更多的时间和金钱来准备考试，但时间和金钱不能保证一定通过。表 12 - 1 列出了明清两代士子的家庭背景。

表 12 - 1　明清士子的家庭背景

家庭背景	明进士		清进士		19 世纪秀才和举人	
	人数	占比（%）	人数	占比（%）	人数	占比（%）
官员或进士	2 209	50	3 795	63	11 780	52
秀才举人	119	3	1 123	18	6 311	28
没有功名	2 068	47	1 149	19	4 694	20
样本总数	4 396	100	6 067	100	22 785	100

资料来源：Marsh，*The Mendarins*，1980. p. 82.

科举制度向所有人打开了大门，任何人都可以向政府报名要求参加考试。但在唐初，对于参加科举考试唯一的限制是，考生不能是工商子弟，因为商人只考虑个人盈利，而科举的目的是选拔为国家和人民服务的“公务员”。不久，由于商人的强烈反对，工商子弟也被允许参加考试。科举制度在宋代经过改革，更为严密。为防止作弊，保证阅卷的匿名性，试卷上的考生姓名被覆盖掉，取而代之的是编号。考试成绩成为成功与否的唯一标准，很有名望的考生也可能通不过。自然，这项制度有一个必然的缺陷，那就是如果阅卷官员有眼无珠，最具天分的人才也会被埋没终生。

① Elman，Beijamin，A. 2000. *A Cultural History of Civil Examinations in Late Imperial China*. University of California Press.

明朝对学位制度作了一些修改。由于报名和参加考试的考生人数大增，需要建立一个分级的科举制度。三个级别的考试分别用来授予三种学位：秀才、举人和进士。秀才和举人主要考儒家经典，进士则主要考有关中国的经济、历史、地理和军事策论。大多数考生一辈子只考秀才、举人，以至于在明清两代，出了大量的注释经典的考试辅导材料以供考生背诵。而八股文以只重形式不重思想著称。死记硬背和写八股文妨碍了真正的学习和做学问，造就了一批保守刻板而不会创造性思考的人。1840 年以后，清朝改革科举。为了对付列强入侵，讨论中国和世界经济政治的策论逐渐取代了死记硬背经典的考题。加之新式学校的毕业生也可以作为候选人，各级公立学校也逐步增加录取人数。1905 年 9 月，当日本战胜俄国已成定局，中国政府当即决定提前废科举。就这样，持续了 1 300 年的科举制度废止了。

从 960—1905 年，中国共有 108 672 名进士。其中，宋朝 39 711 人，元朝 1 136 人，明朝 24 594 人，清朝 26 747 人（Elman，2000，647）。在 1 000 多年里，中国权力精英多来自于科举制度。与任何其他前工业社会的统治阶级相比，中国权力精英具有最高的教育水平。在 1949 年新中国成立之前，全国 100 所大学中多数已是国立大学。录取程序同苏联和美国相似，由各学校单独命题考试录取学生。

新中国恢复了高考。1951 至 1952 学年，六个大区各自分别举办高考。1952 年，开始实行全国统考。“二战”以后，日本、韩国、新加坡、中国台湾、越南等所有儒家文化圈内的国家和地区，都先后恢复或建立高考。在恢复、建立高考的同时，陆续开始了公务员录用考试。而苏联、东欧社会主义国家从来没有进行过高考。

有关新中国恢复高考的决策过程，目前还没有看到相关研究。为什么“二战”之后儒家文化圈全面恢复或建立高考制度，目前也看不到相关研究。本书假设，正是科举制度维护社会公平和社会公正的不可替代的伟大社会作用，使得以中国为中心的儒家文化圈在“二战”之后全面恢复、建立了高考制度和公务员考试制度。

“文革”期间的 1966 年到 1976 年，高考停止十年。1977 年 12 月全国高考恢复，考生超过 1 385 万，即 1966—1977 年所有初高中毕业生的三分之一，竞争 29 万新生名额，录取率只有 2%。这样激烈的竞争持续了三年多，直到中央逐渐提高了对考生的年龄限制：先是从 40 岁改到 35 岁，到 80 年代中期逐步改回到 25 岁。1977、1978、1979 三年期间，共有 88 万人通过了全国高考（新三届）。录取过程非常公正，很少出现腐败现象。当今中国的部长、省长、将军和大学校长超过一半来自新三届。

第三节　义务教育与高中教育

表 12 -2 显示了新中国教育体制的伟大成就。表 12 -3、12 -4 显示了中国九年制义务教育的伟大成就。表 12 -2 显示了中国高中教育的状况，表中显示，全部人口中只有很小一部分能通过高考，进了大学，大多数人连参加高考的资格都没有，更不用说通过高考了。2005 年，100 个中国人里面，有 31 个小学毕业生，36 个初中毕业生，12 个高中毕业生，只有 5. 18 个大专以上毕业生。20 世纪年代教育改革过程中，中小学教育改革走了弯

路，乱收费，引起民怨沸腾。近年来中国政府全面制止了乱收费，人民拥护。

表 12-2　新中国教育概况

按学历划分人口比例（%）	1964 年	1982 年	1990 年	2000 年	2005 年
大专及以上	0.4	0.6	1.4	3.6	5.18
高中和中专	1.3	6.7	8	11	11.55
初中	4.7	18	23	34	35.78
小学	28	35	37	36	31.16
文盲	34	23	16	6.7	
13 或 15 岁以下人口	31.6	16.7	14.6	8.7	
合计	100	100	100	100	

资料来源：1.《中国统计年鉴（2004）》，第 97 页。
2.《2005 人口抽查公报》。

注：1964 年文盲人口为 13 岁及 13 岁以上不识字人口。1982、1990 和 2000 年文盲为 15 岁及 15 岁以上不识字或识字很少的人。

表 12-3　中国九年制教育阶段平均在校学生人数（万人）及入学率（%）

年份 \ 学历	小学		初中	
	在校人数	入学率	在校人数	入学率
1979	14 663	93.0	4 613	82.8
1990	12 441	97.4	3 869	71.5
2000	13 013	99.1	6 168	94.4
2008	10 332	99.5	5 574	99.7

资料来源：《新中国六十年统计资料汇编》，第 72～76 页。

表 12-4　中国九年制教育阶段专任教师人数（万人）及校舍数（所）

年份 \ 学历	小学		初中	
	教师	校舍	教师	校舍
1979	538.2	923 532	241.0	103 944
1990	558	766 072	247	71 953
2000	586.0	553 622	325	62 704
2008	562.2	300 854	346.9	57 701

资料来源：《新中国六十年统计资料汇编》，第 69～77 页。

表 12－5　中国普通高中教育情况

年份	在校学生数（万人）	招生数（万人）	学校数	毕业生数（万人）	专任教师数（万人）
1949	20.7	7.1	1 597		1.4
1980	969.8	383.4	31 300	616.2	57.1
1990	717.3	249.8	15 678	233.0	56.2
2000	1 201.3	472.7	14 564	301.5	75.7
2008	2 476.3	837.0	15 206	836.1	147.6

资料来源：《新中国六十年统计资料汇编》，第 69～77 页。

表 12－2 和表 12－5 显示，三十年来，中国高中教育的发展有限，严重滞后。高中教育作为基础教育的高级阶段，是基础教育与高等教育的衔接口，在整个教育体系中起着承上启下的作用。大力发展高中教育，对于促进社会公平、全面提高人口素质、增强综合国力和国际竞争力，具有极其重要的意义。因此，中国于 2010 年决定在 2020 年普及高中教育。

第四节　高等教育

一、新中国高等教育的伟大成就

表 12－6 显示了新中国高等教育发展的伟大成就。特别是最近十年，在数量上出现了一个大跃进。

表 12－6　全国普通高等学校情况

年份	学校数（所）	在校学生数（万人）	招生数（万人）	毕业生数（万人）	研究生在校人数（人）	研究生招生数（人）	研究生毕业生数（人）	专任教师数（万人）	教职工数（万人）
1949	205	11.7	3.1	2.1	629	242	107	1.6	4.6
1979	633	102.0	27.5	8.5	18 830	8 110	140	23.7	57.4
1990	1 075	206.3	60.9	61.4	93 018	29 649	35 440	39.5	100.6
2000	1 041	556.1	220.6	95	301 239	128 484	58 767	46.3	111.3
2008	2 263	2 021.0	607.7	511.9	1 283 046	446 422	344 825	123.7	205.1

资料来源：《新中国六十年统计资料汇编》，第 69～77 页。

二、中国高等教育存在的问题

世界100强大学，多数在美国。世界十强大学，八个在美国。中国要想真正重回世界第一，按人口比例，应该至少在世界100强大学中占有20个。世界一百强大学，现在中国没有几所。钱学森说：现在中国没有完全发展起来，一个重要原因就是，没有一所大学，能够按照以培养“科学技术发明创造人才”的目标模式去办学，没有自己独特创新的东西，老是“冒”不出人才。学生在增多，学校规模在扩大，但如何建成世界一流大学，如何培养出更多的优秀教授和优秀研究生？这是一个亟须思考和解决的问题。

中国的大学为什么办不好？中国大学的体制有什么问题？笔者对高等教育研究这门学科不是很了解。笔者近年来对一些中国高校有所接触，并对一所万人高校的文科教学作了较为深入的田野调查（Field Research）。对比美国的大学体制，发现一些显著的差异，或许可以称作问题。

第一，没有赶超世界先进水平的雄心壮志，甚至没有这个概念。一些高校、一些院系、一些学科、一些课程、一些教师，对本校、本院系、本学科、本课程与世界先进水平有多大差距，毫无所知。有的根本就没有想过这个问题，根本就不知道什么是世界一流，当然就谈不上赶超世界一流。

第二，大学风范不足，有的甚至荡然无存。从先秦诸子，到汉朝的大学，到明清那些著名的书院，中国充满了大学精神、大学风范。现在有些高校，从管理人员，到教师，到学生，对于学问和科学的崇敬精神和探究精神，荡然无存。对教师和学生的管理，一切行政化，一切细致化，一切向钱看，把大学办成了超市。没有对学问、对知识、对科学的崇敬之情和探究精神，大学就成了一个没有灵魂的躯壳。

第三，大学科研与国际先进水平脱轨。未来，大学科研理当向赶超世界先进水平前进，或在中国领先世界的领域向国内先进水平前进。但有些高校，科研项目的设立，莫名其妙，完全不具备科学研究的性质，或远远落后于国内外先进水平，或是学术界早已解决的问题。有些学术论文，学术性质严重不足，有的甚至完全与学术无关。

第四，部分教师和管理人员敬业精神严重不足。部分教师思想根本就没有放在教学、科研上面，有的狂饮成风，有的打麻将成风，有的沉浸于炒房产、炒股票，有的装修房子投入的精力能写两本书，等等。这些情况在美国高校都是十分罕见的。

第五，有些高校对教师的管理行政化、形式化，与学问完全无关，与赶超世界先进水平完全无关。比如，考试试卷要出两套，要有详细的标准答案和评分标准，经教研室、院系、教务处审定通过，随机抽样一套考试。这十分荒谬。大学文科的考题，能有标准答案吗？中小学的考题才可能有标准答案。大学文科考题的一个重要特点，就是有些题目没有标准答案，是国内外学术界目前正在研究的问题。再比如，美国大学文科的考卷，教师认真批改之后，发还学生，并认真讲评，让学生知道错在哪里，什么是对的。一些中国高校居然严禁把试卷发还给学生，用统一的封面和格式，认真装订起来，存档，在学生毕业后再将其销毁。简直是匪夷所思。大量装订好的试卷，很漂亮地堆在一起，据说是为了准备让上级来检查，据说这是中国教育部的规定。学校和教师的大量资源，都浪费在这些毫无用处的事情上面。

第六，大学课程设置，比起三十年前，有些高校有大的倒退。三十多年前，笔者在中国大陆读本科的时候，就可以自由跨院系选修大量课程。今天所有美国高校都可以跨院系选修课程。今日部分中国高校，甚至是万人高校，严禁学生跨院系选修课程，甚至在院系内部的不同专业，也不许学生跨专业选修课程。这就把大学完全办成了中小学。这些学校的领导人不明白：大学和中学的一个根本区别就在于，中小学生的课程，主要是由中小学安排的，而大学生的课程，是大学生从全校成百、成千的课程中自己选择的。要不然，一个大学要那么多院系干什么？

第七，有些高校学风败坏。因为有些教师不敬业，不在科研、教学中赶超世界先进水平，不认真要求学生，有些学生就大量逃课，做作业时完全抄袭，写学年论文、毕业论文时全盘抄袭。不是教学生自主创新，而是促使学生做弊。美国本科生一般不写毕业论文，硕士生有一半不写硕士论文，因为论文不是人人都能写的东西。中国要求全体本科毕业生都要写毕业论文。四年里平时作业都抄袭的学生，怎么能学会写论文？

第八，有些高校缺乏大学文化，或完全没有大学文化。大学与中小学的不同之处在于，学生课外活动与课堂教学活动同等重要。图书馆、学术讲座、学术社团活动的重要性，不亚于课堂教学。国内有些万人大学，一年到头，也没有几次讲座；大型开架图书馆里，学生不知道怎么找书。一到周末，有些万人大学里不见人影。把大学办成了一个周末就关门的卖文凭的行政机关。

第九，在硬件建设上不尊重教师。当今中国高校，行政办公室里大都装有空调，多数教室里都没有空调。盛夏季节，特别是在中国南方的大学教室里，汗流浃背，空气污浊，斯文扫地，知识的尊严荡然无存。

第十，思想路线决定组织路线。搞“两弹一星”，和搞“三来一补”生产裤衩、胸罩，要用不同的人才。搞奥运战略，和搞全运会战略，要用不同的人才。中国高校要赶超世界一流大学，必须用相应的人才。目前一些中国高校，因为根本就不想赶超世界一流大学，所以就不用相应的人才。有些高校，来了这样的人才，也留不住。凡此种种，长此以往，中国离世界一流大学，不是越来越近，而是越来越远。

三、中国如何建立世界一流大学

建立世界一流大学要考虑到以下因素：教员的素质、学生的素质、常规课程的丰富程度、师生比例、大学各项硬件设备的量与质、大学的财源、历届毕业生的成就与声誉等。就如何建立世界一流大学，国内有关论著讨论了下面一些因素。

第一，建立世界一流大学要有名师。一流大学师资的总体水平要高，还要有大师名师。大学的荣誉不在于它的校舍和人数，而在它一代代教师的质量。一个学校要站得住，教师一定要出色。一个大学什么都可以失去，但不能失去一流的教员，因为教员是大学的灵魂。中国大学应该集中办好两件事：一是想办法招聘到最好的教员，二是最重要的研究领域里，购置好的科研设备。第二件事纯粹是技术问题，容易办到。关键是第一件事：如何通过合理的规则招聘到并留住最好的教员？中国大学的教员应该面向国际招聘，只有在国际上招聘，才能把标准提高。

第二，建立世界一流大学一定要拥有一批具有一流学术水平的优势学科。世界一流大学，有的学科很全面，有的比较全面，有的不追求全面，各有特点。但是，作为一流大学，一定要有若干一流水准的优势学科。中国高校应发展自身优势，加快理科和管理学科的发展，完善人文、社科、艺术、医学等学科布局，为建设“综合性、研究型、开放式”的世界一流大学打下坚实的学科基础。

第三，建立世界一流大学需要充足的科研经费。现代大学不仅仅是积累和传授知识、文化的机构，更是创造知识的机构，是研究的中心。公认的世界一流大学，无一不是研究型大学。建设世界一流大学首先表现在科研竞争上，建立一流大学就要加大对高校科研经费的投入，促使赶超世界先进水平的研究成果出现。

第四，建立世界一流大学需要充分的学术自由。教师要有权决定教学内容，决定教材编写，决定教材的选择，决定教学重点，决定考试内容，决定考试方式，要介绍主要学术研究流派，特别是国际、国内当前的主要流派。在教学和科研中，要鼓励、提倡不同流派的百花齐放、百家争鸣。要用当前国际、国内主要学术流派之间的争鸣推动教学与科研，要用主要流派之间的争鸣激发教师、培养学生。

第五节　教育发展纲要（2010—2020）

2010年中国发布了《国家中长期教育改革和发展规划纲要（2010—2020）》。计划到2020年，基本普及学前教育；巩固提高九年义务教育水平；普及高中阶段教育，毛入学率达到90%；高等教育大众化水平进一步提高，毛入学率达到40%；扫除青壮年文盲。新增劳动力平均受教育年限从12.4年提高到13.5年；主要劳动年龄人口平均受教育年限从9.5年提高到11.2年，其中受过高等教育的比例达到20%，具有高等教育文化程度的人数比2009年翻一番，详见表12-7和表12-8。可以预计，中国共产党和中国政府完全有能力按时完成这些目标。

表12-7　教育事业发展主要目标

指标	2009年	2015年	2020年
学前教育			
幼儿在园人数（万人）	2 658	3 400	4 000
学前一年毛入园率（%）	74.0	85.0	95.0
学前两年毛入园率（%）	65.0	70.0	80.0
学前三年毛入园率（%）	50.9	60.0	70.0

指标	2009 年	2015 年	2020 年
九年义务教育			
在校生（万人）	15 772	16 100	16 500
巩固率（%）	90.8	93.0	95.0
高中阶段教育			
在校生（万人）	4 624	4 500	4 700
毛入学率（%）	79.2	87.0	90.0
职业教育			
中等职业教育在校生（万人）	2 179	2 250	2 350
高等职业教育在校生（万人）	1 280	1 390	1 480
高等教育			
在学总规模（万人）	2 979	3 350	3 550
在校生（万人）	2 826	3 080	3 300
其中：研究生（万人）	140	170	200
毛入学率（%）	24.2	36.0	40.0
继续教育			
从业人员继续教育（万人次）	16 600	29 000	35 000

表 12－8　人力资源开发主要目标

指标	2009 年	2015 年	2020 年
具有高等教育文化程度的人数（万人）	9 830	14 500	19 500
主要劳动年龄人口平均受教育年限（年）	9.5	10.5	11.2
其中：受过高等教育的比例（%）	9.9	15.0	20.0
新增劳动力平均受教育年限（年）	12.4	13.3	13.5
其中：受过高中阶段及以上教育的比例（%）	67.0	87.0	90.0

本章小结

1. 教育的主要社会功能是实现社会公平、传承人类文明、推进人类文明。中小学教育和本科教育难以培养杰出人才，只能为培养人才打基础。杰出人才来自社会实践，来自生产斗争、阶级斗争、科学实验。研究生教育和高校教师科研也是实践，也可能出人才。

2. 中国的科举制度是人类迄今为止最伟大的促进社会公平的制度之一。因此，“二战”之后，以中国为中心的儒家文化圈的国家和地区，纷纷恢复高考和公务员考试。“文革”十年停止高考，使中华民族再次认识到，中国离不开高考。

3. 中国取得了普及九年制义务教育的伟大成就。20 世纪 90 年代教育改革过程中，中小学教育改革走了弯路，乱收费，民怨沸腾。近年来中国政府全面制止了乱收费，人民拥护。

4. 中国高中教育三十年来发展有限，严重滞后。中国政府2010年决定在2020年普及高中教育。

5. 中国高等教育取得了伟大成就，十年来胜利完成了数量的大跃进。但有些高校根本就不知道世界一流大学是什么样子，根本就不知道怎么办大学，把大学办成了中小学。

名词解释

教育社会学：研究教育体制发生、发展、演变的科学。

中文推荐阅读

相关文献

1. 鲁洁：《教育社会学》，人民教育出版社，2003年。

2. 钱民辉：《教育社会学——现代性的思考与构建》，北京大学出版社，2004年。

3. 侯定凯：《高等教育社会学》，广西师范大学出版社，2004年。

4. 杨昌勇：《新教育社会学》，中国社会科学出版社，2004年。

5. 谢维和：《教育活动的社会学分析》，教育科学出版社，2000年。

6. 刘精明：《国家、社会阶层与教育：教育获得的社会学研究》，2005年。

7. 吴刚：《知识演化与社会控制——中国知识史的比较社会学分析》，教育科学出版社，2005年。

8. ［美］莫琳·T. 哈里楠：《教育社会学手册》，华东师范大学出版社，2004年。

9. ［美］珍妮·H. 巴兰坦：《教育社会学——一种系统分析法》，江苏教育出版社，2005年。

10. ［英］麦克·F. 杨：《知识与控制：教育社会学新控》，华东师范大学出版社，2002年。

11. ［法］玛丽·杜里、阿涅斯·冯·让丹：《学校社会学》，华东师范大学出版社，2001年。

12. 顾明远：《改革开放30年中国教育纪实》，人民教育出版社，2008年。

13. 蔡克勇：《中国教育的走向》，广东高等教育出版社，2004年。

14. 刘远碧：《新中国义务教育学制改革与发展研究》，中国社会科学出版社，2009年。

15. 杨东平：《大学精神》，文汇出版社，2004年。

16. 丁学良：《什么是世界一流大学》，北京大学出版社，2004年。

17. ［英］马尔科姆·泰特：《高等教育研究进展与方法》，北京大学出版社，2007年。

相关刊物

1. 《中国教育》
2. 《中国高等教育》
3. 《教育科学》
4. 《教育研究》
5. 《高等教育研究》
6. 《教育研究》
7. 《教育与经济》
8. 《清华大学教育研究》

相关网站

1. 中国教育部 http：//www. moe. gov. cn/ 或 http：//www. moe. edu. cn/
2. 中国教育网 http：//www. china. edu. cn/

英文推荐阅读

Elman, Benjamin A. 2000. *A Cultural History of Civil Examinations in Late Imperial China.* University of California Press.

Cleverley, John. 1991. *The Schooling of China: Tradition and Modernity in Chinese Education.* Allen & Unwin.

Ye Weili. 2001. *Seeking Modernity in China's Name: Chinese Students in the United States, 1900 – 1927.* Stanford University Press.

Pepper, Suzanne. 1996. *Radicalism and Education Reform in 20th-Century China: The Search for an Ideal Development Model.* Cambridge University Press.

Hayhoe, Ruth. 1996. *China's Universities 1895 – 1995: A Century of Cultural Conflict.* Garland Publishing.

Turner, Yvonne and Amy Acker. 2002. *Education in New China: Shaping Ideas at Work.* Ashgate.

Seeberg, Vilma. 2000. *The Rhetoric and Reality of Mass Education in Mao's China.* The Edwin Mellen Press.

Taylor, Robert. 1981. *China's Intellectual Dilemma: Politics and University Enrollment, 1949 – 1978.* University of British Columbia Press.

Han, Dongping. 2000. *The Unknown Cultural Revolution: Educational Reform and Their Impact on China's Rural Development, 1976 – 1986.* Routledge.

Cleveley, John. 2000. *In the Lap of Tigers: The Communist Labor University of Jiangxi Province.* Rowman & Littlefield.

Unger, Jonathan. 1982. *Education under Mao: Class and Competition in Canton Schools, 1960 – 1980.* Columbia University Press.

Hannum, Emily (ed.). 2009. *Education and Reform in China*. Routledge.
Zhou, Ji. 2005. *Higher Education in China*. Lengage Learning.

思考题

1. 人类教育体制的主要功能是什么?
2. 科举制度有什么优越性?
3. 高考制度有什么优越性?
4. 我国九年制义务教育的成就和问题是什么?
5. 为什么要争取在2020年普及高中教育?
6. 中国高等教育体制和世界一流大学相比存在什么问题?

第十三章　家庭社会学

家庭社会学是研究人类生育体制的科学，是当今中国最发达的分科社会学之一。前面已经讨论了经济体制、政治体制、军事体制、社会保障体制，这一章介绍家庭体制，主要包括家庭社会学理论、中国家庭形态史、家庭的功能与结构、当今中国的婚姻家庭，以及性的社会学。邓伟志、徐新、潘允康、李银河、潘绥铭等都著有家庭社会学著作。

第一节　家庭社会学理论

一、家庭的起源

《中国家庭史》[①] 认为：家庭是以婚姻关系为基础、血缘关系为纽带建立起来的一种同居共财、共同生活的亲属组织。其中包括三重基本要素：一是婚姻关系，二是血亲关系，三是同居共处的生活（包括共同的物质和精神生活）关系。在此三种要素中，婚姻关系是最根本的。探索家庭的起源必须从婚姻制度和形态入手。

群婚是人类最早、最原始的婚姻形态，在人类婚姻史上占据了绝大部分的时间。就群婚而言，它也不是没有变化，而是经历了若干个不同的阶段。其中最古老的是杂乱群婚；其次是血缘群婚，即血缘家族内部有一定限制的群婚；再次则是氏族外婚制下的群婚，即亚血族群婚。氏族外婚制发展到一定的阶段，就产生了对偶婚制。随着父权制家庭关系的逐渐建立，对偶婚制便发展成为了专偶婚制。因此，婚姻形态的发展共有六个阶段。

二、家庭的本质

恩格斯在《家庭、私有制和国家的起源》一书中，对家庭的本质作了精辟的概括：

> 这三种婚姻形式大体上与人类发展的三个主要阶段相适应。群婚制是与蒙昧时代相适应的，对偶婚制是与野蛮时代相适应的，以通奸和卖淫为补充的专偶制是与文明时代相适应的。在野蛮时代高级阶段，在对偶婚制和专偶制之间，插入了男子对女奴隶的统治和多妻制……

① 张国刚：《中国家庭史》（1~5卷），广东人民出版社，2007年。

但是，我们现在正在走向一种社会变革，那时，专偶制的迄今存在的经济基础，正像它的补充物即卖淫的经济基础一样，不可避免地都要消失。专偶制的产生是由于大量财富集中于一人之手，也就是男子之手，而且这种财富必须传给这一男子的子女，而不是传给其他人的子女。为此，就需要妻子方面的专偶制，而不是丈夫方面的专偶制，所以这种妻子方面的专偶制根本不妨碍丈夫的公开的或秘密的多偶制。但是，行将到来的社会变革至少把绝大部分耐久的、可继承的财富——生产资料——变为社会所有，从而把这一切传授遗产的关切减少到最低限度。可是，既然专偶制是由于经济的原因而产生的，那么当这种原因消失的时候，它是不是也要消失呢？

可以不无理由地回答：它不仅不会消失，相反地，只有那时它才能完全地实现。因为随着生产资料转归社会所有，雇佣劳动、无产阶级、从而一定数量的——用统计方法可以计算出来的——妇女为金钱而献身的必要性，也要消失了。卖淫将要消失，而专偶制不仅不会灭亡，而且最后对于男子也将成为现实。①

三、家庭的未来

几种主要观点如下：第一，家庭消亡论，认为家庭从现在开始就在走向毁灭，未来社会人们基本的生活实体已不再是家庭，而是个人；第二，家庭复兴论，认为现代化造成的家庭危机已经给人类生活的失范以严厉惩罚，后工业时期必然是传统的回归；第三，家庭振兴论，认为家庭非但不会消亡，而且会振兴和强化，在未来社会，家庭将重新成为社会的中心；第四，家庭多元论，认为未来社会是一个高度自由的多元化社会，家庭将呈现出多种多样、五花八门的形式；第五，家庭趋同论，主张不论社会制度如何，各个国家的现代化都有着相似的过程和结果，家庭的发展也将趋向一致。邓伟志、徐新认为，家庭状况不是静止的，现在的一夫一妻制家庭不是发展的终点，而只是其中的一个阶段。家庭在可以预见的未来将继续存在。在今后相当长的历史阶段中，家庭仍将作为人类最重要的一个社会机构发挥其功能。同时也应当看到未来家庭的多元化趋势。每个人将遵循更为独立、更为人性化的幸福准则，组织自己的家庭。②

第二节　中国家庭形态的演变

家庭的结构、类型和规模随着社会的变迁而不断发展、进化。特定时期的社会分层、地域差别、职业分化、国家法令、生产方式、社会政治局势、家庭观念等，都对家庭形态有着重要的影响。《中国家庭史》认为，从家庭的结构形态来看，中国家庭史的发展可以分为下列阶段（以下内容来自该书）。

---

① 恩格斯：《家庭、私有制和国家的起源》，人民出版社，2009 年，第 76～77 页。
② 邓伟志、徐新：《家庭社会学导论》，上海大学出版社，2006 年，第 286 页。

一、先秦时期

在远古时期，经济形态经历了由采捕经济走向农业经济的巨大历史转变，并导致早期家庭生产和生活方式发生根本性的变化。旧石器时代早期，生产力极其低下，基本社会组织是原始的具有血缘关系的人群，由于生态资源和技术条件的制约，原始人类需要一个共同生产和消费的亲属单位，于是有了最初的原始血缘家庭。随着采捕能力的提高，原始血缘家庭的经济水平比前一阶段有了较大的提高，物质条件的改善使得人们心智得到了提高，逐渐出现了亲属长幼之分。随着人口的增加，少数的血缘家庭逐渐分化成更多的血缘家庭，在家庭之上产生了氏族组织。旧石器时代晚期，氏族外婚制群婚使得氏族进入了母系氏族公社阶段。新石器时代，包括母系社会和父系社会两个阶段，由于农业的出现，人们逐渐走向定居生活。新石器时代晚期，原始农业生产力进一步提高，男子在农业生产中逐渐取得主导地位。随着社会物质财富的不断积累，氏族之上出现了更大的社会组织——部落联盟。之后开始出现农村村落和城市。母权制家庭逐渐向父权制家庭过渡，氏族家庭公有制逐渐向家庭私有制转变。

夏朝是中国历史上第一个王朝，学者推测：夏代父系大家庭乃普遍存在，并且是当时社会的基本经济生产和生活单位。一个大家庭包括很多个由夫妻及其子女所组成的小家庭，他们组成一个“同居共财”的集体。根据甲骨文、青铜铭和墓葬等资料透露的信息，商代社会仍主要依靠血缘关系维持，社会结构（包括亲族组织和家庭结构）是一种多层次的亲属集团和宗族组织，带有相当明显的氏族社会痕迹。但已经逐渐从游走性集团过渡到固定的氏族社会组织，内部等级分化十分显著。通过墓葬显示，一般家庭结构较简单、人口较少；贵族家庭结构相对复杂，人口较多。周朝的分封制不仅造就了等级森严的周代社会结构，而且为家族和家庭的存在设定了一种独特的制度框架。“宗”、“家”、“室”开始出现。无论是上层社会还是中下层、庶民，亲属组织都趋于小型化，小型的核心家庭和直系家庭逐渐比较普遍。血缘式家庭向以核心和直系家庭为主的小型个体家庭转化。

二、战国秦汉时期

春秋战国时期是传统家庭模式的奠基期。家庭变革主要表现在个体家庭冲破了宗法家族组织的外壳而取得独立的地位。这一时期家庭发展的基本趋势是：个体家庭从父权制大家庭中逐渐分离出来，家庭结构和亲属关系逐步简单化，家庭规模也在逐步缩小。家庭类型结构主要有：核心家庭、直系家庭和联合家庭。

大体上说，秦汉时期的家庭结构以核心型和直系型的小家庭为主，小家庭的主体地位确立。但不同的社会阶层的家庭有较大的差异，东汉时期的家庭规模似乎有所扩大。商鞅变法推动了核心家庭的发展，平均每家人口低于五口，到西汉仍旧如此。汉武帝倡行儒术，以孝治国，从舆论上批评父母在世的时候分家的行为，三代家庭多了起来，人口以五口的居多，并且形成了“五口之家”的习惯说法。东汉，家庭规模有逐步扩大的迹象。

三、魏晋至隋唐时期

东汉、三国时期家庭规模的逐步扩大，为魏晋南北朝家庭结构的变化和规模扩大提供了法律和道德空间，世间大户荫蔽人口，出现了“千丁共籍”、“百室合户”的特大型家庭。但这不是普遍情况，多数家庭还是按原来的生产生活方式维持着自己的小家庭。即使这些大户荫蔽下的丁、室，也只是在行政隶属关系上脱离了官府的管辖、不向官府纳税服役了，成了大姓豪强的私属，但在日常生活中仍是小家庭。所谓的“百室合户”，就是平时按照“室”生产、生活，对外的时候才是一个以大姓豪强为主的“户”。隋唐时期的中央集权不允许这样的状况继续存在，加之门阀世族的衰败，又恢复了里外一致的小家庭形态。

隋朝政府把异籍和同居分开来处理。就是说，可以同居，但是，必须异籍。这就构成了隋朝家庭结构的二元模式。唐代家庭的特点是尊长犹在，子孙多合籍、同居、共财。人生三代同堂是很正常的，于是共祖父的成员为一家。否则，至少也有一个儿子的小家庭和父母同居，直系的祖孙三代成为一家，唐代家庭结构，已婚兄弟共居同财是其特点，直系的祖孙三代成员共同组成家庭相当普遍。

表 13－1　唐代家庭结构分析表

普通家庭或城市平民家庭	2～6 口	多数二代或三代	占绝大多数
富裕家庭或官宦家庭	10～20 口	多数三代以上	较多
大官僚地主家庭	20 以上乃至百口	大多累世同居	比较少见

资料来源：张国刚：《中国家庭史》（第 2 卷），广东人民出版社，2007 年，第 23 页。

四、宋元明清时期

宋辽金元时期的家庭与汉代以来的家庭大致相同，都是以“扩大的核心家庭”即三代五口之家为通常的家庭结构和规模，以直系血缘为主，这是按血缘划分的。这个时期还以职业划分家庭类型，特别是宋代，经常交叉使用“室”、“家”、“户”的概念，也有以士、农、工、商划分的。第三种划分是按照政治等级，包括皇室家庭、官吏家庭、民户家庭、奴婢家庭。最后一种是按民族划分。宋代家庭属于通常所说的“三代五口”之家。其中主要是“三代”结构，即以中间的壮年夫妇为核心，上养老人，下育子女，都是直系血缘关系，这是宋代以后通常的家庭形态。宋代的家庭平均总人口数，根据各地赈灾之类的资料，南北各地家庭规模存在比较大的差别，难以确定一个明确的数字。多数人认为平均为 5 口人，但北方家庭规模大于南方；也有人依据大量资料考证出多数家庭高于 5 口，南北方平均每户高达 7 口，而且 10 口之家不罕见。金代的平均每户人口为6人以上，元代平均4.47口。

明清家庭平均多在3～7口之间，规模并不大，但从结构上看，相对复杂，大家庭和小家庭旗鼓相当，大家庭更体现了当时社会的主流取向和时代特征，多数为三代同堂。以福建为例，明初，福建的家庭结构比较简单，父子兄弟别籍异财的现象相当普遍；明中叶后，由于户籍制度的变质和赋役制度的变革，福建民间大家庭的发展趋于稳定，从而提高了家庭结构的成长极限。清代福建的家庭结构，一般是由核心家庭发展为主干家庭、直系家庭或联合家庭，然后经过分家析产，重新分解为若干核心家庭，从而开始新的周期性循环。

表13－2　咸丰十一年（1861）山东宁海洲家庭结构分类统计

家庭类型	户数	人口数	户均人口	户数比例（%）	口数比例（%）
核心家庭	70	354	5.06	35.53	26.14
主干家庭	58	352	6.07	29.44	26.00
联合家庭	65	617	9.49	32.99	45.57
其他	4	31	7.75	2.03	2.29
合计	197	1 354	6.87	100	100

资料来源：张国刚：《中国家庭史》（第4卷），广东人民出版社，2007年，第30页。

五、民国时期

第一，民国时期中国家庭结构的最大特征是稳定性，这一点通过表13－3可以清晰得出：

表13－3　民国时期家庭规模统计表

年份	户数	人口数	户均人口数
1911	6 688 059	341 826 088	5.17
1912	76 336 074	405 810 967	5.31
1928	83 855 901	441 849 148	5.27
1933	83 960 443	444 486 537	5.29
1936	85 827 345	479 084 651	5.38
1947	86 262 337	461 006 285	5.34

资料来源：《中国人口概论》，中国财政经济出版社，1991年，第67页。

第二，地域差异性。南北家庭规模不平衡。北部小家庭较少，南部小家庭居多。

第三，不同阶层家庭结构和规模有所不同，如表13－4所示：

表 13－4　20 世纪 40 年代安丘县瞿山村土地与户均人口之关系

土地面积（亩）	户数	人口（人）	户均人口
6 或 6 以上	4	45	11.2
4～6	22	158	7.1
2～4	79	405	5.1
不足 2	41	165	3.5
	146	773	5.2

资料来源：华北交通株式会社总裁室资业局：《铁路爱护村实态调查报告》，1940 年，《统计附录 1》。

第三节　家庭的功能与结构

本节内容主要来自邓伟志、徐新所著的《家庭社会学导论》。

一、家庭的功能

家庭的主要功能有：

第一，经济功能。家庭的经济功能包括生产和消费两个方面。随着私有制的确立，家庭的经济功能不断强化，成为社会的基本生产单位和消费单位。由于社会经济发展的多元特性，家庭消费功能日益成为家庭经济功能的主导方面，但其中的个人消费品的消费日益受到家庭成员个体消费的冲击。

第二，生育功能。家庭是人类繁衍后代的唯一社会单位，生育是区别于性爱的家庭的基本功能。家庭体制实质就是生育制度，家庭的主要社会功能就是为社会生育使社会新陈代谢。家庭功能包括生殖和抚育两个方面。

第三，性生活功能。即家庭内部夫妻间满足双方性需要的功能。家庭体制把人们性需要的满足完全限制在家庭范围之内。家庭是社会满足人们性需要的唯一合乎道德、合乎法律的单位。

第四，抚养和赡养功能。父母对子女有生活上提供供养的义务，家庭成员之间也表现出相互供养、给予生活援助的关系。子女对父母也有养老的责任，这是代际之间的相互抚育和照应。家庭养老包括经济上的赡养、生活上的照顾和情感上的交流三个方面。

第五，教育和社会化功能。家庭教育和社会化，包括父母对子女的教育以帮助其实现社会化，以及家庭成员相互教育以完成再社会化两个方面。其中的主要方面是子女教育和儿童社会化。

第六，感情交流功能。感情交流是家庭精神生活的组成部分。对于个人来说，各种心理态度的形成、人格的发展、感情的慰藉和精神的寄托都离不开家庭。

第七，休息和娱乐功能。家庭娱乐对于儿童来说尤为重要，儿童在家庭游戏中获得知识。对于成年人来说，家庭娱乐可以调剂生活、增加乐趣。随着科技进步和经济增长，劳动时间缩短，自由时间增多，人们可以把大部分闲暇时间用于享受，家庭中的闲暇生活具有了更新的内容和要求。

第八，宗教功能。家庭原本也是传承宗教信仰、进行宗教仪式的场所。不过，在现代社会，宗教与家庭生活分离，有专门的宗教场所和专业的宗教传播人员，家庭对其成员的宗教约束力和强制力也大大弱化。个人具有宗教上的相对自由。

第九，政治功能。家庭中家长的权力与他对家庭成员的经济行为、生活选择的掌握和操纵，使家庭成为一个小型政府。在一个封闭型的社会，家庭又是政治权力的扩充和传递系统。

二、中国家庭功能演变

家庭功能的演变有两方面：

第一，现代社会中家庭功能的丧失和转移。在现代社会，家庭的这些传统功能因为被其他组织形式取代而发生了部分转移。历史地看，社会变迁、技术革新以及意识形态变化对家庭都具有冲击作用。家庭功能的丧失和转移表现为：①威望、权利、地位正从以家庭为中心转向以个人为中心；②家庭经济功能中的生产、分配、交换职能已为社会化统筹所代替，家庭在经济上已变成其成员共同生活的消费单位；③学校代替家长对孩子实行基本的教育；④社会保险、国家医疗保险、医疗补助、失业补贴和其他各种社会立法，取代了家庭中传统的保护功能；⑤家庭赡养老人的功能也已部分转给社会；⑥公共娱乐场所增加，娱乐内容丰富，家庭不再是休闲场所；⑦专职的教父、教士或牧师承担起满足宗教需要的功能；⑧性观念的变化，使婚姻以外的性关系增加；⑨家庭的生育功能越来越萎缩。

第二，家庭功能由家庭走向社会。传统中国的家庭，作为社会的中心，承担了大部分的社会功能，然而，近半个世纪以来，特别是改革开放以后，经济变革和社会发展带来了家庭功能的重大变化。这主要表现为：①生育功能逐步退化；②生产功能从丧失到恢复；③消费功能由平均到多元；④赡养功能弱化；⑤教育功能分化；⑥政治和宗教功能不断削弱。

当代中国家庭功能的变迁，一方面与社会变迁相联系。社会生产力发展水平的提高、社会制度的改变以及文化制度和价值观念的转变都是引起家庭功能改变的主要社会因素。另一方面，也与家庭结构、家庭关系相互作用。在家庭功能的演化过程中，城乡家庭表现出不同的演化途径和发展程度。在情感、性爱功能普遍增强的同时，城乡家庭表现出了显著的差异。农村家庭的经济功能、保障功能仍然是家庭的主要功能。农村家庭的经济功能主要是生产功能，城市家庭经济功能主要是消费功能。随着改革的深入，农村市场开发，农村的消费功能正在增强，城市家庭的生产功能、投资收益功能愈显重要。城市老人保障主要依靠政府和社会及老人退休金、工资等。农村老人的保障主要依赖家庭。生育功能上，城市已转向轻生重育，由于社会教育经营性质浓厚和教育方式落后，家庭教育给家庭造成了很大的压力。农村生育观念正在逐步转变，但多数人的生育观念仍然有浓厚的传宗接代、养儿防老色彩，对子女的教育重视程度不够。

三、当今中国家庭结构

家庭结构的演变和社会发展阶段相适应。中国家庭近年来的结构变化有如下几个特点：

第一，核心家庭占主导地位。核心家庭即一对夫妻与其子女组成的家庭，是中国家庭的主要类型。据调查，核心家庭在各城市中占家庭总数的比例最高达77.91%。随着城市工业现代化的发展，城市核心家庭比例将进一步增长，出现家庭核心化的发展趋势。在农村中，核心家庭比重不及城市高，但发展速度却超过城市，日益成为主要的家庭结构形式。总体上看，核心家庭不仅是我国家庭的主导类型，而且将占绝对优势。

第二，主干家庭比重稳步增长。主干家庭在中国家庭中占30%左右。在城市中，主干家庭是仅次于核心家庭的又一主要家庭结构类型。农村中主干家庭的比重更大。近几十年来，主干家庭在家庭总数中的比重，一直呈稳步增长的趋势。主干家庭能够比较全面地承担发挥家庭的社会职能。由于住房条件紧张、独生子女政策都将限制主干家庭的分化。所以主干家庭在一个相当长的时期内仍然是我国城乡的重要家庭结构类型。

随着社会进步和时代变迁，传统的中国家庭规模和家庭结构都在发生变化。一是户均人数下降。20世纪70年代到80年代以后，计划生育政策发挥了效果，人口自然增长率不断下降，小家庭的比重逐渐上升，使得户均人口逐年下降，1990年减少到3.93人，1998年为3.63人，到2003年，城镇户均人口仅为2.97人，农村为3.27人，户均人口规模与美国、加拿大等发达国家户均3人左右的水平相当。二是家庭结构日趋简单。核心家庭已成为主流家庭模式，其占各类家庭总数的比重不断增加（参考表13－5）。

表13－5　上海等五地被调查者家庭结构类型分布比较

家庭结构	上海	成都	青浦	太仓	宜宾	总计
单身家庭2	0.38	1.00	0.33	0.00	0.33	0.52
夫妻家庭1	1.50	3.75	0.33	0.00	1.33	1.88
夫妻家庭2	4.88	9.00	6.33	5.00	4.00	6.28
核心家庭	71.88	57.50	54.00	29.67	67.00	59.48
主干家庭1	7.13	12.38	27.33	47.67	11.33	16.60
主干家庭2	11.75	14.50	10.67	17.00	16.00	13.64
主干家庭3	0.75	0.38	0.00	0.33	0.00	0.40
联合家庭	0.63	0.50	1.00	0.00	0.00	0.48
隔代家庭	0.88	0.88	0.00	0.33	0.00	0.60
其他家庭	0.25	0.13	0.00	0.00	0.00	0.12
个案数	800 800	300	300	300	2500	

资料来源：沈崇麟、杨善华、李东山：《世纪之交的城乡家庭》，中国社会科学出版社，1999年，第68页，表4－2－1。

三是家庭类型多样化。①“联合国”式的家庭增多，通婚圈扩大到全世界。在中国台湾地区，到2002年底为止，来自越南、泰国、缅甸等地的外籍新娘约有10万人，大陆新娘有17万多人。2002年在台湾登记结婚的新娘，74%是本地的，26%来自岛外。[①] ②丁克家庭有所上升。1982年人口普查资料显示，当时夫妻家庭仅占全国总户数的4.78%。2002年的上海家庭状况调查中，丁克家庭已占到上海家庭总数的12.4%。③空巢家庭逐步增多。社会老龄化和家庭规模的缩小，以及独门独户的居住方式导致了“空巢家庭”的大量增加。④“周末夫妻”的出现。⑤流动家庭的大量出现。随着我国农村改革的深入，以及社会工业化、城市化的发展，[②] 加之城乡隔离政策的松动，农村大量的剩余劳动力逐步向城镇转移。气势浩大的民工潮冲击着农村传统的家庭模式，造成了家庭离散化和出现了大量的流动家庭。此外，非婚生育的单亲家庭[③]、未婚同居家庭、一人独居家庭、再婚家庭等都有增多的趋势，家庭形式由核心化向多样化的趋势发展。

第四节　当今中国婚姻家庭

一、择偶标准

从目前中国的征婚广告看，综合征婚者对自身情况的介绍和对配偶提出的要求，择偶标准中最受重视的因素依次为：①年龄；②身高；③教育程度；④性格；⑤职业；⑥婚姻状况与经历；⑦容貌；⑧健康。在社会各类人群的不同属性对择偶标准的影响中，性别的影响仍然存在且相当重要。男性更注重收入和户口状态，女性更注重性格、身高和教育程度。从户口状态对择偶标准的影响看，城市征婚者更注重教育程度，而农村征婚者更强调婚姻状况和收入，据此可以得出农村征婚者比城市征婚者更加“实际”的结论。[④]

二、结婚

据国家统计局和全国婚庆行业协会2005年统计，如按照全国每年登记结婚人数811.36万人（最近五年平均）、城镇人口占全国人口41.76%计，则全国城镇居民新婚消费市场的潜力可以高达4 080亿元。而由结婚引发的消费额，仅上海一地每年就达500亿元。按照一般标准，每对新人结婚费用在2万~10万元，城市每对新人的消费在8万~25万元之间。这笔费用主要花在金银首饰、纪念品、婚纱照、服装、家具、电

① 胡创伟、顾钱江：《台湾人口家庭嬗变触目惊心》，新华网，2004年1月6日。
② 周伟文等：《中国变革中的家庭——生存在边缘·流动家庭》，河北人民出版社，2002年。
③ 王世军：《中国变革中的家庭——坚强与无奈·单亲家庭》，河北人民出版社，2002年。
④ 李银河：《中国人的性爱与婚姻》，中国友谊出版公司，2002年，第19页。

器、烟酒糖、宴席、交通、床上用品、化妆品等上，还有人购买轿车、摩托车、电脑或进行装修、旅游等。①

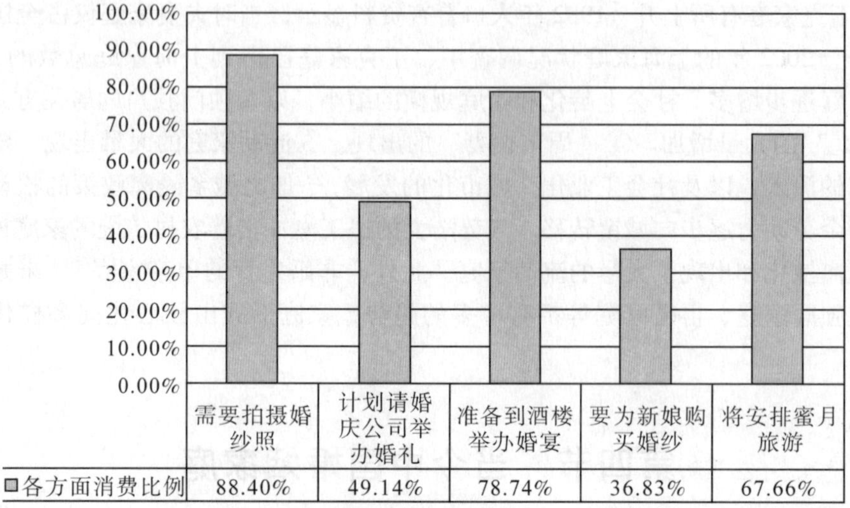

图 13－1　结婚费用

资料来源：中国婚博会组委会：《年轻人结婚消费模式数据报告》，2007 年 5 月 18 日，http：//wenku. baidu. com/view/ffaf761cfad6195f312ba65c. html。

三、离婚与再婚

表 13－6 显示离婚率持续上升。导致离婚的原因依次为：①婚姻基础不好（41. 9%）；②婚后一方或双方发生过失（35. 7%）；③性格不合（34. 6%）；④性生活不和谐（34. 4%）。多数离婚者的离婚原因并不限于一项，而往往是多因的。对离婚所产生的后果和问题，与财产分割问题相比，房子的分割或归属问题更显突出。离婚对当事人的影响主要是精神和心理方面的，离婚对孩子的影响也主要是精神上的，其中包括心灵的创伤、母爱或父爱的丧失以及由社会压力造成的心理健康问题。②

表 13－6　中国离婚与再婚（1985—2008 年）

年份	离婚（万对）	再婚（万对）
1985	45. 8	50. 5
1990	80. 0	78. 2

① 中国婚博会组委会：《年轻人结婚消费模式数据报告》，2007 年 5 月 18 日。http：//wenku. baidu. com/view/ffaf761cfad6195f312ba65c. html。

② 李银河：《中国人的性爱与婚姻》，中国友谊出版公司，2002 年，第 179 页。

（续上表）

年份	离婚（万对）	再婚（万对）
1995	105.6	83.3
2000	121.3	102.6
2005	178.5	163.1
2008	226.9	224.1

资料来源：《中国统计年鉴（2009）》，第950页。

本章小结

1. 家庭是以婚姻关系为基础、血缘关系为纽带建立起来的一种同居共财、共同生活的亲属组织。其中包括三重基本要素：一是婚姻关系，二是血亲关系，三是同居共处的生活（包括共同的物质和精神生活）关系。

2. 恩格斯对家庭的历史和家庭的本质做了精辟的概括。

3. 家庭功能包括经济功能、生育功能、性生活功能、抚养和赡养功能、教育和社会化功能、感情交流功能、休息和娱乐功能、政治功能以及宗教功能。我国家庭功能的演变显示出两大特点：第一，现代社会中家庭功能的丧失和转移。第二，家庭功能由家庭走向社会。

4. 家庭结构包括核心家庭、主干家庭、联合家庭、配偶家庭、不完全家庭。我国家庭近年来其结构变化有两个特点：第一，核心家庭占主导地位；第二，主干家庭比重稳步增长。

5. 在社会各类人群的不同属性对择偶标准的影响中，性别的影响仍然存在且相当重要。男性更注重收入和户口状态，女性更注重性格、身高和教育程度。从户口状态对择偶标准的影响看，城市征婚者更注重教育程度，而农村征婚者更强调婚姻状况和收入，据此可以得出农村征婚者比城市征婚者更加“实际”的结论。

5. 结婚仪式多样化。婚礼费用给青年家庭带来压力。

6. 家庭关系是指基于婚姻、血缘或法律而形成的一定范围的亲属之间的权利和义务关系。家庭关系种类很多，有夫妻关系、婆媳关系、亲子关系、兄弟姐妹关系、姑嫂关系、叔嫂关系、祖孙关系等。而家庭关系主要指夫妻、婆媳、亲子关系。

7. 离婚和再婚。离婚率的上升必然造成再婚率的上升，离婚率和再婚率几乎同步增长。

名词解释

家庭：以婚姻关系为基础、血缘关系为纽带建立起来的一种同居共财、共同生活的亲属组织。其中包括三重基本要素：婚姻关系，血亲关系，同居共处的生活（包括共同的物质和精神生活）关系。

核心家庭：由一对夫妻和未婚子女组成的家庭。核心家庭是典型的小家庭。在一夫一妻的婚姻制度基础上的家庭结构中，核心家庭是现代家庭的主要模式。

主干家庭：两对或两对以上的异代夫妻及其未婚子女组成的家庭。主干家庭还有一些特殊且不完整的结构形式，如只有两对或两对以上异代夫妇而没有未婚子女的家庭，或者父母或夫妻缺损一方的主干家庭。

联合家庭：至少有两对或两对以上同代夫妇及其未婚子女组成的家庭。

配偶家庭：即只有一对夫妇组成的家庭。包括未育配偶家庭和子女另立门户的“空巢家庭”两种形式。

单身家庭：单身家庭指只有一个人的家庭，包括终身不娶或不嫁的独身主义者与丧偶或离异后单独生活者等。

家庭关系：是指基于婚姻、血缘或法律而形成的一定范围的亲属之间的权利和义务关系。家庭关系种类很多，有夫妻关系、婆媳关系、亲子关系、兄弟姐妹关系、姑嫂关系、叔嫂关系、祖孙关系等。

中文推荐阅读

1. 恩格斯：《家庭、私有制和国家的起源》，人民出版社，2009 年。

2. 费孝通：《生育制度》，商务印书馆，2008 年。

3. 邓伟志、徐新：《家庭社会学导论》，上海大学出版社，2006 年。

4. 潘允康：《家庭社会学》，中国时代经济出版社，2002 年。

5. ［美］大卫·诺克斯、卡洛琳·沙赫特：《情爱关系中的选择——婚姻家庭社会学入门》，北京大学出版社，2009 年。

6. 张国纲：《中国家庭史》（1~5 卷），广东人民出版社，2007 年。

7. ［芬兰］韦斯特马克：《人类婚姻史》（3 卷），商务印书馆，2002 年。

8. ［法］安德烈·比尔基埃等：《家庭史——遥远的世界，古老的世界》（第一卷上、下），三联书店，1998 年。

9. 刘宝驹：《社会变迁中的家庭——当代中国城市家庭研究》，四川出版社，2006 年。

10. 王世军：《中国变革中的家庭——坚强与无奈·单身家庭》，河北人民出版社，2002 年。

11. 周伟文、严晓萍、刘中一等：《中国变革中的家庭——生存在边缘·流动家庭》，河北人民出版社，2002 年。

12. 李银河：《中国人的性爱与婚姻》，中国友谊出版公司，2002 年。

13. 徐安琪、叶文振：《中国婚姻研究报告》，中国社会科学出版社，2002 年。

14. 丁文、徐泰玲：《当代中国家庭巨变》，山东大学出版社，2001 年。

15. 潘绥铭等：《当代中国人的性行为与性关系》，社会科学文献出版社，2004 年。

16. 李银河：《性文化研究报告》，江苏人民出版社，2003 年。

17. 马晓年、杨大中:《中国女性性调查报告》，光明日报出版社，2005 年。
18. 潘绥铭:《存在与荒谬——中国地下性产业考察》，群言出版社，1999 年。
19. 潘绥铭:《生存与体验》，中国社会科学出版社，2000 年。
20. 马道宗:《世界性文化史》（上、下卷），光明日报出版社，2004 年。
21. ［美］梅里 · E. 威斯纳、汉克斯:《历史中的性别》，东方出版社，2003 年。

英文推荐阅读

Family and Kinship

Eberhard, Wolfram. 1962. *Social Mobility in Traditional China.* Netherlands: E. J. Brill.

Watson, Rubie S. and Ebrey, Patricia Buckley (eds.). 1991. *Marriage and Inequality in Chinese Society.* University of California Press.

Ebrey, Patricia Buckley. 1991. *Confucianism and Family Rituals in Imperial China: A Social History of Writing about Rites.* Princeton University Press.

Ebrey, Patricia and Watson, James L. (eds.) 1986. *Kinship Organization in Late Imperial China, 1000 – 1940.* University of California Press.

Huang, Philip C. C. 1990. *The Peasant Family and Rural Development in the Yangzi Delta, 1350 – 1988.* Stanford University Press.

Glosser, Susan L. 2003. *Chinese Visions of Family and State, 1915 – 1953.* University of California Press.

Diamant, Neil J. 2000. *Revolutionizing the Family: Politics, Love, and Divorce in Urban and Rural China, 1949 – 1968.* University of California Press.

Davis, Deborah and Harrell, Steven (eds.). 1993. *Chinese Families in the Post-Mao Era.* University of California Press.

Yan Yunxiang. 2003. *Private Life under Socialism: Love, Intimacy, and Family Change in a Chinese Village, 1949 – 1999.* Stanford University Press.

Fong, Vanessa L. 2004. *Only Hope: Coming of Age under China's One-Child Policy.* Stanford University Press.

Yuen, Pul – lam and Yuk – Ying Ho. 2004. *Marriage, Gender, and Sex in a Contemporary Chinese Village.* M. E. Sharp.

Gender

Louie, Kam. 2002. *Theorizing Chinese Masculinity: Society and Gender in China.* Cambridge University Press.

Brownell, Susan and Jeffrey N. Wasserstrom (eds.). 2002. *Chinese Femininities and Masculinities: A Reader.* University of California Press.

Mann, Susan and Yu-yin Cheng (eds.). 2001. *Under Confucian Eyes: Writings on Gender in Chinese History.* University of California Press.

Li Chenyang (ed.). 2000. *The Sage and the Second Sex: Confucianism, Ethics, and Gender.* Open Court.

Hinsch, Bret. 2002. *Women in Early Imperial China.* Rowman & Littlefield.

Yao, Esther S. Lee. 1983. *Chinese Women: Past and Present.* Ide House.

Raphals, Lisa. 1998. *Sharing the Light: Representations of Women and Virtue in Early China.* State University of New York Press.

Peterson, Barbara Bennett, et al. (eds.). 2000. *Notable Women of China: Shang Dynasty to the Early Twentieth Century.* M. E. Sharpe.

Ebrey, Patricia. 2002. *Women in Chinese History.* Routledge.

Birge, Bettine. 2010. *Women, Property and Confucian Reaction in Sung and Yuan China (960—1368).* Cambridge University Press.

Bernhardt, Kathryn. 1999. *Women and Property in China, 960 – 1949.* Stanford University Press.

Susan Mann. 1997. *Precious Records. Women in China's Long Eighteenth Century.* Stanford University Press.

Croll, Elisabeth. 1995. *Changing the Identities of Chinese Women: Rhetoric, Experience and Self-perception in Twenties-century China.* Hong Kong University Press.

Young, Helen Praeger. 2001. *Choosing Revolution: Chinese Women Soldiers on the Long March.* University of Illinois Press.

Jacka, Tamara. 1997. *Women's Work in Rural China: Change and Continuity in an Era of Reform.* Cambridge University Press.

West, Jackie, et al. (eds.). 1999. *Women of China: Economic and Social Transformation.* St. Martin's Press.

Wang, Zheng. 1999. *Women and the Chinese Enlightenment: Oral and Textual Histories.* University of California Press.

Rofel, Lisa. 1998. *Other Modernities: Gendered Yearnings in China after Socialism.* University of California Press.

Lee, Ching Kwan. 1998. *Gender and the South China Miracle: Two Worlds of Factory Women.* University of California Press.

Judd, Ellen R. 2002. *The Chinese Women's Movement between State and Market.* Stanford University Press.

Bossen, Laurel. 2002. *Chinese Women and Rural Development: Sixty Years of Change in Lu Village, Yunnan.* Rowmen & Littlefield.

Sex

Goldin, Paul Rakita. 2001. *The Culture of Sex in Ancient China.* University of Hawaii Press.

Sommer, Matthew H. 2000. *Sex, Law, and Society in Late Imperial China.* Stanford University Press.

Dikotter, Frank. 1995. Sex, *Culture, and Modernity in China: Medical Science and the Construction of Sexual Identities in the Early Republic Period.* University of Hawaii Press.

Evans, Harriet. 1997. *Women and Sexuality in China: Female Sexuality and Gender Since 1949.* Continuum.

Ng, Man Lun and Haeberle (eds.). 1997. *Sexual Behavior in Modern China: Report on the Nationwide Survey of 20000 Men and Women.* Continuum.

Jeffreys, Elaine. 2009. *Sex and Sexuality in China.* Routledge.

Farquhar, Judith. 2002. *Appetites: Food and Sex in Post-Socialist China.* Duke University Press.

Farrer, James. 2002. *Opening Up: Youth Sex Culture and Market Reform in Shanghai.* University of Chicago Press.

Hinsch, Bret. 1990. *Passions of the Cut Sleeve: The Male Homosexual Tradition in China.* University of California Press.

Tales, Telling and Elaine Jeffrey. 2004. *China, Sex and Prostitution.* Rutledge.

Zheng, Tiantiam. 2009. *Ethnographies of Prostitution in Contemporary China.* Palgrave macmillan.

思考题

1. 为什么一夫一妻制是当今人类家庭体制的主要形式？
2. 家庭的功能有何变化？
3. 家庭的结构有何变化？
4. 当今中国家庭功能如何？
5. 当今中国家庭结构如何？

第十四章　民族社会学与宗教社会学

这是第三编社会体制的最后一章。和经济、政治、军事、社会保障、教育、家庭一样，民族与宗教是两种社会体制。马戎、郑杭生等著有《民族社会学》。孙尚扬、戴康生、彭耀等著有《宗教社会学》分别对民族社会学与宗教社会学进行探讨。

第一节　民族社会学

马戎的《民族社会学》是当今中国分科社会学的奇葩，在体例和容量上，与当今发达国家的民族社会学不相上下。这说明，只要中国社会学集中人力、物力、财力，十年磨一剑，中国各个分科社会学完全可以赶上当今世界发达国家的分科社会学。现在出版了《西方民族社会学经典读本》。更为重要的是，要编写、出版《中国民族社会学经典读本》。

一、民族与种族

当今世界上约有大小民族2 000多个，其中人口在1亿以上的有七个，人口在1 000万以上的有60多个，100万以上的有200多个，他们的人口总数超过全球人口99%以上。其余1 000多个民族总共约有4 000万人。基于体质人类学的研究成果，大多数人类学者认为世界上存在三个种族：白色人种（高加索人种）、黄种人（蒙古人种）和黑种人（尼格罗人种）。白种人是世界上人口最多的人种，占世界总人口的54%左右。黄种人是世界上排第二位的人种，约占全球总人口的37%。黑种人是世界第三大人种，约占世界总人口的8.5%。

世界上有100多个国家，有2 000多个民族，平均一个国家有十几个民族。有些国家是单一民族的国家，但多数国家是多民族的国家。美国曾经有非常严重的民族问题和种族问题，但经过多年的艰苦努力，相对而言，今天美国是一个真正的民族大熔炉，民族问题和种族问题处理得很好。欧洲今天有严重的民族问题和种族问题，特别是法国。苏联由于处理民族问题失败，分裂成15个国家。

二、中国少数民族

中华民族是农耕民族和游牧民族融合而成的。多数时间农耕民族为主，少数时间游牧民族放主中原，如元朝、清朝。这个融合过程现在还在进行之中，没有最后完成。中国今天共有56个民族，2008年，人数较多的少数民族有：壮族1 600多万，满族1 000多万，回族900多万，苗族890多万，维吾尔族830多万，土家族800万，彝族700多万，蒙古族580多万，藏族540多万。①

2009年，中国国务院发布了《中国民族政策与各民族共同繁荣》白皮书。中国现行的少数民族政策主要有以下两项：第一，坚持民族平等和民族团结的原则。第二，实行民族区域自治。早在新中国成立之前的1947年，在中国共产党领导下，中国就建立第一个省级民族自治地方——内蒙古自治区。中华人民共和国成立后，根据宪法和法律的规定，中国政府开始在少数民族聚居的地方全面推行民族区域自治。1955年10月，新疆维吾尔自治区成立；1958年3月，广西壮族自治区成立；1958年10月，宁夏回族自治区成立；1965年9月，西藏自治区成立。截至2008年底，全国共建立了155个民族自治地方，包括5个自治区、30个自治州、120个自治县（旗）。2000年第五次全国人口普查表明，55个少数民族中，有44个建立了自治地方，实行区域自治的少数民族人口占少数民族总人口的71%，民族自治地方的面积占全国国土面积的64%。此外，中国还建立了1 100多个民族乡，作为民族区域自治制度的补充。②

三、反对“疆独”

中国国务院2009年发布了《新疆的历史与发展》白皮书③，白皮书指出，新疆维吾尔自治区（简称新疆）地处中国西北边陲，亚欧大陆腹地，是一个多民族、多宗教并存的边防要地。面积166.49万平方公里，占中国国土面积的六分之一，2008年新疆人口总数为2 130.81万，陆地边境线5 600公里，与八个国家接壤，是维吾尔族的聚居地。从西汉开始成为中国统一的多民族国家不可分割的组成部分。

本小节以下内容来自《中国历代治理新疆国策研究》④。西汉王朝是我国第一个统一新疆地区的中央政府。在行政管理方面，西汉政府为了加强对西域的统治，在中央设立了大鸿胪（相当于国家民委），主要管理西汉王朝边疆地区的民族事务。魏晋南北朝时期，中原王朝对西域的管理较弱，但中原王朝对西域的管理从未中断过，西域各地方政权一直同中原王朝保持着联系，各族人民出现了大融合的局面。

唐朝从公元630年开始经营新疆，首先是进入东疆，然后统一南疆，再经过八年的武力征讨，唐军完全平定了贺鲁叛军，消灭了西突厥汗国，原属西突厥的整个西域和中亚地区全部划入了唐朝的版图，彻底完成了统一西域的历史任务。唐朝中央政府对西域各地实行藩汉分别管理制度，即在汉民集中居住的伊州、西州和庭州等地，行政上采用与内地一样的府、州、县、乡、里管理制度；经济上推行“均田制”（唐朝田制）与“租庸调制”（唐朝赋税制度）；军事上实行“府兵制”（唐朝军事制度）。非汉民聚居

① 《中国统计年鉴（2009）》，第28页。

② 国务院白皮书：《中国民族政策与各民族共同繁荣》。

③ 国务院白皮书：《新疆的历史与发展》。

④ 方英楷：《中国历代治理新疆国策研究》，新疆人民出版社，2006年。

区，则设置“羁縻府州”，即继续维护当地本民族首领的行政管理制度，冠以唐朝都护、都督、州刺史的名号，允许其以旧俗治理其部众。同时，还在龟兹、于阗、疏勒、碎叶（一度是焉耆）设军事建制，史称“安西四镇”。

蒙古汗国和元朝统治时期，为了实现对新疆的有效治理，主要采取了分封西北藩王、设置达鲁花赤、建立行省制度、实行屯田戍边、驿站贸易、促进民族融合和平等对待宗教等政策，既维护了政治上的统一，促进了当地经济文化的发展，又密切了各民族间的经济文化联系。明朝是继元朝之后又一个较为强盛的王朝，从1374年开始，明朝在撒里畏兀儿地区设立了七个卫，各地方割据政权以明中央政权为宗主国，向明朝政府称臣纳贡，保障丝绸之路的畅通。

从1696年开始到1759年结束，前后经历60多年，清政府终于统一了新疆。清政府为了有效治理新疆，在不同地方实行州县制、扎萨克制、伯克制，实行军府制、政教分离等政策。在清朝统治后期，外敌入侵，新疆各族人民大起义，清朝在新疆的统治名存实亡。1876年，左宗棠指挥西征，经过乌鲁木齐、玛纳斯、吐鲁番、喀什葛尔等五大战役，清军光复了除伊犁之外的新疆领土。1879年10月清朝政府与俄国签订《交收伊犁条约》，收回伊犁。1884年，清政府采纳左宗棠的建议，建立了新疆省。

民国时期，杨增新为新疆都督兼布政使（1912年至1928年），他安抚哈密、吐鲁番的农民起义军，镇压南疆的哥老会，分化瓦解伊犁革命党人，统一新疆北部地区，维护祖国领土完整。在杨增新之后金树仁统治新疆只有五年（1928年至1933年），由于实行暴政，激化了本来就尖锐的社会矛盾，酿成了“哈密之变”。盛世才统治新疆时（1933年至1944年），制定了“六大政策”，建立新疆民众反帝联合会、整编军队、建立安保情报机构等军事政策。在经济方面实施农业救济，恢复农业生产，大力恢复发展畜牧业，整顿财政金融、发展屯田事业。还重视发展教育事业。吴忠信治疆的政策是释放盛世才统治时期被冤枉关押的大批政治犯，安抚地方，提出“敦睦邦交”的外交政策，设立行政区，实行保甲法。张治中1946年至1947年5月期间治理新疆，提出和平治理新疆政策。1947年5月至1949年1月，麦斯武德为新疆主席，大肆反苏、反共，打击三区在省政府的代表，迫害各族爱国人士，重用泛土耳其主义分子，破坏祖国统一，破坏民族团结，遭到新疆各族人民的反对。包尔汉统治新疆时期，贯彻“和平、民主、统一、团结”的政治主张，严厉革除贪污、赌博、吸毒三大祸害。

《新疆的分裂与反分裂斗争》一书对“疆独”问题作了详细的论述，以下内容来自该书。[①] 在中世纪阿拉伯地理学著作中，曾出现过“突厥斯坦”一词，意为“突厥人的地域”，是指中亚锡尔河以北及毗连的东部地区。20世纪初以后，极少数新疆分裂分子和宗教极端分子，受国际上宗教极端主义和民族沙文主义思潮的影响，根据老殖民主义者炮制的说法，将不规范的地理名词“东突厥斯坦”政治化，编造了一套所谓的“东突厥斯坦独立”的“思想理论体系”。鼓吹“东突厥斯坦”自古以来就是一个独立的国家，其民族有近万年历史，“是人类历史上最优秀的民族”；鼓噪所有操突厥语和信奉伊斯兰教的民族联合起来，组成一个“政教合一”的国家；否认中国各民族共同缔造

① 陈超：《新疆的分裂与反分裂斗争》，民族出版社，2009年。

伟大祖国的历史；叫嚣“要反对突厥民族以外的一切民族”，消灭“异教徒”，中国是“东突厥斯坦民族3 000年的敌国”等等。所谓的“东突”理论形成后，形形色色的分裂分子都打着“东突”的旗号进行活动，企图实现其建立“东突厥斯坦国”的妄想。从20世纪初至40年代末，“东突”势力在外国敌对势力的怂恿、支持下，多次制造动乱。

20世纪50年代，分裂活动在南疆较猖獗，比较典型的有，1954年12月31日，以阿不都·依米提大毛拉为首在和田发动暴乱。20世纪60年代，国际国内形式发生剧烈变化，苏、共两党矛盾升级，新疆成为矛盾斗争前沿之一。1962年5月29日，伊宁市发生民族分裂主义分子煽动的暴乱，边民大量外流，史称“伊塔事件”或“5·29事件”。

20世纪80年代，改革开放，政策宽松，分裂主义势力乘机兴风作浪。在落实宗教政策过程中，被取缔的经文学校死灰复燃。到1989年，全疆私办经文学校共有928所，学生超过万人，这些私办经文学校并非以传授知识为主，而是将其作为培养分裂分子的阵地；受毒害的青少年令人担忧。塔（塔里木）西油田一所中学破获一个地下分裂组织，其头目竟然是该校初一女生，11名成员全部是女生，平均年龄只有13岁；境外分裂势力利用国内改革开放的宽松环境兴风作浪，千方百计向境内渗透，传播其分裂毒素；“东突”分裂势力活动频繁，甚嚣尘上。改革开放不断向前推进，“东突”势力也在恶性膨胀，无论在思想上或是组织上，都比以往越走越远，分裂暴乱事件不断发生。

20世纪90年代，是新疆分裂主义分子犯罪活动的高潮，分裂势力在国内外的活动极为活跃，冠以各种名称的分裂组织纷纷出笼，分裂破坏活动频率加快，形式多样，手段残忍，恐怖色彩浓厚。新疆分裂分子与国际恐怖组织合流，东突势力与塔利班、车臣等国际恐怖组织已经连成一气，别有用心的西方势力藏污纳垢，支持纵容。在宗教极端主义、分裂主义和国际恐怖主义的影响下，境内外部分“东突”势力转向以恐怖暴力为主要手段的分裂破坏活动。一些“东突”组织公开宣扬要通过恐怖暴力手段达到分裂目的。“东突”势力策划、组织了一系列爆炸、暗杀、纵火、投毒、袭击等血腥恐怖暴力事件，严重危害了中国各族人民群众的生命财产安全和社会稳定。

“9·11”事件后，“东突”分裂势力中一部分人在联合反恐的压力下，试图效仿达赖喇嘛，成立所谓“流亡政府”，改变其分裂活动的策略。妄图继续推动所谓“新疆问题”国际化。仍在利用多种传媒制造分裂舆论，噪音并未减弱。美日欧朝野都有人明里暗里支持疆独势力，比如美国对热比娅的支持。2008年以来“东突”势力开始新一轮的破坏活动。特别是2009年7月5日发生的由境内外恐怖主义势力、分裂主义势力、极端主义势力精心策划组织的新疆维吾尔自治区乌鲁木齐市打砸抢烧严重暴力犯罪事件，数千名暴徒分布在市区多处打砸抢烧，造成近200人死亡，1 000多人受伤，部分商店和汽车被烧毁。总而言之，国内外滋生新疆分裂势力的气候和土壤在短期内不可能完全消失，彻底消灭“疆独”势力，任重而道远。

四、反对"藏独"

西藏自古以来就是中国不可分割的一部分。唐朝藏汉双方通过王室间的联姻、会盟，在政治上形成了团结友好的亲谊关系，在经济和文化上建立了密切的联系，为最终建立统一的国家奠定了深厚的基础。今天西藏自治区首府拉萨大昭寺前的广场上还矗立着公元823年为双方会盟建立的"唐蕃会盟碑"。碑文记载："舅甥二主，商议社稷如一，结立大和盟约，永无渝替！神人俱以证知，世世代代，使其称赞。"

十三世纪中叶，西藏正式归入中国元朝版图。七百多年来，中国中央政府一直对西藏地方行使着主权，西藏地方从未成为一个独立国家。元朝皇帝设置了宣政院，直接管理西藏地区军政要务。在西藏地区成立了地方军政机构，隶属于宣政院。元朝在西藏驻有军队。元朝中央派官员入藏，按照户口多寡，地形险易，出产丰啬，设立大小驿站，连成交通线，由西藏通往大都（今北京市）。1268年、1287年、1334年进行了三次人口调查。

1368年明王朝接替元王朝，继承了治理西藏的权力。明朝中央对元代的官职名称、品秩，大都保留原状。1644年，清王朝取代了明王朝，进一步加强了对西藏的治理。清朝皇帝于1653年、1713年分别册封五世达赖喇嘛和五世班禅喇嘛，自此正式确定了达赖喇嘛和班禅额尔德尼的封号，以及他们在西藏的政治和宗教地位。达赖喇嘛在拉萨统治西藏的大部分地区，班禅额尔德尼在日喀则统治西藏的另一部分地区。

清政府掌握确定西藏各大活佛包括达赖喇嘛、班禅额尔德尼去世后转世灵童的大权。每逢一代达赖喇嘛、班禅额尔德尼和西藏各大转世活佛的转世灵童觅到时，即将灵童姓名缮写在签上，纳入中央颁发的金瓶，由驻藏大臣会集有关大活佛，掣签确定（金瓶和签现在仍保存在拉萨）。转世灵童的剃发、取法名、选定授戒的师傅和授经的师傅，也都须经过驻藏大臣奏报朝廷核准。当举行达赖喇嘛、班禅额尔德尼的坐床和亲政典礼时，中央派大员亲临监视。驻藏大臣代表中央政府督办藏内事务，地位与达赖喇嘛、班禅额尔德尼平等。噶伦以下（包括噶伦）都是属员。对西藏文武官员确定品级、名额和升补手续。最高一级藏族官员有噶伦四名、代本六名，由中央任命。噶伦、代本的年俸由中央发给。从1727年始设驻藏大臣到清王朝覆灭的1911年，清中央政府先后派遣驻藏大臣达百余人。

达赖集团和国际反华势力大肆鼓吹的所谓"西藏独立"，不过是近代历史上帝国主义侵略中国的产物。为了把西藏纳入英国的势力范围，1888年、1903年，英国侵略者发动了两次侵略中国西藏的战争。西藏军民奋起抵抗但惨遭失败。在第二次侵藏战争中，英军一度攻占了拉萨，十三世达赖喇嘛被迫出走，侵略者迫使西藏地方政府官员签订了《拉萨条约》。但由于清朝政府外务部认为《拉萨条约》有损主权，清朝驻藏大臣不予签字，条约无效。帝国主义靠直接军事侵略没有达到完全控制西藏的目的之后，就变换手法，开始策划把西藏从中国分裂出去的活动。1907年8月31日，英、俄帝国签订了《英俄同盟条约》，其中把中国在西藏的主权改称为"宗主权"。这是在国际文件中第一次把中国对西藏地方的主权篡改为"宗主权"。

中华民国期间，中央政府一如元、明、清三朝，实行对西藏地方的治理。1912 年中央政府设立蒙藏事务局（1914 年 5 月改为蒙藏院），取代清朝的理藩院，主管西藏地方事务，并任命了中央驻藏办事长官，例行清朝驻藏大臣职权。南京国民政府成立后，于 1929 年设立蒙藏委员会，主管藏族、蒙古族等少数民族地区行政事宜。1940 年 4 月，国民政府在拉萨设立蒙藏委员会驻藏办事处，作为中央政府在西藏的常设机构。依历史定制，达赖喇嘛、班禅额尔德尼以及其他大活佛，必须得到中央政府的认可和册封，他们在西藏地方才有政治上和宗教上的合法地位。民国期间，外患不已，内乱频仍，中央政府孱弱，但达赖喇嘛、班禅额尔德尼继续接受中央政府的册封。达赖、班禅等多次表示维护祖国统一，拥护中央政府。

1913 年，英国政府利用袁世凯迫切要求得到各国外交承认和得到国际借款的心理，迫使北京政府参加英国政府提出的中、英、藏“三方会议”，即“西姆拉会议”。经过英国的唆使，西藏代表首次提出了“西藏独立”的口号，并提出“西藏疆域包括青海、理塘、巴塘等处并及打箭炉”等要求，当即遭到中国政府代表的拒绝。1914 年 7 月 3 日，中国政府代表拒绝在所谓“西姆拉条约”上签字，并且发表声明：“凡英国和西藏本日或他日所签订的条约或类似的文件，中国政府一概不能承认。”中国政府同时将此立场照会英国政府。会议遂以失败告终。

1942 年夏，西藏地方政府在英国代表的支持下突然宣布成立“外交局”，公开进行“西藏独立”活动。消息传出，遭到全国人民的同声谴责，国民政府也发出严正警告，西藏地方政府迫于压力，不得不向国民政府报告改变原议。1949 年底前后，美国人劳尔·汤姆斯以“无线电评论员”名义在西藏探索“华盛顿给西藏以可能的援助”，并在美报刊上报道：“美国已准备承认西藏为独立自由的国家”。1950 年上半年，一批美国枪支弹药经由加尔各答运入西藏，用以对抗中国人民解放军进藏。同年 11 月 1 日，美国国务卿艾奇逊公开诬蔑中国解放本国领土西藏的行动是“侵略”。同月，美国指使他国在联合国提出干涉中国西藏的提案。由于中国政府的严正立场和一些国家的反对，这个阴谋没有得逞。

1959 年之前的西藏是一个比欧洲中世纪还要黑暗、落后的政教合一的封建农奴制社会。十四世达赖喇嘛作为藏传佛教格鲁派首领，也是西藏地方政府首脑，集政教大权于一身，是西藏封建农奴主阶级的总代表。占西藏总人口不足 5% 的农奴主占有着西藏绝大部分生产资料，垄断着西藏的物质精神财富，而占人口 95% 以上的农奴和奴隶没有生产资料和人身自由，遭受着极其残酷的压迫和剥削，挣扎在极端贫困的悲惨境地中，根本谈不上做人的权利。长期政教合一的封建农奴制统治窒息了西藏社会的生机和活力，使西藏社会日益走向没落和衰败。

1951 年，中央人民政府与西藏地方政府签订《关于和平解放西藏办法的协议》（简称《十七条协议》），西藏摆脱了帝国主义侵略势力的羁绊，实现和平解放，为西藏与全国一起实现共同进步与发展创造了基本前提。在国外反华势力的支持下，1959 年 3 月 10 日，西藏上层反动集团在拉萨经过精心策划，挑起了全面武装叛乱。3 月 17 日夜，达赖喇嘛与噶伦索康、柳霞、夏苏等叛乱头目一起逃离拉萨，前往叛乱武装的“根据地”山南。叛乱失败后，又逃往印度。

西藏的武装叛乱，从一开始就得到国外反华势力的支持。1957年2月，美国情报机构在太平洋某岛训练了“四水六岗”叛乱分子。从1956年到1957年，该情报机构先后遴选了170多名叛乱分子到美国的“康巴游击队员训练基地”受训。接受训练后的数百名藏人被空投回西藏，随身配备了手提机枪，脖子上还挂着装有达赖相片的小金盒。该情报机构共训练了2 000多名西藏叛乱分子游击队。1958年7月和1959年2月，该情报机构向“四水六岗”叛乱武装进行了两次武器空投，包括403支步枪、20挺轻机枪和60箱手榴弹，以及几口袋印度卢比。1958年11月，该情报机构通过所谓“麦克马洪线”以南印度占领区，向山南叛军运送了226驮武器装备。次年1月，又通过尼泊尔运入40驮物资，经协噶尔运给山南叛乱武装。该情报机构先后对康区叛军进行了30多次空投，投下的物资多达250吨，包括近万支M－1步枪、冲锋枪等枪械以及轻便的57无后坐力炮和高射机枪。1957年至1960年，美国给西藏叛乱游击队空投了400多吨物资。

60年代初期，达赖集团在印度达兰萨拉召开“西藏人民代表大会”，成立了所谓“西藏流亡政府”，颁布所谓“宪法”，规定“由达赖任国家首脑”，“大臣由达赖任命”，“政府的一切工作均应由达赖同意方被认可”。1991年达赖集团修改后的所谓“宪法”中，仍规定达赖是“国家首脑”。达赖及其所谓“流亡政府”向国外藏胞长期征收“独立税”，在一些国家设立“办事机构”，出版发行宣扬“西藏独立”的刊物和书籍，从事“西藏独立”的政治活动。达赖集团还成立各种“藏独”组织，如“三区团结会”、“西藏青年大会”、“西藏妇女协会”、“西藏全国民主党”等。

在印度和美国的支持下，达赖在境外组建了两支武装，一支是1960年3月在印度大吉岭重新组建的“四水六岗教军”，共3 200余人，总部下辖13个连队。该支部队长期在中尼边境进行骚扰破坏活动，袭击中国军政人员，危害边疆群众的生产和生活。另一支是“印藏边境特种部队”，该部是1962年印度在中印边境挑衅失败后，印度、美国和达赖集团出于对西藏边防军事斗争的需要，于1962年冬开始组建的，由达赖集团出人，美国出钱、出物，印度出教官和营房设施。

达赖集团在西藏境内进行破坏活动，其中严重的有：1987年10月1日，10多名喇嘛在游园活动中制造骚乱，冲进派出所殴打公安人员，烧毁汽车。1988年3月5日，500多名喇嘛呼喊“西藏独立”的口号，在街上游行，围攻自治区及有关部门的领导干部，打伤29名武警。1989年3月5日，分裂主义分子闹事，在两天的骚乱中，造成11人死亡，100多人受伤，900家国营和个体商店被抢、砸，24个政府机关、企业和学校受到冲击，20多辆汽车被砸毁。2008年3月14日，发生了一起严重的打砸抢烧暴力事件，犯罪分子纵火300多处，18名无辜群众被烧死或砍死，受伤群众达380多人。

五十年沧桑巨变，西藏经历了从黑暗走向光明、从落后走向进步、从贫穷走向富裕、从专制走向民主、从封闭走向开放的光辉历程。青藏铁路运营良好。当前，西藏国防巩固、经济发展、社会进步、文化繁荣、民生改善、民族团结、政通人和，正处于历史上最好的发展时期。但彻底消灭“藏独”势力，任重而道远①。

① 以上内容主要来自中国国务院关于西藏的两个白皮书。

第二节　宗教社会学

一、宗教概述

基督教、伊斯兰教、佛教，为目前世界的三大宗教。基督教又分为东正教、罗马天主教和新教（又可以称它为耶稣教）三个教派。现在全球大概共有15亿~21亿人信仰基督教，占世界总人口的25%~30%，[①] 为拥有信徒最多、全球分布最广的宗教，欧洲、美国的信徒最多。

穆斯林总人数是15.7亿，分布在204个国家和地区，占全世界的23%，伊斯兰教主要传播于亚洲、非洲，以西亚、北非、西非、中亚、南亚次大陆和东南亚最为盛行。在30多个国家中，伊斯兰教被定为国教。穆斯林们分布于世界各地，国籍、民族、肤色和语言各不相同。

目前佛教在全球教徒约有2.8亿，广泛流传于亚洲的许多国家。大乘佛教流行于中国、蒙古、朝鲜、日本和越南。因其是从印度向北传播的佛教，又称北传佛教。小乘佛教流行于斯里兰卡、缅甸、泰国、柬埔寨和老挝等国家。因其是由印度向南传播的佛教，亦称南传佛教。

古今中外，特别是在欧洲和中东，都发生过宗教战争。比如，著名的十字军东征。当今世界，不同宗教之间在世界上如何和平相处，不同宗教之间在一个国家内部如何和平相处，有不少经验教训，也有不少研究。有关基督教和伊斯兰教的关系，近年来有一本名著，名为《巨塔杀机》[②]，值得关注。

二、中国宗教

中国是个多宗教的国家。中国宗教徒信奉的主要有佛教、道教、伊斯兰教、天主教和基督教。中国公民可以自由地选择、表达自己的信仰和表明宗教身份。据不完全统计，中国现有各种宗教信徒一亿多人，宗教活动场所8.5万余处，宗教教职人员约30万人，宗教团体3 000多个。宗教团体还办有培养宗教教职人员的宗教院校74所。

佛教在中国已有两千年历史。现在中国有佛教寺院1.3万余座，出家僧尼约20万人，其中藏语系佛教的喇嘛、尼姑约12万人，活佛1 700余人，寺院3 000余座；巴利语系佛教的比丘、长老近万人，寺院1 600余座。道教发源于中国，已有1700多年历史。中国现有道教宫观1 500余座，乾道、坤道2.5万余人。伊斯兰教于公元7世纪传入中国。伊斯兰教为中国回、维吾尔等10个少数民族中的群众信仰。这些少数民族总人口约1 800万，现有清真寺3万余座，伊玛目、阿訇4万余人。

① ［英］约翰·鲍克：《神之简史》，三联书店，2007年，第78页。
② ［美］劳伦斯·赖特：《巨塔杀机》，上海译文出版社，2009年。

天主教自公元7世纪起几度传入中国，1840年鸦片战争后大规模传入。1840年鸦片战争后，西方的基督教和天主教被殖民主义、帝国主义利用，充当了侵略中国的工具，一些西方传教士扮演了不光彩的角色。中国宗教实行独立自主自办的方针，是中国人民在反抗殖民主义、帝国主义侵略和奴役的斗争中，由中国宗教信徒自主作出的历史性选择。中国现有天主教徒约400万人，教职人员约4 000人，教堂、会所4 600余座。基督教（新教）于公元19世纪初传入中国，并在鸦片战争后大规模传入。中国现有基督徒约1 000万人，教牧传道人员1.8万余人，教堂1.2万余座，简易活动场所（聚会点）2.5万余处。

在中国，全国性的宗教团体有中国佛教协会、中国道教协会、中国伊斯兰教协会、中国天主教爱国会、中国天主教主教团、中国基督教三自爱国运动委员会、中国基督教协会等。各宗教团体按照各自的章程选举、产生领导人和领导机构。

中国各宗教团体自主地办理教务，并根据需要开办宗教院校，印刷发行宗教经典，出版宗教刊物，兴办社会公益服务事业。中国与世界许多国家一样，实行宗教与教育分离的原则，在国民教育中，不对学生进行宗教教育。部分高等院校及研究机构开展宗教学的教学和研究。在各宗教组织开办的宗教院校中，根据各教需要进行宗教专业教育。宗教教职人员履行的正常教务活动，在宗教活动场所以及按宗教习惯在教徒自己家里进行的一切正常的宗教活动，如拜佛、诵经、礼拜、祈祷、讲经、讲道、弥撒、受洗、受戒、封斋、过宗教节日、终傅、追思等，都由宗教组织和教徒自理，受法律保护，任何人不得干涉。

在漫长的历史发展过程中，中国各宗教文化已成为中国传统思想文化的一部分。中国的宗教徒有爱国爱教的传统。中国政府支持和鼓励宗教界团结信教群众积极参加国家的建设。各宗教都倡导服务社会，造福人群，如佛教的“庄严国土，利乐有情”，天主教、基督教的“荣神益人”，道教的“慈爱和同、济世度人”，伊斯兰教的“两世吉庆”等。

在中国，各种宗教地位平等，和谐共处，未发生过宗教纷争；信教的与不信教的公民之间也彼此尊重，团结和睦。这既是由于源远流长的中国传统思想文化中兼容、宽容等精神的影响，更是因为中华人民共和国成立后，中国政府制定和实施了宗教信仰自由政策，建立起了符合国情的政教关系。中国政府坚决反对利用宗教狂热来分裂人民、分裂国家、破坏各民族之间团结的民族分裂主义，坚决反对利用宗教进行的非法活动和恐怖主义活动，坚决维护国家统一和少数民族地区的社会稳定，保护少数民族信教群众正常的宗教活动①。

本章小结

1. 全世界有2 000多个民族，100多个国家，平均一个国家十几个民族。如何处理民族关系，美国有民族大熔炉的成功经验，苏联有完全解体的失败教训，值得关注。

① 以上内容主要来自中国国务院的《中国的宗教信仰自由状况》白皮书。

2. 当今中国，汉族占人口近90%，少数民族占人口10%多一点。主要少数民族有壮、满、回、苗、维吾尔、土家、彝、蒙古、藏等。中国实行民族平等、民族团结、少数民族区域自治政策。

3. 新疆自西汉以来就是中国领土。内地战乱、软弱时，会有分裂势力出现。最近一百年出现了“东突疆独”分裂势力。彻底消灭“疆独”势力，任重而道远。

4. 西藏正式归入中国版图七百多年，中国一直行使主权。所谓“西藏独立”是近代以来帝国主义侵略中国的产物。达赖流亡政府还在反华势力支持下，从事“藏独”活动。彻底消灭“藏独”势力，任重而道远。

5. 当今世界三大宗教是基督教、伊斯兰教、佛教。三大宗教之间是和谐还是冲突，有关研究值得关注。

6. 中国多数人不信宗教，少数人信仰宗教。中国实行信仰自由、政教分离、宗教与教育分离政策。

名词解释

民族：人们在历史上形成的一个有共同语言、公共地域、共同经济生活以及表现于共同文化上的共同心理素质的稳定的共同体。

宗教：一种信仰和实践的体系，通过这个体系，某群人对其感受到的神圣之物，通常还包括超自然的东西，进行崇拜并作出解释。

中文推荐阅读

相关文献

1. 国务院白皮书：《中国的民族政策与各民族共同繁荣》，
http://www.gov.cn/zwgk/2009-09/27/content_1427930.htm
2. 国务院白皮书：《新疆的历史与发展》，
http://www.gov.cn/zwgk/2005-05/27/content_1463.htm
3. 国务院白皮书：《新疆的发展与进步》，
http://www.gov.cn/zwgk/2009-09/21/content_1422414.htm
4. 国务院白皮书：《西藏的主权归属与人权状况》，
http://www.gov.cn/zwgk/2005-05/25/content_623.htm
5. 国务院白皮书：《西藏民主改革50年》，
http://www.gov.cn/zwgk/2009-03/02/content_1248131.htm
6. 国务院白皮书：《中国的宗教信仰自由状况》，
http://www.gov.cn/zwgk/2005-05/26/content_1048.htm
7. 马戎：《民族社会学》，北京大学出版社，2004年。
8. 马戎：《西方民族社会学经典读本》，北京大学出版社，2010年。
9. 郑杭生：《民族社会学》，中国人民大学出版社，2005年。

10. 乌小龙:《当代世界和平进程中的民族问题》, 中央民族大学出版社, 2006 年。
11. 金炳镐 :《新中国民族政策六十年》, 中央民族大学出版社, 2009 年。
12. 厉声:《中国新疆历史与现状》, 新疆人民出版社, 2006 年。
13. 陈超:《新疆的分裂与反分裂斗争》, 民族出版社, 2009 年。
14. 方英楷:《中国历代治理新疆国策研究》, 新疆人民出版社, 2006 年。
15. 马大正:《新疆史鉴》, 新疆人民出版社, 2006 年。
16. 耿世民:《新疆历史与文化概论》, 中央民族大学出版社, 2006 年。
17. 陈庆英、高淑芬:《西藏通史》, 中州古籍出版社, 2003 年。
18. 牙含章 :《达赖喇嘛传》, 人民出版社, 1984 年。
19. 王小彬:《经略西藏——新中国西藏工作六十年》, 人民出版社, 2009 年。
20. [美] 梅 · 戈尔斯坦:《喇嘛王国的覆灭》, 中国藏学出版社, 2005 年。
21. 孙尚扬:《宗教社会学 》, 北京大学出版社, 2004 年。
22. 戴康生、彭耀:《宗教社会学》, 社会科学文献出版社, 2007 年。
23. 牟钟鉴、张践:《中国宗教通史》, 社会科学文献出版社, 2003 年。
24. [英] 约翰 · 鲍克:《神之简史》, 三联书店, 2007 年。
25. [美] 劳伦斯 · 赖特:《巨塔杀机》, 上海译文出版社, 2009 年。
26. 李德洙、叶小文:《 当代世界民族宗教》, 中共中央党校出版社, 2003 年。
27. 许涛:《 世界民族宗教问题大聚焦 》, 时事出版社 , 2003 年。
28. 董小川,《现代欧美国家宗教多元化的历史与现实》, 上海三联书店, 2008 年。
29. 何光沪:《宗教与当代中国社会》, 中国人民大学出版社 , 2006 年。
30. 李向平:《信仰、革命与权力秩序 》, 上海人民出版社, 2006 年。
31. 邓小美: 《超越顺应——现代宗教社会观下的佛教》, 中国社会科学出版社, 2004 年。
32. 邓子美,《中国佛教史》, 上海古籍出版社, 2009 年。
33. 方立天:《中国佛教简史》, 宗教文化出版社, 2001 年。
34. 任继愈:《中国佛教史》(第一卷), 中国社会科学出版社, 2009 年。
35. 刘仲宇:《道教史》, 上海古籍出版社, 2009 年。
36. 卿希泰、唐大潮 :《道教史》, 江苏人民出版社, 2006 年。
37. 李兴华等:《中国伊斯兰教史》, 中国社会科学出版社, 1998 年。
38. 徐以骅:《中国基督教史纲》, 上海古籍出版社, 2009 年。

相关刊物

1. 《民族问题研究》
2. 《民族研究》
3. 《世界民族》
4. 《宗教》

相关网站

1. 国家民族事务局 http：//www. seac. gov. cn/
2. 国家宗教事务局 http：//www. sara. gov. cn/
3. 少数民族中国网 http：//www. china. com. cn/ch – shaoshu/
4. 中国宗教网 http：//www. religionmanage. com/
5. 中国宗教文化交流网 http：//www. crcca. net/
6. 中国宗教学术网 http：//iwr. cass. cn/

英文推荐阅读

Minorities

Di Cosmo, Nicola. 2002. *Ancient China and Its Enemies: The Rise of Nomadic Power in East Asian History*. Cambridge University Press.

Jagchid, Sechin and Symons, Van Jay. 1989. *Peace, War, and Trade along the Great Wall: Nomadic-Chinese Interaction Through Two Millennia*. Indiana University Press.

Barfield, Thomas J. 1989. *The Perilous Frontier: Nomadic Empires and China*. Blackwell.

Mackerras, Colin. 1994. *China's Minorities: Integration and Modernization in the Twentieth Century*. Oxford University Press.

Machkerras, Colin. 2003. *China's Ethnic Minorities and Globalization*. Routledge.

Heberer, Thomas. 1989. *China and Its National Minorities: Autonomy or Assimilation?* M. E. Sharpe.

Mackerras, Colin. 1995. *China's Minority Cultures: Identities and Integration Since 1912*. St. Martin's Press.

Zhou Minglang. 2003. *Multilingualism in China: The Politics of Writing Reforms for Minority Languages 1949 – 2002*. Mouton de Gruyter.

Hansen, Mette Halskov. 1999. *Lessons in Being Chinese-Minority Education and Ethnic Identify in Southwest China*. University of Washington Press.

Dikotter, Frank. 1992. *The Discourse of Race in Modern China*. Stanford University Press.

Rhoads, Edward J. M. 2000. *Manchus and Han: Ethnic Relations and Political Power in Late Qing and Early Republican China, 1861 – 1928*. University of Washington Press.

Crossley, Pamela Kyle. 2002. *The Manchus*. Blackwell.

Janhunen, Juha. 1996. *Manchuria: An Ethnic History*. The Finno-Ugrian Society.

Millward, James. 2009. *Eurasian Crossroads: A History of Xinjiang*. Columbia University Press.

Dillon, Michael. 2009. *Xinjiang-China's Muslim Far Northwest*. Routledge.

Starr, S. Frederick. 2004. *Xinjiang: China's Muslim Borderland*. M. E. Sharp.

Lipman, Jonathan. 1998. *Familiar Strangers: A History of Muslim in Northwest China*.

University of Washington Press.

Gladney, Dru C. 1996. *Muslim Chinese: Ethnic Nationalism in the People's Republic.* Harvard University Press.

Israeli, Raphael. 1980. *Muslims in China: A Study in Cultural Confrontation.* Curzon Press.

Dillion, Michael. 1999. *China's Muslim Hui Community.* Curzon.

Gillette, Maris Boyd. 2000. *Between Mecca and Beijing: Modernization and Consumption among Urban Chinese Muslims.* Stanford University Press.

Rudelson, Justin Jon. 1997. *Oasis Identities: Uyghur Nationalism along China's Silk Road.* Columbia University Press.

Wang, David D. 2000. *Under the Soviet Shadow: The Yining Incident: Ethnic Conflicts and International Rivalry in Xinjiang, 1944–1949.* The Michigan University Press.

Bulag, Uradyn E. 2002. *The Mongols at China's Edge: History and the Politics of National Unity.* Rowman & Littlefield.

Kaup, Katherine Palmer. 2000. *Creating the Zhuang: Ethnic Politics in China.* Lynne Rienner.

Harrell, Stevan (ed.). 2001. *Perspectives on the Yi of Southwest China.* University of California Press.

Ralph A. Litzinger. 2000. *Other Chinas: The Yao and the Politics of National Belonging.* Duke University Press.

Schein, Louisa. 2000. *Minority Rules: The Miao and the Feminine in China's Cultural Politics.* Duke University Press.

Conboy, Kenneth and James Morrison. 2011. *The CIA's Secret War in Tibet.* University of Kansas Press.

Thomas Laird. 2002. *Into Tibet: The CIA's First Atomic Spy and His Secret Expedition to Lhasa.* Grove Press.

Garver, John W. 1997. *The Sino-American Alliance: Nationalist China and American Cold War Strategy in Asia.* M. E. Sharpe.

Ali, S. Mahmud. 1999. *Cold War in the High Himalayas: The USA, China, and South Asia in the 1950s.* St. Martin's Press.

Goldstein, Melvyn C. 2009. *A History of Modern Tibet, Volume 2: 1951–1955, The Calm before the Strom.* University of California Press.

Goldstein, Melvyn C. 1991. *A History of Modern Tibet, Volume 1: 1913–1951, The Demise of the Lamaist State.* University of California Press.

Beckwith, Christopher I. 1987. *The Tibetan Empire in Central Asia: A History of the Struggle for Great Power among Tibetans, Turks, Arabs, and Chinese during the Early Middle Ages.* Princeton University Press.

Fischer, Andrew Martin. 2005. *State Growth and Social Exclusion in Tibet: Challenge of*

Recent Economic Growth. Copenhagen: NIAS Press.

Erfikson, Barbara. 1997. *Tibet: Abode of Gods, Pearl of the Motherland.* Pacific View Press.

Norbu, Dawa. 2001. *China's Tibet Policy.* Curzon Press.

Bencon, Linda and Svanberg, Ingvar. 1998. *China's Last Nomads: The History and Culture of China's Kazaks.* M. E. Sharpe.

Hali, Awelkhan, et al. (eds.). 1998. *Kazakh Traditions of China.* University Press of America.

Leong, Sow - Theng. 1997. *Migration and Ethnicity in Chinese History: Hakkas, Pheg-min, and Their Neighbors.* Stanford University Press.

Constable, Nicole (ed.). 1996. *Guest People: Hakka Identity in China's and Abroad.* University of Washington Press.

Religion

Poceski, Mario. 2009. *Indroducting Chinese Religions.* Routledge.

Buett, Michael J. 2002. *To Become a God: Cosmology, Sacrifice, and Self-Divinization in Early China.* Harvard University Press.

Ching, Julia. 1997. *Mysticism and Kingship in China: The Heart of Chinese Wisdom.* Cambridge University Press.

Poo, Mu - chou. 1998. *In Search of Personal Welfare: A View of Ancient Chinese Religion.* State University of New York Press.

Shabar, Meir and Weller, Robert (eds.). 1996. *Unruly Gods: Divinity and Society in China.* University of Hawaii Press.

Yifa. 2002. *The Origin of Buddhist Monastic Codes in China: An Annotated Translation and Study of Chanyuan Qinggui.* University of Hawaii Press.

Gernet, Jacques. 1995. *Buddhism in Chinese Society.* Columbia University Press.

Israeli, Raphael. 2002. *Islam in China: Religion, Ethnicity, and Politics.* Lexington Books.

Robeinet, Isabelle. 1997. *Taoism: Growth of a Religion.* Stanford University Press.

Uhalley, Stephen Jr. and Wu Xiaoxin (eds.). 2000. *China and Christianity: Burdened Past, Hopeful Future.* M. E. Sharpe.

Laaman, Lars. 2003. *Christian Heretics in Late Imperial China: The Enculturation of Christian in 18th and Early 19th Century China.* Routledge.

Bays, Daniel H. (ed.). 1996. *Christianity in China: From the Eighteenth Century to the Present.* Stanford University Press.

David Aikman. 2003. *Jesus in Beijing: How Christianity is Transforming China and Changing the Global Balance of Power.* Washington: Regnery.

Madsen, Richard. 1998. *China's Catholics: Tragedy and Hope in an Emerging Civil Society.* University of California Press.

Lozada, Jr. Eriberto. 2001. *God Aboveground: Catholic Church, Postsocialist State, and Transnational Processes in a Chinese Village*. Stanford University Press.

Rinpoche, Patrul (Trans.). 1998. *The Words of My Perfect Teacher: A Complete Translation of a Classic Introduction to Tibetan Buddhism*. Rowman & Littlefield.

Tucci, Giuseppe. 2000. *The Religion in Tibet*. Kegan Paul.

Goldstein, Melvyn C. and Kapstein, Matthew T. (ed.). 1998. *Buddhism in Contemporary Tibet: Religious Revival and Cultural Identity*. University of California Press.

Goldstein, Jonathan (ed.). *The Jews of China*. M. E. Sharpe.

1998. Vol. I: *Historical and Comparative Perspectives*.

2000. Vol. II: *A Sourcebook and Research Guide*.

Luo Zhufeng (ed.). 1991. *Religion under Socialism in China*. M. E. Sharpe.

Thompson, Laurence G. 1996. *Chinese Religion: An Introduction* (5th Ed.). Wadsworth.

Lopez, Donald S. (ed.). 1997. *Religions of Tibet in Practice*. Princeton University Press.

Lopez, Donald S. 1996. *Religions of China in Practice*. Princeton University Press.

思考题

1. 中华民族是怎样形成的？当今中国少数民族政策是什么？
2. 当今世界民族问题状况如何？美国、苏联、欧洲的经验教训对中国有何借鉴意义？
3. 怎样彻底消灭“疆独”势力？
4. 怎样彻底消灭“藏独”势力？
5. 当今世界有几大宗教？当今世界各宗教之间关系如何？
6. 当今世界大国处理国内宗教问题的经验教训是什么？
7. 当今中国的宗教政策是什么？

第四编
社会变迁

前工业社会的城市化，中国领先世界近两千年，是人类城市化的典范和楷范。中国的传统城市无论在城市规模的庞大、城市建筑的壮丽辉煌、城市规划的巧夺天工、城市体系的完整性、城市文化的高度文明等方面，领先于世界近两千年。大唐长安是昨日世界的中心，就像纽约、巴黎、伦敦、东京是今日世界的中心。

第十五章　城市社会学

社会现代化就是工业化、城市化、民主化。所谓现代化的过程，从某种意义上讲，就是农村城市化的过程。中国城市社会学是研究中国城市化过程和中国城市化战略的科学。本章讨论城市社会学的四个重要问题：城市社会学理论、中国城市史、中国城市化和中国城市规划。蔡禾、夏建中、王颖、向德平、郑也夫等分别著有《城市社会学》。

第一节　城市社会学理论

前工业社会的城市化，中国领先世界近两千年，是人类城市化的典范和模范。中国的传统城市无论在城市规模的庞大、城市建筑的壮丽辉煌、城市规划的巧夺天工、城市体系的完整性、城市文化的高度文明等方面，领先于世界近两千年。大唐长安是昨日世界的中心，就像纽约、巴黎、伦敦、东京是今日世界的中心。

在工业社会城市化阶段，在工业化革命的推动下，城市的数量增大，规模扩大。在1801—1851 年的半个世纪里，英国 5 000 人以上的城市由 106 座增加到 265 座，城市人口的比例由 26% 增加到 45%，到 1900 年，这个比例又激增到 75%。城市分布的范围大为扩张，凭借先进的技术和雄厚的国力，西欧国家发展海运事业，控制世界贸易，通过炮舰政策不断向落后国家进行殖民主义扩张，这些地区在殖民主义经济的刺激下开始畸形地繁荣发展，出现了大量的殖民地城市。如非洲的内罗毕、金沙萨……工业化大大提高了劳动生产力，为城市的兴起和发展提供了新的社会生产关系和物质技术基础。出现了纽约、巴黎、伦敦、莫斯科等世界性的大城市，在所有方面远远地超越了中国大城市。

在大约 100 年前，巨大的城市主要是工业城市。大约在 50 年前，世界上城市发展的主要动力是商业，工业退出了城市。50 年来，第三产业服务业来成为城市发展的主要动力和主要内容。这对中国来说是挑战更是机遇，提供了中国城市发展大跃进的机会。中国这一二十年来，大都市的发展都是以第三产业的发展为主，“退二进三”。人类城市化的主要动力和原因在这 150 年来，从工业作为主要动力与原因，发展以由商业为主要动力与原因，再发展到以第三产业服务业作为主要动力与原因。

在城市化发展中，城市规划要做好。从某种意义上讲，城市规划决定城市的一切。规划做得是否长远，是否具有战略远见，都对城市的长远发展起举足轻重的作用。城市规划得好，城市发展就好，城市规划得坏，城市就将发展得一塌糊涂。全世界的几个大都市，如纽约、莫斯科、巴黎都有长远的、具有战略意义的城市规划。上海浦东也采取了这样的规划。制定合理的城市规划，是保证城市长期发展的基本条件。中国一些城市的规划没有做好，留下了长期难以克服的严重问题。发达国家现在的城市化比例一般都在80%～95%之间，全世界的城市化比例也于十年前超过了50%，中国虽然经济发展良好，社会稳定，但是由于现行户口制度的阻碍，中国的城市化严重地滞后于中国社会经济的发展，现在13亿中国人还有接近8亿是农村户口。

第二节　中国古代城市化与城市规划

河南偃师二里头发现的宫殿废墟表明，中国至少在3 600年前就已经有了城镇。龙山文化发源地城子崖是夏代的第一座城址，距今4 000～4 600年。商代在今河南、山西、山东等地的一批城镇，达到较大规模。商代中期都城——隞都（今郑州）周长7 200米，面积3.2平方公里，后期都城殷墟（今安阳附近）面积达5平方公里。周代分封的近百个诸侯，纷纷筑城立国，使城镇数量大增。春秋战国时期，一些大的诸侯国的都城人口达10万人以上，齐国都城临淄达7万户，20万人。

秦始皇统一中国，结束了春秋战国长达550多年的纷争割据局面，为城镇的进一步发展创造了条件。一方面，强大的中央集权统治和郡县制的全面推广，使各级行政中心城镇得到较快的发展。另一方面，由于货币和度量衡的统一，促进了经济的发展。秦代县城以上的城镇（含人口规模与县城相当的非行政中心的工商业城镇，按城镇数量最多的时期估算，下同）达900～1 000个。秦王朝的都城咸阳规模很大，总人口估计至少达70万～80万人，高峰时有可能近百万人。①

汉代是中国城镇数量增加最多的朝代。都城和州、郡、县各级行政中心城镇继续发展，西汉都城长安的城镇用地35平方公里，鼎盛时期人口超过40万人，东汉都城雒阳（今洛阳）城镇用地9.5平方公里。与此同时，随着经济的发展，城镇的商业职能进一步加强，出现了一批规模较大的城镇。汉代新建的城镇主要有以下几类：一是随着丝绸之路的开通，在著名的河西走廊产生了一些新兴城市；二是在北部为抗击匈奴，发展了一些边疆城镇；三是受中原人口南迁的影响，在四川盆地、两湖、江西、两广出现了相当多的小城镇。据估计，汉代县城以上的城镇达1 700个左右，比秦代增加近1倍②，西汉的城市以北方诸省为主，江汉流域各州下辖的县城总数占全国的23.5%，而北方的占77.5%，为1 228个。到东汉时，北方各州所占比例下降为70.7%，而南方则上升到29.3%。这一现象到了三国和魏晋时期，便成为中国历史上人口、城市和经济中心南移的第一浪潮。③

城市规划气派宏大是唐朝的特点，唐长安城的规划是古代文化技术发展最重要的里程碑。行政中心城镇规模扩大，南朝梁都城建康（今南京）、隋都城洛阳（唐东都）、唐都城长安人口都在百万人左右。长安城周长37.7公里，面积84平方公里，是当时的

① 浦善新：《走向城镇化 新农村建设的时代背景》，中国社会出版社，2006年，第65～66页。
② 浦善新：《走向城镇化 新农村建设的时代背景》，中国社会出版社，2006年，第66页。
③ 董鉴泓：《中国城市建设史》，中国建筑工业出版社，2004年，第26页。

国际大都市。交通枢纽城镇不断崛起，其中广州为当时世界最著名的贸易港口。手工业城镇得到快速发展，城镇分布区域得到扩展。

宋朝，结束了长达200年之久的大动荡，恢复了安定的社会经济环境，手工业、商业和对外贸易日益繁荣，城镇得到迅速恢复和发展。其中，行政中心城镇继续发展，城镇规模进一步扩大。首都作为全国的政治、经济、文化中心，保持首位城市的地位，一般人口在100万人以上，如北宋的汴梁达261 117户，南宋的临安达30万户。宋代城市不再像唐代那样封闭，而变得十分丰富活跃，其中最突出的是东京和临安，两个城市分别开创了古代城市商贸文化的新格局。当然，在宋代，北方还有西夏、辽、金政权对峙威胁，政治上不稳固也使城市规划的局限性反映得很明显，失去了唐代那种宏大的气魄，华丽有余而气度不足。①

明清时期，由于社会生产力的提高和商品经济的发展，手工业、商业日益兴盛，城镇数量显著增加，据初步统计，明代全国共有大中城市100多个，小城镇2 000多个，农村集镇4 000～6 000个，相对宋、元时期有较大的增加。首都、省会等行政中心城镇保持全国或者区域性中心的地位。经济中心城镇发展迅猛。专业性城镇进一步发展。地方小城镇大量兴起，规模增长迅速。由于商品性农业的发展，地域经济更加繁荣，农村集镇大量兴起，集镇数量从以前的平均1个县仅几个发展到明代十来个、清代鼎盛时期的几十个。大中型海港城镇的衰落与小型地方港口城镇的兴起并存。在空间布局方面，城镇大部分集中在东南沿海一带，沿长江、大运河两条城镇发展轴线得到进一步加强。长江三角洲成为全国城镇集中之地，仅江浙两省就占全国大城市的1/3。②

古代中国拥有一个完整的城市体系。由全国最大的都城和几个地区性的巨大都市，加上全国近30个省城、几百个州府（现地市一级城市）、2000多个县城形成一个完整的、布局合理且非常均匀的城市体系，这在人类历史上是独一无二的。中国的圆明园则是世界城市园林建筑史上空前绝后的伟大辉煌的创举。可惜的是，中国古代城市文明的辉煌灿烂，现除了北京故宫、西安与南京的城墙以外，由于1840—1949年的百年国耻，已经毁坏殆尽，永不可重现。

1840—1949年，中国百年国耻，中国古代城市体系遭到了毁灭性的破坏。绝大多数大、中、小城市衰落了，许多城市在多次战火中、在多次社会经济危机中倒退了几百年甚至上千年。以上海、广州、天津、武汉等为代表的条约口岸城市畸形发展。上海人口达600万，远远超过东京，成为亚洲最大最辉煌的城市，但这种畸形发展与中国内陆社会经济发展完全脱节。租界、“华人与狗不能入内”的牌子，等等，使沿海条约口岸城市成为帝国主义侵略中国的桥头堡与根据地。只有在新中国成立之后，这些条约口岸城市完全掌握在中国手中，这些城市才成为中国社会经济发展的火车头。

① 汪德华：《中国城市规划史纲》，东南大学出版社，2005年，第5页。

② 浦善新：《走向城镇化：新农村建设的时代背景》，中国社会出版社，2006年，第66～70页。

第三节　新中国城市化

一、新中国城市化的成就

21 世纪是城市的世纪，有学者把“中国的城市化”与“美国的高科技”并列为影响 21 世纪人类发展进程的两大关键因素。中国 60 年以来的城市化道路十分曲折，取得了伟大的成就，见表 15－1。大致分为三个阶段：

第一阶段（1949—1978 年）：在此期间，中国城市化比例从 10% 发展到 19%。城市化缓慢发展的主要原因不是“大跃进”，也不是文化大革命，而是“三线”建设。从 1840—1945 年中国遭到七次大规模入侵战争，加上“二战”后最大的两次局部战争：朝鲜战争、越南战争又都是为了遏制中国。在北部湾事件的第二天，毛泽东批准了“三线”建设的计划，从此永远不在大、中、小城市和沿海兴建任何新项目。把沿海和大中城市的重要企事业单位全部迁往内地三线地区。三线建设使中国第一次在 1840 年之后在国际上立于不败之地，为中国进入美苏中“大三角”打下了坚实的基础，同时也使中国城市化出现了 20 年的停滞。

第二阶段（1978—2002 年）：中国城市化比例从 19% 发展到 37%，1978 年改革开放后的城市化是在国民经济高速增长条件下迅速推进的，城乡之间的壁垒逐渐松动。全国城市总数由 193 个增加到 661 个。城市等级规模也发生了巨大变化，城市人口在 50 万以上的大城市从 40 个增加到 139 个，中等城市从 60 个增加到 226 个，小城市从 93 个发展到 296 个。

第三阶段：（2002 之后）：中国城市化比例从 37% 发展到 45.7%，党的十六大报告，在城市化发展的内在规律中，总结出城市发展战略的正确方针。

表 15－1　新中国城市化六十年伟大成就　　单位：个

年份	省级市	地级市	县级市	镇数
1949	50	56	61	
1979	30	104	109	2 361
1990	31	185	279	12 084
2000	34	259	400	20 312
2008	34	283	368	19 234

来源：《新中国六十年统计资料汇编》，第 74 页。

二、中国城市化大战略演变

第一个五年计划开始以“156项”为核心、以900多个大中型项目为重点，全面建设，在几年时间就建成了一个较为完整的工业体系，但城市基本建设超负荷运转。1955年9月国家建委给中央报告中提出：“今后新建的城市原则上以中小城镇及工人镇为主，并在可能的条件下建设少量中等城市，没有特殊原因，不建设大城市。”作为应急方针，这是正确的，但这显然不是中国城市化的正确战略。

1958—1960年三年“大跃进”，基建规模过大，城市人口增长过多，大大超过城镇承受能力，之后又发生大饥荒。在调整、巩固、充实、提高过程中，不得不压缩城市人口。1958年《中华人民共和国户口登记条例》和1964年的《关于户口迁移的规定》，严重阻碍了中国的城市化。

1964—1985年，在长达20年的三线建设时间里，大中城市和沿海地区不增加任何新建项目，大中城市和沿海地区的重要企事业单位，特别是重要的“独生子”单位，全部迁往三线地区，最重要的企事业单位还搞“山、散、洞”，在取得国际战略巨大成就的同时，也付出了中国城市化停滞20年的巨大代价。但总体上得大于失。

1979年苏联入侵阿富汗。1980年国务院批转《全国城市规划工作会议纪要》，制定了“控制大城市规模，合理发展中等城市，积极发展小城市”的方针。在具体执行过程中，带来许多消极后果。比如，北京据此决定在2000年之前把北京人口控制在1 000万人之内，并据此搞城市规划，修了几十座立交桥。但北京人口根本控制不住，交通严重堵塞，这些立交桥后来不得不全部炸毁，修建更大的。北京由于城市规划错误不得不炸毁80年代修建的所有立交桥。这只是全国大中小城市规划错误的一个例子，还有大量的事例。这些错误和损失的根源，是中国城市化大战略的错误。

1976年美国已被迫离开越南。1979年后，阿富汗成了“苏联的越南”。1985年，邓小平审时度势，提出转变国家大战略，停止备战，停止三线建设，全面转入经济建设。由于新中国的水利建设和化肥建设，由于包产到户，中国由长期缺粮变为农民卖粮难。1996年《城市规划法》继续坚持“严格控制大城市规模，合理发展中等城市和小城市”。1993年，1998年，2000年，中国继续推进小城镇建设。

2000年“十五”规划中指出：“要有重点地发展小城镇，积极发展大中城市，完善区域性中心城市功能，发挥大城市的辐射作用，引导城市密集区的有序发展，防止盲目扩大城市规模。”2002年十六大报告提出：“要逐步提高城市化水平，坚持大中小城市和小城镇协调发展，走中国特色的城市化道路。”2007年十七大报告提出：“走中国特色的城市化道路，按照统筹城乡、布局合理、节约土地、功能完善、以大带小的原则，促进大中小城市和小城镇协调发展。以增强综合承载能力为重点，以特大城市为依托，形成辐射作用大的城市群，培育新的经济增长极。”至此，中国形成了完全正确的城市化大战略。这个大战略吸取了美、日、欧城市化的成功经验，也就是以城市群形成经济增长极。

三、中国十大城市群

邓小平曾英明地提出：再造十个香港。这是对中国城市化大战略目标的精辟概括。目前中国已经形成和正在形成的，有大约十个城市群。见《中国十大城市群》一书。

1. 以上海为中心，南京、杭州为副中心，包括15个中等城市和74个县级市的长三角城市群。

2. 香港、广州、深圳、澳门、佛山、珠海、中山、东莞、惠州、肇庆等，珠三角城市群。

3. 北京、天津及石家庄、唐山、保定等8个城市，简称“2+8”，京津冀城市群。

4. 以大连、沈阳为双核，辽中南城市群。

5. 以济南、青岛为双核，山东半岛城市群。

6. 以郑州、洛阳为双核，中原城市群。

7. 以武汉为单核，武汉城市群，共14个城市。

8. 海峡两岸城市群，两岸以福州、厦门为双核，东岸以台北、台中、高雄为三核。

9. 以重庆、成都为双核，川渝城市群。

10. 以西安为单核，包括咸阳、宝鸡、铜川等，关中城市群。

一定要吸取新中国成立六十年来，特别是近三十年来中国城市规划的经验教训。要吸取唐长安、纽约、莫斯科、巴黎、上海浦东城市规划的成功经验。在城市规划上，一定要有50年、100年、150年的提前量，建设好中国的十大城市群。中国要真正重回世界第一，需要十个香港。

四、现行户口制度是当前中国城市化的最大障碍

现代户口制度使当今中国13亿人口中，还有近8亿人是农村户口，使中国城市化落后于中国工业化20个百分点，是当今中国城市化的最大障碍，亟待改革。社会分层一章对此已有讨论，在此不赘述。

本章小结

1. 前工业社会城市化，中国领先世界近两千年。在城市规模、城市数量、城市建筑、城市规划、城市体系的完整性等各方面，中国远远领先。唐长安是昨天的世界中心。

2. 由于百年国耻，中国城市化的辉煌成就遭到毁灭性的破坏，永不可见了。以上海为代表的条约口岸城市，畸形发展，虽有成就，但与中国内地社会经济发展脱节，是帝国主义列强侵略、瓜分中国的根据地。新中国成立后，这些城市才成为中国社会经济发展的火车头。

3. 在工业化基础上的城市化，在短短150年时间里，取得了辉煌的成就，形成了如纽约、莫斯科、巴黎、伦敦、东京、香港等城市及大型城市群。中国内地远远落后

了。纽约、伦敦、东京是今日世界的中心。

4. 150年来，城市化的主要推动力和主要内容发生了两次变化。第一次是从工业变为商业，第二次是从工商业变为以信息化为中心的第三产业服务业。简称为“退二进三”。中国城市化可以利用“退二进三”的全球化浪潮实现跨越式的大跃进，直接建立以第三产业为中心的城市和城市群。

5. 新中国城市化已经取得辉煌成就。中国城市化大战略从2000年开始转变，到2007年终于形成了中国城市化的大战略。中国的十大城市群正在日夜加紧建设。中国要真正重回世界第一，就必须再造十个香港，要尽快改革现行户口制度。

名词解释

城市群：以一个或两个特大城市为中心，云集相当数量的不同规模、性质、类型的城市，共同形成一个相对完整的城市集合体，形成一个经济增长极。

中文推荐阅读

1. 蔡禾：《城市社会学：理论与视野》，中山大学出版社，2003年。
2. 夏建中：《城市社会学》，中国人民大学出版社，2010年。
3. 王颖：《城市社会学》，三联书店，2005年。
4. 向德平：《城市社会学》，高等教育出版社，2005年。
5. 许英：《城市社会学》，齐鲁书社，2002年。
6. 郑也夫：《城市社会学》，上海交通大学出版社，2009年。
7. 于海：《城市社会学文选》，复旦大学出版社，2006年。
8. [美] 刘易斯·芒福德：《城市发展史——起源演变和前景》，中国建筑工业出版社，2005年。
9. 傅崇兰等：《中国城市发展史》，社会科学文献出版社，2009年。
10. 董鉴泓：《中国城市建设史》，中国建筑工业出版社，2004年。
11. 范恒山、陶良虎：《中国城市化进程》，人民出版社，2009年。
12. 肖金成：《中国十大城市群》，经济科学出版社，2009年。
13. 汪德华：《中国城市规划史纲》，东南大学出版社，2005年。
14. 仇保兴：《中国城市化进程中的城市规划变革》，同济大学出版社，2005年。
15. 顾朝林等：《中国城市化格局、过程、机理》，科学出版社，2005年。
16. 叶裕民：《中国城市化与可持续发展》，科学出版社，2007年。
17. 马春辉：《中国城市化问题论纲》，社会科学文献出版社，2008年。
18. 方创琳等：《中国城市化进程及资源环境保障报告》，科学出版社，2009年。
19. 沈玉麟：《外国城市建设史》，中国建筑工业出版社，2007年。
20. 朱介鸣：《市场经济下的中国城市规划》，中国建筑工业出版社，2009年。
21. 中国城市科学研究会：《中国城市规划发展报告2008—2009》，中国建筑工业出版社，2009 年。

22. 李德华:《城市规划原理》，中国建筑工业出版社，2001 年。

23. 朱文元:《中国新型城市化报告 2009》，科学出版社，2009 年。

24. 曹宗平:《中国城镇化之路》，人民出版社，2009 年。

25. 陈一新:《中央商务区（CBD）城市规划设计与实践》，中国建筑工业出版社，2006 年。

26. 张雷等:《中国城镇化进程的资源环境基础》，科学出版社，2009 年。

27. 宁克平:《城市与人》，人民出版社，2009 年。

英文推荐阅读

Before 1949

Xiong, Victor C. 2000. *Sui – Tang Chang'an: A Study in the Urban History of Late Medieval China.* University of Michigan Press.

Heng, Chye Kiang. 1999. *Cities of Aristocrats and Bureaucrats: The Development of Medieval Chinese Cityscapes.* University of Hawaii Press.

Steinhardt, Nancy Shatzman. 1990. *Chinese Imperial City Planning.* University of Hawaii Press.

Xu Yinong. 2000. *The Chinese City in Space and Time: The Development of Urban Form in Suzhou.* University of Hawaii Press.

Skinner, G. William (ed.). 1977. *The City in Late Imperial China.* Stanford University Press.

Foret, Philippe. 2000. *Mapping Chengde: The Qing Imperial Landscape Enterprise.* University of Hawaii Press.

Naquin, Susan. 2001. *Peking: Temples and City Life, 1400 – 1900.* University of California Press.

Elivin, Mark and Skinner, Willeam (eds.). 1974. *The Chinese City between Two Worlds.* Stanford University Press.

Johnson, Linda Cooke (ed). 1993. *Cities of Jiangnan in Late Imperial China.* State University of New York Press.

Stapleton, Kristin. 2000. *Civilizing Chengdu: Chinese Urban Reform, 1895 – 1937.* Harvard University Press.

Tsin, Michael T. W. 1999. *Nation, Governance, and Modernity in China: Canton, 1900 – 1927.* Stanford University Press.

Wolff, David. 1999. *To the Harbin Station: The Liberal Alternative in Russian Manchuria, 1898 – 1914.* Stanford University Press.

Dong, Stella. 2000. *Shanghai: The Rise and Fall of a Decadent City.* Harper Collins.

Wood, Frances. 1998. *No Dogs and Not Many Chinese: Treaty Port Life in China 1843 –*

1943. John Murray.

Johnson, Linda Cooke. 1995. *Shanghai: From Market Town to Treaty Port, 1074 – 1858.* Stanford University Press.

Lee, Leo Ou – Fan. 1999. *Shanghai Modern: The Flowering of A New Urban Culture in China, 1930 – 1945.* Harvard University Press.

Wei, Betty Peh – Ti. 1987. *Shanghai: Crucible of Modern China.* Oxford University Press.

MacPherson, Kerrie L. 2002. *A Wilderness of Marshes: The Origin of the Public Health in Shanghai, 1843 – 1893.* Rowman & Littlefield.

Rowe, William T. 1984 – 1989. *Hanckow.* (2 vols.). Stanford University Press.

After 1949

Friedmann, John. 2005. *China's Urban Transition.* University of Minnesota Press.

Song Yan and Ding Chengri. 2007. *Urbanization in China.* Lincoln Institute of Land Ploicy.

Gaubatz, Piper Rae. 1996. *Beyond the Great Wall: Urban Form and Transformation on the Chinese Frontiers.* Stanford University Press.

Dorothy, J. Solinger. 1999. *Contesting Citizenship in Urban China: Peasant Migrants, the State, and the Logic of the Market.* University of California Press.

Chan, Kam Wing. 1994. *Cities with Invisible Walls: Reinterpreting Urbanization in Post – 1949 China.* Oxford University Press.

Tang, Wenfang and Parish, William L. 2000. *Chinese Urban Life under Reform: The Changing Social Contract.* Cambridge University Press.

Lilliam, M. Li. 2008. *Beijing: From Imperial Capital to Olympic City.* Palgrave Macmillan.

Wasserstrom, Jeff. 2004. *Shanghai: Global City.* Routledge.

Pridmore, Jay. 2008. *Shanghai: The Arntechture of China's Great Urban Center.* Abrams.

Steve, T. 2007. *A modern History of Hong Kong.* I. B. Tauris.

Paddison, Ronan (ed.). 2001. *Handbook of Urban Studies.* Sage.

Sassen, Saskia. 2000. *Cities in a World Economy.* Sage.

思考题

1. 中国古代城市化的辉煌成就是什么？
2. 人类城市化主推动力的变化是什么？
3. 为什么迫不得已的“三线建设”是1985年以前制约中国城市化的主要原因？
4. 中国城市化的正确的大战略是什么？
5. 为什么户口制度限制了今日中国的城市化？

第十六章　农村社会学

13 亿中国人，还有近 8 亿人是农村户口。社会现代化在某种意义上，就是农村城市化、农民工人化。农村社会学，就是对农民、农村和农业作整体研究的科学。刘豪兴、李守经、陆相欣、曹凤云、刘畅、吕世辰、程贵铭、朝明谟、肖桂云、张蓉等分别著有《农村社会学》。

第一节　农村社会学理论

一、发达国家“三农”发展模式

看一看美日欧农民、农村和农业的现状，有助于思考中国“三农”的未来。美国模式无论过去、现在和将来对中国都没有任何借鉴意义，因为美国从来就没有“村”这种社会组织。美国地广人稀，一个美国农户耕种的土地大体相当于中国一个村的土地。现在美国农业劳动力不到劳动力总数的 3%，农村人口不到总人口的 3%。美国农业，机械化程度非常高、商品化程度高、规模大，完全是工业化的农业。一个美国农户生产的粮食大约是 1 000 个中国农业劳动力生产的粮食。美国以不到劳动力总数 3% 的农业劳动力，不但养活美国 3 亿人，还能出口养活一两亿人的农产品。现在美国农产品过剩，增加粮食产量不再是主要目标。主要矛盾是如何控制粮食生产和控制农业巨额补贴。美国“三农”的这种状况，不要说中国做不到，欧洲、日本①都做不到。

日本农业的存在，完全依靠政府保护，依靠人为提高粮食价格。日本平均每户经营耕地约 1 公顷，经营耕地面积在 1 公顷以下的农户占 60%，属超小型经营方式，加上劳动力成本很高，日本粮食价格是国际市场价格的 6 ~ 8 倍。政府如果开放粮食进口，停止补贴农民，日本农业就要消亡，但日本政府为了保护日本农民、农村和农业，宁愿日本粮食价格高出国际粮食价格好几倍，严格控制粮食进口，大量补贴“三农”。法国介于美国日本之间，农户土地比美国小，比日本大；机械化程度比美国低，比日本高；政府的补贴没有美国那么多，所以欧洲农产品市场老是和美国农业打架，说美国政府巨额补贴农业，使得美国农产品倾销欧洲市场，搞不公平竞争，要挤垮欧洲农业。法国农业劳动力比重、农村人口比重也介于美日之间，高于美国，低于日本。日本和法国的农

---

①　焦必芳等：《日本现代农村建设研究》，复旦大学出版社，2009 年。
王晶：《国外的农民生活：法国与日本》，中国社会出版社，2006 年。
付彩芳等：《国外农业经营与管理》，中国社会出版社，2006 年。

民都有严密的服务性组织，法国的农民组织还带有合作化的性质。

从美、日、欧发达国家“三农”发展的规律看，大规模地减少农民人口来提高农业规模，以农业规模经济来提高农业竞争水平，让农民平稳有序地转入城镇，人口向城镇聚集，是社会经济发展的必然趋势。

二、乡土中国

在人类历史上相当长的一段时间里，农村社区是人类社区生活的主要形式。今天世界上仍有约半数人口居住在农村。今天中国还有近8亿人是农村户口。费孝通的《乡土中国》，是对中国农村的经典的社会学描述。简介如下：

乡土本色。中国农民直接靠农业谋生，土地是他们生存的基础和崇拜的神。在这样一个封闭的社会里，人们面对面交往，彼此十分熟悉。所以乡土社会的人们习惯于用比文字简单、直接、准确、方便得多的语言来传情达意。社会缺乏变动，是一个定型的模子，祖先的经验必定是后代的经验，后人只需步前人之后尘。因而，在中国乡土社会里没有对文字的需要。

差序格局。中国乡土社会的基层结构是一种差序结构，是一个“人伦”社会。差序格局好像把一块石头丢在水面上所发生的一圈圈推出去的波纹。每个人都是他社会影响所推出去的圈子的中心。这格局的每一个波纹附着一种道德要素，它以自我为中心，克己是社会生活中最主要的德性。在这里，团体道德很缺乏，差序格局中没有一个超乎私人关系的道德观念，孝、悌、忠、信都是私人关系的道德要素。道德和法律，都因之得看所实施的对象和自己的关系而加以程度上的伸缩。像贾家的大观园里，可以住着姑表林黛玉，姨表薛宝钗，后来就更多了，什么宝琴、岫烟，凡是拉得上亲戚的，都包容得下。可是势力一变，树倒猢狲散，缩成一小团。

血缘社会。中国乡土社会是血缘社会。父死子继：农人之子恒为农；商人之子恒为商；贵人之子依旧贵；富人之子依旧富。家族是最基本的群体，它不仅有着生育功能，还赋有政治、经济、宗教等多重功能；亲密的血缘关系限制着若干社会活动。但人还是要流动的，很多离开老家漂流到别的地方去，并不能像种子落入土中一般长成新村落，他们只能在其他已经形成的社会中设法插进去。如果这些没有血缘关系的人能结成一个地方社群，他们之间的联系可以是纯粹的地缘。但这很难发生，地缘在这里不过是血缘的投影。

轻法无讼。中国乡土社会是礼制社会。它以传统规则的服膺来维护社会秩序，以教化而不是折狱之手使人们知礼守礼。在比赛足球时，裁判官吹了哨子，说哪个人犯规，那个人就得受罚，用不到双方停了球辩论。最理想的球赛是裁判员形同虚设，球员对于规则要谙熟，技艺要能做到从心所欲而不逾矩的程度。人人视诉讼为耻，重修身、克己。对传统的敬畏使得让人们主动服礼，而无须外力控制。通常负责调解的是村里那些有威望的长老，他们总是很公式地把被调解的双方都骂一顿，教训一番，最后依着他认为应当的告诉他们，最后双方就和解了。这也使得现行的司法制度在乡下发生了很特殊的副作用，它破坏了原来的礼治秩序，却不能同时有效地建立起有效的法律秩序。因而在这样的社会里，不合礼的后果比不合法、不合道德更为严重，它不仅耻，而且不对、不合、不成。

无为政治。乡土社会中的无为政治既不是横暴性质，也不是同意性质，而是教化性的权力，可以说在那里真正有效的权力是长老统治。因为传统社会重礼轻法，而施礼又以教化为主要手段。由长幼原则决定了长者对幼者具有强制的权力。因而，为师者必为长者，教化性的权力导致了长老的统治权威，这一点尤为明显地表现于亲子关系中。从表面上看，一个孩子在一小时中所受到的干涉，一定会超过成年人一年中所受社会指责的次数。在最专制的君王手下做老百姓，也不会比一个孩子在最疼他的父母手下过日子难过。

第二节　农业合作化与人民公社化

新中国头三十年，农民、农村、农业改革在曲折中前进，取得了很大的成就。土地改革解放了中国农民。土改前，占全国农户总数不到7%的地主、富农占有耕地总数的50%以上，而占全国农户57%以上的贫农、雇农仅占耕地总数的14%。地主户均占有耕地是贫农和雇农的40倍。土改实现了耕者有其田，在占中国人口80%以上的中国农民中实现了社会公平、社会公正、社会自由、社会民主。罗平汉所著《土地改革运动史》对土改作了全面、深刻的研究。

土改后不久，中农化和“两极分化”也开始出现。东北地区土改后农民经济生活超过土改前的占70%，略有改善的占20%，有10%不仅没有上升，反而下降了，因为缺乏劳动力，或因疾病、灾害，或因缺乏生产资料，或因好吃懒做。农村中一部分收入上升较快的农户开始购买土地、雇工经营，而另一部分农民则出卖土地、受雇于他人。(《农业集体化重要文件汇编》)

针对中农化和两极分化，毛泽东和共产党决定实行农业合作化。从新中国成立到1952年底，组织互助组、合作化。从1953年底到1955年上半年，大办初级社。从1955年秋到1956年底大办高级社，与此同时全国实行了统购统销。因为城市粮棉油价格波动，1953年10月10日，中央召开全国粮食紧急会议，决定统购统销。全国于1953年12月开始粮食统购统销，1953年底开始对食用油统购统销，1954年对棉花实行统购统销。统购统销保证了城市农产品的平价供应，消灭了农村的市场经济，挫伤了农民的生产积极性，引发了后来中国长期的农产品短缺。

1958年开始“大跃进”，认为高级社规模过小，不利于迅速实现水利化、机械化，中央发出《关于把小型的农业合作社合并为大社问题的意见》。1958年8月，毛泽东视察七里营人民公社时，说了一句“人民公社好”。中央随后发出《关于人民公社若干问题的决议》。两三个月之内，全国实现了人民公社化。以村为单位吃集体食堂。全国粮食产量1959、1960年连续两年以15%以上速度下降，引发全国性饥荒。1960年开始，逐步实行“三级所有，队为基础”。1962年发布《农业六十条》，正式确定三级所有，队为基础、政社合一的人民公社体制，延续了20年，直到1982年。

新中国头三十年，中国农民人均寿命从30几岁提高到60多岁。中国农田灌溉面积从30万亩增加到67万亩，机电灌溉面积从四千亩增加到37万亩。大中型拖拉机由1 000多台增加到50多万台，增加425倍。农用汽车从280车增加到7万多辆，增加260多倍。农村小型电站由98个增加到8万多个，增加800多倍，农民用电量增加五百多倍。化肥用量由8万吨增加到800万吨，增加100多倍，每亩化肥用量从0.073斤增加到7.85斤。农业科技水平提高，如杂交水稻良种推广，使粮食产量大幅度提高。全国粮食增加了将近一倍。棉花增长66%，油料24%，麻255%，甘蔗196%。猪牛羊肉增长153%。1958年社队企业有1 800万人，1978年有2 826万人，这此企业是后来的乡镇企业的前身。但农民生活改善速度十分缓慢，从1957年到1978年的21年间，农民人均收入只从73元增加到133元，平均每年2.9元，1亿多农民处于贫困状态。（见历年《中国统计年鉴》）

三十年来，有关人民公社的研究，不断推进。政社合一，三级所有，队为基础。在全国范围内，办得好的人民公社，不到三分之一。办得不怎么好的，三分之一多。办得不好的，也有三分之一。很多人民公社为什么办不好？人民出版社2009年出版的《告别饥饿1978》一书，再一次全面真实地揭示了其中的原因。一些非常贫困的人民公社，人民生活比合作化之前要贫困许多，比毛泽东转战陕北时要贫困许多。由于没有计划生育，人均耕地、人均粮食减少。由于单纯以粮为纲，没有植树造林，水土流失严重。由于干多干少一个样、干好干坏一个样，大锅饭，养懒汉，多数社员认为干活是给“人家”干，不是给自己干，没有积极性，人哄地一时，地哄人一年。有致富才能的农民受到打击。公社、大队、小队的领导，实际上是一个农业公司的领导，但多数人缺乏基本的才能和素质，而且相当一部分人以权谋私，使广大农民寒心、愤恨，这也是毛泽东发动社教、四清、“文革”的重要原因之一。而少数能干的干部，由于有主见，不随大流，多不能容于基层的官场。以粮为纲只适用于大平原粮产区，有的地方本应该以林为纲、以牧为纲、以海为纲、以副业为纲，总之以钱为纲。所有这些因素汇合起来，使得多数人民公社不可能办好。少数办得好的人民公社，也全部解散，不完全正确。时至今日，多数当年的社员对人民公社是负面评价。

改革开放三十年来，中国人均粮食，也只从600多斤增加到800多斤，为什么30年前把中国人饿成那个样子？现在50岁以上的人，容易明白其中道理。三十年前，中国人饭量之大，是今天年青人难以想象的。一顿饭吃一斤多主食是常有的事，上中学去农村劳动时，笔者亲眼看见一个同班同学一顿饭吃了8个四两一个的馒头。为什么吃这么多饭人还那么饿？因为没有肉和油。今天中国粮食吃不完，粮价低，卖粮难，不是因为三十年来粮食产量增加很多，而是因为肉和油的产量大幅度提高，中国人的饭量大幅度下降了。

近年来，学术界又开始出现了对人民公社的更多的正面评价。认为人民公社完成了中国农业落后生产条件的大规模改造，初步实现了水利化、机械化等历史任务。人民公社在1984年完全撤销，而从1984—2003年近20年时间里，全国粮食产量只增加了2 338万吨，年均增长率只有0.4%，增长速度只是公社时期的十分之一。2003年全国人均占有粮食仅670斤，这比1979年还低。不仅粮食生产增长速度下降，农民收入增长缓慢。水利设施年久失修或遭到破坏。而且农村安全状况和社会风气恶化，农村社会保障水平降低，社会不公现象大量出现，乡镇政府机构膨胀，人员十数倍地增加，乡村干部腐败风气盛行。总之不宜全面否定人民公社，看来关于人民公社的讨论还将继续下去。

第三节　家庭联产承包责任制

1978 年十一届三中全会之后，首先是安徽省，然后是甘肃、贵州等地纷纷以隐蔽或半公开的形式突破了“不许包产到户”的限制。到了 1983 年春，全国实行“双包”的生产队已发展到总数的 95% 以上。至此，家庭联产承包责任制已经成为我国农业中的重要经营方式。管理体制由人民公社体制还原为乡镇制。

1984 年全国出现卖粮难，1985 年初步取消统购统销。乡镇企业异军突起，出现苏南模式、温州模式、珠江模式。1999 年全体乡镇企业私有化。2006 年，中国取消农业税，终结了中国历史上存在了两千多年的“皇粮国税”。村村通公路，村村通电视，村村通电话，村村通网络，在中国广大农村迅猛推进。农村养老保障，农村医疗保障，迅速发展。中央用大量转移支付，支持农村九年制义务教育。新中国前三十年，中国不得不靠剥夺农民进行工业化的原始积累。进入 21 世纪，中国开始以工补农、以工促农、以城带乡，加快消灭城乡二元分割社会结构的步伐。

但是，今天中国“三农”发展依然面临巨大的挑战，2007 年国家发改委主任马凯认为：

从当前看，面临着两方面的突出问题：一方面，粮食稳定增产的基础还不稳固。目前，我国耕地面积已接近 18 亿亩的底线，每年还要安排一定数量的耕地转为建设用地，依靠扩大面积增加粮食产量的余地不大。水资源短缺严重，农田有效灌溉面积不足 45%；农业基础设施建设欠账较多，大部分溉排设施老化失修，靠天吃饭的局面尚未扭转；中国有那么多农民，然而土地却非常少，根本没有办法进行集约的、大规模的、机械化的高科技化生产，农业科技水平又不高，加上近年来气候多变、农产品国际贸易竞争加剧，也对粮食生产具有一定的不利影响。

另一方面，农民持续增收的难度加大。种粮比较效益较低，粮食价格长期低位运行，近来虽有上升，但主要是属于前几年粮油价格回落后的恢复性上涨，进一步上升的空间有限，而柴油、化肥等农资价格上涨，加大了农民种粮成本。从农民增收构成看，主要是工资性收入增加较多，农业收入只比上年增加 53 元，增加 3. 6%。同时，随着农业税的全面取消，“少取”方面的潜力不大，“多予”方面又受到财力制约，“放活”方面措施的见效又需要有个过程。农民外出务工就业面临诸多因素制约，持续增收的长效机制尚未建立。这些都制约着农民持续增收。

从深层次看，长期以来城乡分割的二元经济结构，是造成“三农”问题的重要历史因素；过多的农村人口与有限且不断减少的土地等农业生产资料的尖锐矛盾，是

"三农"问题成为难题的重要根源。目前，农民占我国总人口的56%，农业从业人员3亿多人，超过全部就业人数的40%，但创造的农业产值只占GDP的11.8%。这样的人口和产业格局，必然导致农村和城市发展、农民和市民收入的巨大落差。2006年，农村居民人均纯收入3 587元，只相当于城镇居民人均可支配收入的30.5%。同时，我国土地、水等农业生产资料相对稀缺，现有耕地1.3亿公顷，人均占有量不足世界平均水平的40%，且中低产田占2/3以上，人均水资源占有量只有世界平均水平的1/4。从农业从业人员多、农业资源相对稀缺的国情来看，如不减少农民，单纯依靠农业，继续沿用现有的生产方式，无论如何努力，都不可能创造出现有农村人口人均3 000美元的国内生产总值，实现全面小康也是不可能的。

在推动农民转化为市民方面，要改革城乡分割的管理体制，努力创造有利于农村劳动力向非农产业转移、农民转为市民的制度条件。要逐步建立和完善城乡统一的劳动就业制度及政策体系，特别是对在城市已有稳定职业和住所的进城务工人员，要从改革户籍、土地、社保、财税、工资、子女入学等环节入手，创造条件使之逐步转为城市居民；对因城市建设承包地被征用、完全失去土地的农村人口，要转为城市居民，城市政府要负责提供就业援助、技能培训、失业保险和最低生活保障，鼓励农村人口进入中小城市和小城镇定居。①

可见，未来中国农民、农村、农业发展的唯一出路，就是尽快改革现行户口制度，消灭城市分割的二元社会结构。

第四节　中国"三农"发展战略

本书认为，今后"三农"的发展，有两个主要方向。首先，在可能推行农转非、村转居的地方，主要是在大、中、小城市和小城镇，以土地换户口的方式，全面加速推行农转非、村转居。十几年来，中国在土地换户口、农转非、村转居方面已经取得了巨大的成就，积累了丰富的经验。现在要做的，就是将其作为重大基本国策，全面推行、精心设计、精心施工，争取十年完成。重庆已经开始做了，三年300万，十年1 000万。重庆能做的，中国所有城市按理说都可以做。

其次，建立农村土地的移交和再分配机制。目前每户农民家庭平均拥有0.7公顷土地②。这一小块地是可靠的最低社会保障。有了这块地，多数农民就不至于挨饿受冻。如果养老、失业、贫困救济这三条全国统一的社会保障线足够低，农民在放弃土地之前就要再三权衡。除非确保在城市有一份稳定的工作，农民不会轻易放弃土地。这一小块

① 马凯：《关于当前经济形势的几个问题》，《时事报告》，2007年第4期。

② 根据《中国统计年鉴（2004）》第5、25、31页，全国可耕地面积为13 004万公顷，全国农村人口为76 851万人，家庭平均人数为每户4.1人，计算得到共有农村家庭18 744万户，平均每户耕地面积为0.7公顷。

地，加上三条足够低的全国性社会保障线，可以有效防止农民大量涌入城市。但是，0.7公顷对于实现规模经营和实现中国农业机械化来说，实在太小。大多数农民仍在依靠人力种地，和两千年前没有根本区别。没有规模经营，就无法实现机械化，中国的“三农”和城市相比将越来越落后。这就是20世纪90年代中期以后农民实际收入难以很大提高的根本原因。只要农民工及其家庭能够逐渐而有序地转移到城市成为城市居民，这0.7公顷土地就可以交给国家，国家就可以把这些土地分给其他的农民家庭。

新中国人均主要农业产品产量（斤）表

年份	粮食	棉花	油料	糖料	水果	猪牛羊肉	水产品
1949	418	2	9	10	4	12 （1952年）	2
1955	599	5	16	32	8	13 （1957年）	8
1960	435	3	6	30	12	6 （1962年）	9
1965	536	6	10	42	9	15	8
1970	578	5	9	37	9	14	8
1975	616	5	10	41	12	17	10
1980	653	6	16	59	14	25	9
1985	721	8	30	115	22	34	13
1990	786	8	28	127	33	44	22
1995	775	8	37	132	70	55	42
2000	732	7	47	121	99	75	59
2005	743	9	47	145	247	84	68
2009	797	10	47	184	306	89	77

必须建立这样一个与城市化同步的农村土地的移交和再分配机制。在这个机制下，拿土地换户口的农民变成城里人，上交土地给国家；国家把土地再分给其他农民；农民家庭将拥有越来越大块的土地；农民可以单个或集体逐步发展土地规模经营，逐步实现农业机械化。当然，实现规模经营和实现农业机械化，不是一蹴而就的事，而是一个漫长的过程。现在的问题是，这个过程根本还没有开始，因为根本就没有这样一个土地的移交和再分配机制。现在亟须开始建立这样一个机制。

本章小结

1. 费孝通的《乡土中国》对中国农村社会有所总结：乡土社会、差序格局、血缘社会、轻法无讼、无为政治、低速变迁等等。

2. 人民公社制度极大地提高了人均寿命，但也造成了普遍贫穷。家庭联产承包责任制取得了辉煌成就，但“三农”的继续发展主要因为户口制度陷入了瓶颈和困境。

3. 本书认为，中国“三农”未来发展主要有两个方向：一是在大中小城市和小城镇加速推行农转非、村转居；二是尽快建立农村土地的移交和再分配机制。

名词解释

农村社会学：对农民、农村、农业作整体研究的科学。

中文推荐阅读

相关文献

1. 费孝通：《乡土中国》，上海人民出版社，2007 年。
2. 刘豪兴：《农村社会学》，中国人民大学出版社，2008 年。
3. 李守经：《农村社会学》，高等教育出版社，2006 年。
4. 陆相欣：《农村社会学》，郑州大学出版社，2006 年。
5. 曹凤云：《农村社会学》，上海三联书店，2005 年。
6. 刘畅：《农村社会学》，华中科技大学出版社，2008 年。
7. 吕世辰：《农村社会学》，社会科学文献出版社，2006 年。
8. 程贵铭：《农村社会学》，水利水电出版社，2006 年。
9. 朝明谟：《农村社会学》，北京大学出版社，2001 年。
10. 肖桂云、张蓉：《农村社会学》，中国时代经济出版社，2001 年。
11. 韩俊：《调查中国农村》（上、下册），中国发展出版社，2009 年。
12. 张神根：《中国农村建设 60 年》，辽宁人民出版社，2009 年。
13. 陈锡文等：《中国农村制度变迁 60 年》，人民出版社，2009 年。
14. 张晓山、李周：《新中国农村 60 年的发展与变迁》，人民出版社，2009 年。
15. 罗平汉：《土地改革运动史》，福建人民出版社，2005 年。
16. 凌志军：《历史不再徘徊——人民公社在中国的兴起和失败》，湖北人民出版社，2008 年。
17. 罗汉平：《农村人民公社史》，福建人民出版社，2003 年。
18. 张乐天：《告别理想（人民公社制度研究）》，上海人民出版社，2005 年。
19. 王贵宸：《中国农村合作经济史》，山西经济出版社，2006 年。
20. 傅上伦等：《告别饥饿 1978》，人民出版社，2008 年。
21. 贾艳敏：《农村生产责任制的演变》，江苏大学出版社，2009 年。
22. 林毅夫：《制度、技术与中国农业发展》，格致出版社，2008 年。
23. 蒋和平：《建设中国现代农业的思路与实践》，农业出版社，2009 年。
24. 李淑梅：《失地农民社会保障制度研究》，中国经济出版社，2007 年。

25. 韩俊:《中国农村专业合作社调查》，上海远东出版社，2007年。

26. 中科院:《中国至2050年农业科技领域发展路线图》，科学出版社，2009年。

27. 迟福林等:《中国农村改革新起点：基本公共服务均等化与城乡一体化》，中国经济出版社，2009年。

28. 世界银行:《2008世界发展报告——以农业促发展》，清华大学出版社，2008年。

29. 焦必芳等:《日本现代农村建设研究》，复旦大学出版社，2009年。

30. 王晶:《国外的农民生活：法国与日本》，中国社会出版社，2006年。

31. 付彩芳等:《国外农业经营与管理》，中国社会出版社，2006年。

32. ［美］约翰逊:《经济发展中的农业、农村、农民问题》，商务印书馆，2004年。

33. ［美］舒尔茨:《改造传统农业》，商务印书馆，2006年。

34. 梁鸿:《梁庄》，《人民文学》，2010年第9期。

相关刊物

1.《农业现代化研究》

2.《农村经济》

3. 人大复印资料《农业经济研究》分册

相关网站

1. 中国农业部　http://www.moa.gov.cn/

2. 中国农村研究网　www.ccrs.org.cn

3. 中国农业网　www.zgny.com.cn

4. 农业致富网　http://www.nongye001.cn/index.asp

5. 天下粮仓　http://www.cofeed.com/

英文推荐阅读

Fei Xiaotong. 1939. *Peasant Life in China: A Field Study of Country Life in the Yangtze Valley*. Kegan Paul.

Isabel and David Crook. 1959. *Revolution in a Chinese Village Ten Mile Inn*. Routledge.

Hinton, William. 1997 (1966). *Fanshen: A Documentary of Revolution in a Chinese Village*. University of California Press.

Yang, C. K. 1959. *A Chinese Village in Early Communist Transition*. The M. I. T. Press.

Friedman, Edward, et al. 1991. *Chinese Village, Socialist State*. Yale University Press.

Endicott, Stephen. 1988. *Red Earth: Revolution in a Sichuan Village*. New Amsterdam Books.

Potter, Sulamith Heins and Jack M. Potter. 1990. *China's Peasants: The Anthropology of a*

Revolution. Cambridge University Press.

Huang Shu – min. 1998. *The Spiral Road: Change in a Chinese Village Through the Eyes of a Communist Party Leader*. (2nd ed.). Westview Press.

Ruf, Gregory A. 1998. *Cadres and Kin: Making a Socialist Village in West China*, 1921 – 1991. Stanford University Press.

Seybolt, Peter J. 1996. *Throwing the Emperor from His Horse: Portrait of a Village Leader in China, 1923 – 1995*. Westview Press.

Gao, Mobo. 1999. *Gao Village: A Portrait of Rural Life in Modern China*. University of Hawaii Press.

Gilley, Bruce. 2001. *Model Rebels: The Rise and Fall of China's Richest Village*. University of California Press.

Kipnis, Andrew B. 1997. *Producing Guanxi: Sentiment, Self, and Subculture in a Northern China Village*. Duke University Press.

Yan Yunxiang. 1996. *The Flow of Gifts: Reciprocity and Social Networks in a Chinese Village*. Stanford University Press.

Jing, Jun. 1996. *The Temple of Memories: History, Power, and Morality in a Chinese Village*. Stanford University Press.

Liu, Xin. 2000. *In One's Own Shadow: An Ethnographic Account of the Condition of Post-reform Rural China*. University of California Press.

Unger, Jonathan. 2002. *The Transformation of Rural China*. M. E. Sharpe.

Grove, Linda. 2006. *A Chinese Economic Revolution: Rural Entrepreneurship in the Twentieth Century*. Rowman & Littlefield.

Chen Guidi and Wu Chuntao. 2007. *Will the Boat Sink the Water?: The Life of China's Peasants*. Public Affairs.

Li Huaiyin. 2009. *Village China Under Socialism and Reform: A Micro-History, 1948 – 2008*. Stanford University Press.

思考题

1. 中国乡土社会的特征是什么？
2. 什么叫人民公社？
3. 三十年来中国农村改革开放的辉煌成就是什么？
4. 今日“三农”发展的瓶颈是什么？
5. 未来“三农”发展的模式和战略是什么？

第十七章　人口学与环境社会学

第一节　人口学

无论在中国，还是在发达国家，人口学都是社会学的一个分支。田雪原等多人著有《人口学》和《人口社会学》。洪大用、孔德新、李友梅、王芳等著有《环境社会学》。

一、人口学基本理论

人类在地球上栖息繁衍已有400万年之久。到距今七八千年的新石器时代，出现了原始种植业和畜牧业，人口缓慢增长到1 000万左右。冶炼业产生后，人类社会先后进入青铜、铁器时代。到公元1804年，全球人口可能有10亿。随后，世界人口增长的速度越来越快，1930年达20亿，1960年达30亿，1975年达40亿，1987年达50亿，2000年达60.67亿。2010年接近70亿。（见图17－1）。

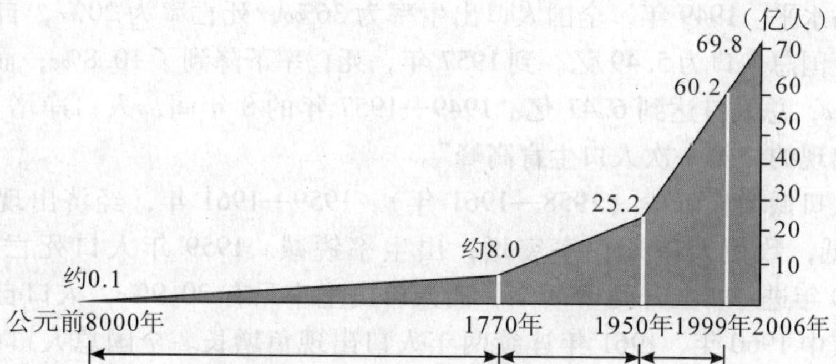

图17－1　世界人口发展图

春秋时期，中国人口已发展到2 000万以上；至公元6年，中国人口增长到6 000万。此后，由于各种原因，一直在6 000万左右徘徊。到17世纪初明朝末年，中国人口增长到1.5亿左右，随后增长速度开始加快，1840年达4.3亿，1949年达5.4亿。（见表17－1）

表 17－1　中国历代人口表

公元前 221 年（秦始皇二十六年）	约 2 000 万人
157 年（东汉永寿三年）	约 5 648 万人
740 年（唐开元二十八年）	约 4 844 万人
1110 年（北宋大观四年）	约 4 673 万人
1393 年（明洪武二十六年）	约 6 054 万人
1741 年（乾隆六年）	约 14 341 万人
1762 年（乾隆二十七年）	约 2 0047 万人
1790 年（乾隆五十五年）	约 30 148 万人
1834 年（道光十四年）	约 40 100 万人
1912 年（民国元年）	约 45 572 万人
1949 年（中华人民共和国）	约 54 877 万人

数据来源："中国历代人口略计表"，《中国经济网》。http：//database. ce. cn/gqzlk/gqzlkrksh/rkxz/200711/08/t20071108_ 13524681. shtml

新中国人口总量的发展过程可以划分为六个阶段：

第一，人口高增长阶段（1949—1957 年）。新中国成立之前，战乱频繁，社会动荡，经济不发展，人口发展缓慢，高出生、高死亡、低增长。新中国成立后，社会安定，经济发展，人民的生活水平及医疗卫生条件不断得到改善。死亡率大幅度下降，出生率维持在高水平。1949 年，全国人口出生率为 36‰，死亡率为 20‰，自然增长率为 16‰，年底全国总人口为 5. 49 亿。到 1957 年，死亡率下降到了 10. 8‰，而自然增长率上升为 23. 2‰，总人口达到 6. 47 亿。1949—1957 年的 8 年间，人口净增 1. 05 亿。这是建国以后出现的"第一次人口生育高峰"。

第二，人口低增长阶段（1958—1961 年）。1959—1961 年，经济出现波折，人民生活水平降低，致使人口死亡率突增，出生率锐减。1959 年人口死亡率上升到了 14. 6‰，1960 年进一步上升到 25. 4‰，而人口出生率只有 20. 9‰，人口自然增长率大幅度下降，其中 1960 年、1961 年连续两年人口出现负增长。全国总人口由 6. 72 亿下降到 6. 59 亿。

第三，人口高增长阶段（1962—1970 年）。这一时期经济发展状况逐渐好转，人口死亡率大幅度下降，强烈的补偿性生育使人口出生率迅速回升，人口增长进入了新中国成立以来前所未有的高峰期，并一直持续到 70 年代初。人口死亡率重新下降到 10‰以下，并逐年稳步下降，1970 年降到 7. 6‰。出生率的上升和死亡率的下降，使这一阶段的人口年平均自然增长率达到 27. 5‰，年平均出生人口达到 2 688 万人，9 年净增人口 1. 57 亿，这是建国以后出现的"第二次人口生育高峰"。

第四，人口有控制增长阶段（1971—1980 年）。新中国成立以来人口高速增长带来的压力，使人们认识到人口控制已迫在眉睫。中国政府发出实行计划生育的号召，使人口高出生、高增长的势头得到迅速控制。这一时期，人口出生率和自然增长率迅速下降，分别由1971年的30.7‰和23.3‰下降到1980年的18.2‰和11.9‰。然而，由于总人口基数庞大。1971—1980年，全国总人口由8.52亿增加到9.87亿，净增1.35亿，超过了第一次生育高峰时期的净增人口。

第五，人口高增长阶段（1981—1990年）。进入80年代后，虽然国家把实行计划生育、控制人口增长提高到了战略高度，计划生育被确定为一项基本国策，控制人口增长的措施更加严格。但是，由于60年代初“第二次人口生育高峰”中出生的人口陆续进入生育年龄，加之80年代初《婚姻法》的修改造成许多不到晚婚年龄的人口提前进入婚育行列，使得人口出生率出现回升。人口出生率由1980年的18.2‰、1981年的20.9‰，达到1987年23.3‰的峰值。9年净增1.43亿，平均年增长人口1 584万，增长量明显多于70年代后期的水平，也高于前两次生育高峰的增长。这是建国以后出现的“第三次人口生育高峰”。

第六，人口平稳增长阶段（1991年至今）。进入90年代后，随着计划生育工作的不断加强和完善，80年代人口的高出生率得到控制，并持续稳步下降。1991年人口出生率为19.7‰，2004年降至12.3‰，13年下降了7.4个千分点，并一直稳定在低水平上。1998年人口自然增长率首次降到10‰以下，从2000年开始，年净增人口低于1 000万，中国人口进入平稳增长阶段。①

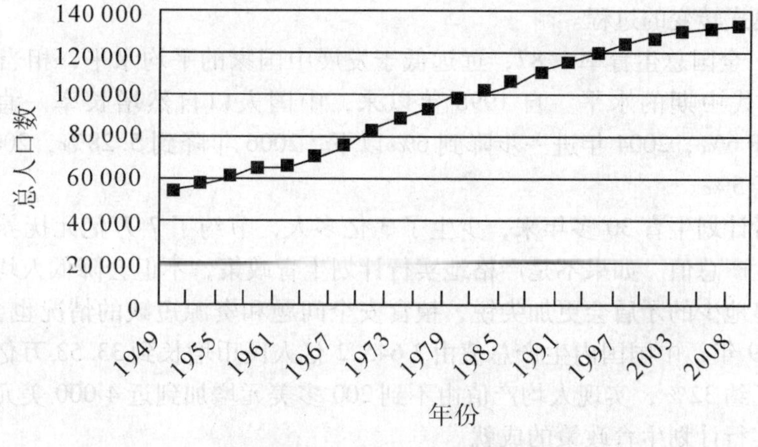

图17－2　新中国人口发展图

数据来源：《新中国六十年统计资料汇编》，第6页。

人口发展过程一般划分为三个主要阶段：第一个阶段，高出生率、高死亡率、低自然增长率。第二个阶段，高出生率，低死亡率，高自然增长率。第三个阶段，低出生率、低死亡率、低自然增长率。根据这种人口转变过程，世界各国可以区分为三大类：

① 国家统计局人口和社会科技统计司：《新中国人口发展的轨迹》，《中国信息报》，2007年7月12日。

第一类，发达国家和地区，已经经历了三个阶段，到达低位均衡。第二类，处于第二阶段，虽然死亡率下降了，但高出生率继续存在，如印度。第三类，还处在第一阶段，人口增长很少，因为高死亡率抵消着高生育率，如个别非洲艾滋病国家。中国特殊，就社会经济发展水平，应该处于高出生率、低死亡率的第二阶段，但由于实行了计划生育，处于低出生率、低死亡率的第三阶段。

二、中国计划生育政策

1962 年，中央《关于认真提倡计划生育的指示》提出在城市和人口稠密的农村提倡计划生育，适当控制人口自然增长，使生育问题由毫无计划的状态逐渐走向有计划的状态。口号是："一个不少，两个刚好，三个多了。" 1980 年，中央发布了《关于控制我国人口增长问题致全体共产党员共青团员的公开信》，明确强调一对夫妇只能生育一个孩子。1988 年，中央明确提出中国计划生育工作的现行政策是提倡晚婚晚育、少生优生，提倡一对夫妇只生育一个孩子。以此为标志，中国明确而全面的人口与计划生育政策形成了。1991 年，中央发布《关于加强计划生育工作，严格控制人口增长的决定》，重申既定的人口与计划生育政策，要求保持政策的稳定性和连续性。正是由于计划生育政策的实行，使中国的生育率大幅度下降，人口快速增长的势头得到控制。使中国少生了 3 亿人，中国用不到 30 年的时间，走完了发达国家经过上百年才完成的向现代人口增长模式转变的过程。

2006 年，全国总生育率 1.87，远远低于发展中国家的平均水平，相当于发达国家 20 世纪 90 年代中期的水平。自 1998 年以来，中国人口自然增长率一直低于 10‰，2003 年略高于 6‰，2004 年进一步降到 6‰以下，2006 年降到 5.28‰，2008 年再进一步降到略高于 5‰。

全面推行计划生育 30 多年来，少生了 3 亿多人，节约了 7 万亿元抚养费用，提高了人均国民生产总值。如果不是严格地实行计划生育政策，不但会降低人均国民生产总值，而且人多地少的矛盾会更加尖锐，粮食安全问题和资源短缺的情况也会更加突出。从 1978—2009 年，中国国内生产总值由 3 645.2 亿人民币增长到 33.53 万亿人民币，而人口只增长了约 32%，实现人均产值由不到 200 多美元增加到近 4 000 美元。这些数字充分显示了实行计划生育政策的成就。

由于较早完成人口转变，在享受人口红利的同时，社会也不可避免地要承受一些负面的效果。这些负面效果有的已经显示出来。例如，"未富先老" 导致劳动力出现短缺，人口红利消失，挑战经济增长的可持续性以及人口结构性矛盾等。65 岁及以上人口在总人口中所占的比例，1990 年为 5.6%，2000 年上升到 7.0%，2008 年已达到 8.2%。联合国把 65 岁及以上老年人占总人口的比重超过 7% 称作老龄化人口，按照这个定义，中国已处于老龄化国家的行列，并且老龄化越来越严重。①

中国男女出生性别比也不平衡。2009 年中国出生人口性别比为 119，即每出生 100

① 《中国统计年鉴 2009》，第 90 页。

个女孩的同时会有 119 个男孩出生，在海南省，这个数字甚至达到 135。根据人口发展的规律，要保持人口的性别平衡，这个比例应该在 105：100 左右。过高的出生性别比意味着到 2020 年，内地将会有 4 000 多万男性找不到配偶，成为“光棍”。

第二节　环境社会学

一、环境社会学理论

第一，《增长的极限》与《没有极限的增长》。1968 年，来自世界各国的几十位科学家、教育家和经济学家聚会罗马，成立了一个非正式的协会——罗马俱乐部，并于 1972 年提交了俱乐部成立后的第一份研究报告《增长的极限》[①]。报告认为：世界人口增长、粮食生产、工业发展、资源消耗和环境污染这五项基本因素的运行方式是指数增长而非线性增长，全球的增长因为粮食短缺和环境破坏于 21 世纪初某个时段内达到极限。要避免因超越地球资源极限而导致世界崩溃，最好限制增长，即“零增长”。

《没有极限的增长》[②] 是朱利安·林肯·西蒙 1981 年发表的《最后的资源》的编译本。这本书批驳了罗马俱乐部资源有限和面临枯竭的论点，指出从 1800 年以来，大多数自然资源的成本和价格一直在下降而不是上升，资源的前景是乐观的，地球资源是相对无限的；特别是人类科学技术的进步有能力开辟其他途径，即发明新的原材料或替代品来满足不断增长的需要。人类的生态环境日益好转，恶化只是工业化过程中的暂时现象，粮食在未来将不成其为问题，人口将在未来自然达到平衡。30 多年来，世界历史、亚洲历史和中国历史的发展表明，《增长的极限》是完全错误的，《没有极限的增长》是完全正确的。

第二，从先污染后治理到边发展边环保。在早期工业化时期，欧、美、日等国家为了经济的发展，牺牲环境，先污染后治理。现在，中国等第三世界国家和地区也处于早期工业化阶段，环境问题日趋严重，正在力争摆脱发达国家走过的先污染后治理的老路，走边发展边环保的新路。

第三，节能发展和绿色发展。目前中国单位产值的能源消耗是日本和德国的 6 倍。因为中国主要是低科技、高能耗、劳动密集型产业，发达国家主要是高科技、低能耗、资本密集型的节能绿色产业。中国也想转变发展模式，走节能绿色的发展之路。

第四，减排的责任主要在发达国家。中国和印度等发展中国家由于人口庞大，整体污染量全球数一数二，但其人均污染量仅为加拿大的 1/20 左右。以美国为首的某些发达国家一直强烈指责发展中国家排放量上升，要发展中国家与发达国家共同减排。这是极不公平的。一个美国人的电力消费相当于 18 个中国人。一个美国婴儿用纸量相当于中国 30 个婴儿的用量。在理论上，人人生而平等，一个美国人排放多少，一个中国人

① 丹尼斯·米都斯等：《增长的极限》，吉林人民出版社，1997 年。
② 西蒙：《没有极限的增长》，四川人民出版社，1985 年。

就有权排放多少。中国宣布，至少到2050年之前，中国的绝对排放量会不断增加。发达国家排放了这么多年，人均排放量这么大，中国还属于发展中国家，为了对全世界减少排放，要求发达国家无偿转让排污技术，是无可厚非的。

二、中国环境保护战略

1973年召开了第一次全国环境保护会议，通过了《关于保护和改善环境的若干规定》，严格意义上的中国环境保护事业开始兴起。1973—1978年为中国环保的起步阶段，环境保护取得了一定成绩，但总体而言污染治理水平和绩效不高。1979—1991年为中国环境保护的发展阶段，环境保护被确立为基本国策。1992年以来，中国逐步形成强调环境与经济同步、协调和持续发展的可持续发展战略，中国环保政策进入完善阶段。2003年，中国未来20年能源发展的战略概括为：节能优先、清洁环保、供应安全、市场推动。

三、中国水污染治理

中国最常见的水污染类型是：有机物污染、油类污染、生物污染、营养物质污染和有毒污染等。而这些污染主要来源是工业废水和生活废水。全国地表水污染依然严重。七大水系总体为中度污染，浙闽区河流和西南、西北诸河水质良好，湖泊富营养化问题突出。中国的湖泊85%出现富营养化，这是由湖泊上游水源受污染而引起的。中国人均水资源量为世界平均水平的1/4，是全球最缺水的13个国家之一。

表17－2　中国水污染情况

年份	1990	1995	2000	2005	2007	2008
工业废水排放总量（万吨）	2 486 861	2 218 943	1 942 405	2 431 121	2 466 492	2 416 511
生活污水排放总量（万吨）	1 051 130	1 509 565	2 209 152	2 813 968	3 102 001	3 300 290
水污染与破坏事故次数（次）	3 462	1 966	1 138	693	178	198

资料来源：《中国统计年鉴（1991—2009）》。

中国的水污染问题依然严峻，且有继续恶化的趋势。中国有9 000多万人饮用水得不到保障，超过40%的农村饮用水尚未达到基本卫生安全标准。工业废水仍维持在200亿吨的排放量，无法减低。随着生活水平的提高，生活污水排放在2000年超过工业废水。盲目追求经济增长，治污问题没有真正落实。法律、法规执行难，监督难。单单靠环保局执法力度根本不够。就处罚而言，污染企业的罚款相对于治污的投入只是九牛一毛。由于经济发展的地方保护主义，地方监管机构没有尽责。

四、中国大气污染治理

中国是世界上最大的煤炭生产和消费国。中国每年将一半的煤炭用于发电（如图17-3），这些煤炭为中国提供了70%的能源。燃煤是大气污染的主要原因之一。到2009年底，中国汽车保有量为7 600万辆，其中私人轿车2 600万辆。烧煤和汽车的飞速增多导致中国近40%的城市空气质量遭受污染。国家工业结构污染，仍以电力、热力的生产和供应业的空气污染比重大。（见图17-3）用清洁能源代替烧煤，短期内做不到。中国对汽车排污标准作了严格的规定，为美国作出了榜样。

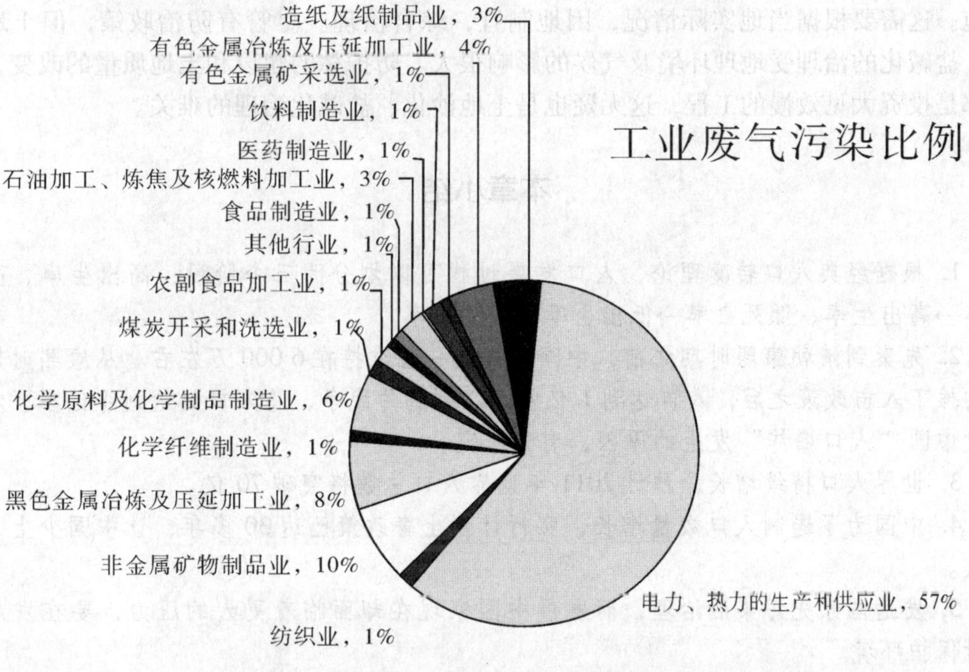

图17-3　中国工业废气排放主要行业比例

资料来源：李明华，范允行：《论中国环境政策的变迁》，载《秩序与进步：社会建设、社会政策与和谐社会研究——浙江省社会学学会成立二十周年纪念暨2007学术年会论文集》，第278~284页。

五、中国土地沙化、盐碱化治理

中国沙化土地主要分布在中国北方广大干旱和半干旱以及部分半湿润地带。其中中国北方农牧交错带、草原区、大沙漠边缘地带是沙化最为严重的地区。2007年，中国土地沙化面积由20世纪末年均扩展3 436平方公里转变为年均缩减1 283平方公里。土地沙化扩展的趋势得到初步遏制。尽管如此，防沙治沙形势依然严峻。全国30个省份的889个县、旗、区分布有沙化土地。全国沙化土地有173.89万平方公里，占国土面积的18%，影响着近4亿人的生产和生活，每年造成的直接经济损失达500多亿元，严重制约着经济社会可持续发展。已经治理的沙化土地，生态状况仍很脆弱，沙区人口、资源和经济的压力仍然巨大。① 国家不断投资造林。

土壤盐碱化是指土壤含盐量太高（超过0.3%），土地肥力下降，不利于农作物吸收养分，阻碍作物生长。盐碱化土壤主要分布在我国华北平原、东北平原、西北内陆地区及滨海地区。中国农林牧土地面积68 912万公顷，受盐碱化危害的农林牧土地面积有3 382万公顷，占农林牧总土地面积的4.91%。对于防止盐碱池，普遍的做法是利用水利改良措施（灌溉、排水、放淤、种稻、防渗等），或农业改良措施（平整土地、改良耕作、施客土、施肥、播种、轮作、间种套种等），还有生物改良措施和化学改良措施。这需要根据当地实际情况，因地制宜，综合治理。尽管有防治政策，但土地沙化、盐碱化的治理受地理环境及气候的影响很大。防护林的建设和土地质量的改变，两者都是投资大见效慢的工程，这无疑也是土地沙化、盐碱化治理的难关。

本章小结

1. 根据经典人口转变理论，人口发展过程可以划分为三个阶段：高出生率、高死亡率→高出生率、低死亡率→低出生率、低死亡率。

2. 先秦到清朝康熙时期之前，中国人口数一直维持在6 000万左右。从康熙时期实行的摊丁入亩政策之后，人口达到1亿左右。到鸦片战争，总人口数达到4亿多。对于这次中国“人口爆炸”发生的原因，有待研究。

3. 世界人口持续增长，预计2011年世界人口总数将突破70亿。

4. 中国为了遏制人口数量增长，实行计划生育政策已达30多年，让中国少生3亿多人。

5. 发达国家先污染后治理，而发展中国家现在却面临着更大的压力，要在发展的同时保护环境。

6. 中国的环境保护取得了一定的成就，但地方保护主义使环境保护十分困难。

7. 中国目前在水污染、大气污染、土地沙化、盐碱化等方面面临着非常严峻的形势。

名词解释

人口零增长：指人口增减处于平衡状态的指标，即出生数加上迁入数与死亡数加上迁出数相等。

性别比：每100位女性所对应的男性数目。

① 《中国全力遏制“沙化”减轻世界环境压力》，新华网，2007年3月27日，http://news.xinhuanet.com/politics/2007-03/27/content_5904394.htm。

节能发展：采取技术上可行、经济上合理以及环境和社会可以承受的措施，从能源生产到消费的各个环节，降低消耗、减少损失和污染物排放，制止浪费，有效、合理地利用能源。

绿色发展：改变高消耗、高污染、低效率的发展方式，主动选择低消耗、少污染、高效率的生产生活方式，形成环境友好的生产方式和消费模式。

地方保护主义：是指地方国家机构及其成员，以违背中央和国家的政策、法规的方式去滥用或消极行使手中权力，以作为或者不作为的方式不适当地维护或扩大该地方局部利益的倾向。

中文推荐阅读

相关文献

人口学

1. 葛剑雄：《中国人口史》（1~6 卷），复旦大学出版社，2001—2002 年。
2. 路遇、腾泽之：《中国人口通史》（上、下卷），山东人民出版社，2002 年。
3. 路遇、腾泽之：《中国分省区分历史人口考》（上、下卷），山东人民出版社，2006 年。
4. 田雪原：《中国人口政策 60 年》，社会科学文献出版社，2009 年。
5. 佟新：《人口社会学》，北京大学出版社，2010 年。
6. 张桂蓉：《人口社会学》，武汉大学出版社，2009 年。
7. 唐贵忠：《计划生育管理》，重庆大学出版社，2006 年。
8. 程利南：《计划生育和生育调节》，中国协和医科大学出版社，2008 年。
9. 王翠绒：《人口与计划生育概论》，湖南师范大学出版社，2004 年。
10. 《中国计划生育年鉴》
11. 陈明立：《人口与计划生育立法研究》，西南财经大学出版社，2001 年。

环境社会学

1. 洪大用：《中国环境社会学：一门建构中的学科》，社会科学文献出版社，2007 年。
2. 孔德新：《环境社会学》，合肥工业大学出版社，2009 年。
3. 李友梅等：《环境社会学》，上海大学出版社，2004 年。
4. 王芳：《环境社会学新视野》，上海人民出版社，2007 年。
5. ［加］汉尼根，《环境社会学》，中国人民大学出版社，2009 年。
6. ［日］鸟越皓之：《环境社会学》，中国环境科学出版社，2009 年。
7. ［美］迈克尔·贝尔：《环境社会学的邀请》，北京大学出版社，2010 年。
8. 肖显静：《环境与社会》，高等教育出版社，2006 年。
9. 丹尼斯·米都斯等：《增长的极限》，吉林人民出版社，1997 年。
10. 西蒙：《没有极限的增长》，四川人民出版社，1985 年。

11. 李定龙、常杰云:《环境保护概论》，高等教育出版社，2006 年。
12. 杨志峰、刘静玲:《环境科学概论》，高等教育出版社，2004 年。
13. 邓宏兵、张毅:《人口、资源与环境经济学》，科学出版社，2006 年。
14. 张镜湖:《世界的资源与环境》，科学出版社，2004 年。
15. 罗斯:《水污染导论》，科学出版社，2004 年。
16. 曾文慧:《越界水污染规制：对中国跨行政区流域污染的考察》，复旦大学出版社，2007 年。
17. 姜安玺:《空气污染控制》，化学工业出版社，2010 年。
18. 吴连喜:《家园的危机：土地资源与土壤污染》，江苏人民出版社，2008 年。

相关刊物

1. 《人口学刊》
2. 《人口与发展》
3. 《人口与计划生育》
4. 《中国计划生育学杂志》
5. 《环境与社会》
6. 《中国人口资源与环境》

相关网站

1. 中华人民共和国国家人口和计划生育委员会　http://www.chinapop.gov.cn/
2. 中国人口网　http://www.cpirc.org.cn/
3. 中国人口与计划生育网　http://www.npfpc.gov.cn/cn/index.aspx
4. 中华人民共和国环境保护部　http://www.chinapop.gov.cn/
5. 中国环保网　http://www.chinaenvironment.com/
6. 中国环境标准网　http://www.es.org.cn

英文推荐阅读

Liu, Yue (ed.). 2000. *The Atlas of Population, Environment and Sustainable Development of China.* Science Press.

Population

Greenhalge, Susan. 2010. *Cultivating Global Citizens: Population in the Rise of China.* Harrard University Press.

Lee, James Z. and Wang, Feng. 2000. *One Quarter of Humanity: Malthusian Mythology and Chinese Realities.* Harvard University Press.

Scharping, Thomas. 2003. *Birth Control in China 1949 – 2000: Population Policy and Demographic Development.* Routledge.

Wang, Gabe T. 1999. *China's Population: Problems, Thoughts, and Policies.* Ashgate.

Peng, Xizhe and Guo, Zhigang (eds.). 2000. *The Changing Population of China.* Blackwell Publishers.

Zhang, Weiguo. 2001. *Economic Reforms and Fertility Behaviour: A Study of a Northern Chinese Village.* Curzon.

Wang, Gungwu. 2000. *The Chinese Overseas: From Earthbound China to the Quest for Autonomy.* Harvard University Press.

England, Robert Stowe. 2005. *Aging China: The Demographic Challenge to China's Economic Prospects.* Praeger.

Zhou Min. 2009. *Contemporary Chinese America.* Temple University Press.

Environment

Elvin, Mark. 2005. *The Retreat of the Elephants: An Environmental History of China.* Yale University Press.

Economy, Elizabeth C. 2005. *The River Runs Black: The Environmental Challenge to China's Future.* Cornell University Press,

Mun S. Ho and Chris P. Nielsen (eds.). 2007. *Clearing the Air: The Health and Economic Damages of Air Pollution in China.* MIT Press.

Richard Louis Edmonds (ed.). 2000. *Managing the Chinese Environment.* Oxford University Press.

McElroy, Michael, et al. (eds.). 1998. *Energizing China: Reconciling Environmental Protection and Economic Growth.* Harvard University Committee of Environment.

Marks, Robert B. 1998. *Tigers, Rice, Silk, and Silt: Environment and Economy in Late Imperial China.* Cambridge University Press.

Shapiro, Judith. 2001. *Mao's War against Nature: Politics and the Environment in Revolutionary China.* Cambridge University Press.

Ma Xiaoying and Ortalano, Leonard. 2000. *Environmental Regulation in China: Institutions, Enforcement, and Compliance.* Rowman and Littlefield.

Sanders, Richard. 2000. *Prospects for Sustainable Development in the Chinese Countryside: The Political Economy of Chinese Ecological Agriculture.* Ashgate.

Richardson, S. D. 1990. *Forests and Forestry in China: Changing Patterns of Resource Development.* Island Press.

Williams, Dee M. 2002. *Beyond Great Walls: Environment, Identity, and Development on the Chinese Grasslands of Inner Mongolia.* Stanford University Press.

思考题

1. 人口发展的三个阶段是什么？

2. 中国计划生育政策的伟大成就与存在的问题是什么？
3. 中国未来人口政策目标是什么？
4. 就资源供给而言，增长有没有极限？
5. 中国的水污染治理难在哪里？
6. 中国的大气污染治理难在哪里？
7. 中国的土地沙化、盐碱化治理难在哪里？
8. 为什么说中国人均污染排放量有权与美、日、欧相同？

第十八章　社会管理学与法律社会学

风笑天、童星著有《社会管理学概论》。赵震江、李俞青、胡平仁、马新福等著有《法律社会学》。皮艺军、高和荣等著有《越轨社会学》。吴鹏森、宋浩波等著有《犯罪社会学》。

第一节　社会管理学

一、社会管理形式的变迁[①]

社会管理学是一门系统研究社会管理活动的基本规律和一般方法的学科。社会管理学不同于经济管理学、政治管理学等其他具体的管理学科，它着重探讨社会整体及其各组成部分之间管理协调的规律。社会控制是社会管理的一个重要部分，是对社会成员和社会行为的约束。社会控制有强制性控制和非强制性控制之分。强制性控制主要有政权、法律、纪律和政策等，非强制性控制形式主要有习惯、道德、宗教和舆论等。

国家政权是统治阶级实行阶级统治的权力机构，是社会控制的典型形式，有着极大的强制性和约束性，在社会控制中起着主导的作用。政权的控制主要表现在两个方面：一是通过提倡和宣传某种思想、观点、品质和行为，从而实现对社会成员的约束；二是通过武力镇压。需要强调的是，政权必须通过法律起作用，用法律的形式确定下来。因此政权是同法律分不开的。中国政府在保护社会主义制度、防止外国侵略、保卫领土完整、对内维护社会秩序以及促进社会发展各个方面，都起着极其重要的作用。

法律是经过国家制定或认可的，由国家强制力保证实施的行为规范的综合。在阶级社会，法律的本质上是统治阶级一致利益的体现，是实行阶级统治的工具，阶级性是法律的本性，同时法律也具有社会性的特征。即使在阶级对立的社会，除了执行阶级统治的法律以外，法律也维护多数社会成员的共同利益。法律的社会控制作用，主要是控制社会行为。它对人们的行为起指导作用，使人们明确拥护什么、反对什么、应该做什么、不应该做什么，告诫人们不要以身试法。法律是创建新型社会的有力工具，在现代社会，法律控制形式的作用越来越显得重要，成为主要的控制形式。

纪律是一定的社会组织为自己的成员规定的具体的行为准则。任何集体，无论它的性质、规模和目标怎样，都会有约束其成员的纪律。纪律的社会控制作用也是很强的。没有纪律，社会组织就无法正常地开展各项活动，整个组织就不能协调有序地运行。

---

① 风笑天等：《社会管理学概论》，华中科技大学出版社，1999 年。

政策是国家机关和社会团体指导其成员处理某些重大问题的是非界限和行为准则。较之法律，政策具有明显的灵活性和及时性，其制定和修正过程相对简单容易，能及时针对现实生活中出现的问题作出迅速的反应。政策的社会控制作用突出地表现在：保持社会稳定、及时调节各种社会关系、推动社会发展。

习俗是人们在长期社会生活中逐步形成并共同遵守的习惯、风俗。习俗是最早产生的社会控制方式，它主要有以下几个特征：自发性、广泛性、普遍性、非强制性、稳定性。道德是以善恶、荣辱等观念来评价和约束人们的社会行为，调整人们之间以及个人和社会之间关系的社会行为规范。道德是从习俗中演化出来的，它通过社会舆论和人们的内心信念来发挥社会控制作用。

宗教是自然力量和社会力量在人们思想中虚幻反映的产物，是一种与神圣物相联系的信仰和规范体系。宗教起源于原始人的图腾崇拜和灵魂不灭的观念。宗教是一种极其普遍的社会现象。它主要的作用是维护现存的秩序，提供心理的支柱，加强社会的整合和约束人们的行为。

社会控制诸种形式随着社会的发展而变化发展的。有些会逐步削弱，有些会逐步加强，有些会逐步失去作用，有的新形式会顺应社会发展的需要而产生。在现代社会，法律控制形式的作用，越来越显得重要，成为主要的控制形式。

以德治国还是以法治国，争议了几千年了。依法治国和以法治国是人类社会不可抗拒的历史潮流，不容否认，但也不能把法律、法治、法制抬高到不适当的地步。道家和儒家早就认识到，有法说明社会出了坏人坏事，法越多说明社会丑恶越多，不得不以法治国、依法治国，其本身就是人类社会道德沦丧的主要表现。古今中外的很多坏事，都是依法、以法、合法的。比如，“四一二”之后蒋介石屠杀共产党，就是根据为共产党量身定做的《危害民国紧急治罪法》和《暂行反革命治罪法》。在当今美国法律体制中，有钱、有权、有势的人，比无钱、无权、无势的人，有很大的特权，有很大的优势。当今中国也一样，无论怎样讲法制、法治、法律，有钱、有权、有势的人，也可以占很大的便宜。假设，一个有钱、有权、有势的人，打断了一个无钱、无权、无势的人的骨头，自己毫发无损，只要能买通公检法，就可以“合法”地判定有钱、有权、有势的人是正当防卫。这种问题，法制、法治、法律是解决不了的。正是在这个意义上，马锡王精神是十分重要的，共产党对法律、法治、法制的正确领导是十分重要的，共产党的各级政法委员会是十分重要的，以德治国是十分重要的。简言之，一方面要全面建设法制社会、法治社会，同时也要深刻认识到法律、法制、法治的局限性。共产党消灭国民党800万军队，就“违背”了中华民国的法律。中国打赢抗美援朝战争，就“违背”了联合国的法律。

二、中国社会管理领先世界近两千年①

中国古代治国者通过总结历史治乱兴衰的经验教训，确立礼乐刑政综合为治的各项措施，并认真贯彻。上下相维、脉络相闻，法度严而驯服有素，人心有所统摄，而缓急不敢自肆，为中国的经济、政治和文化提供了稳定的发展环境，使中国近两千年处于领先地位。

中国古代法律控制领先于世界。商鞅变法奠定了中国两千多年的法制基础。秦始皇统一中国后，推行法家路线，用法律统一人民思想，推行中央集权的统治，专任刑法，贯彻重刑主义原则。自汉朝以来，统治者将法家化的外部社会控制与儒家化的内部社会控制有机结合，为中国社会两千年稳定奠定了厚实的基础。法律体系是实施社会控制的主要依赖，但是存在许多独立于法律体系之外的许多社会规范，同样维系社会秩序、控制社会变动，它们是法律体系的重要辅助和补充，如道德、伦理、宗教和习俗。社会控制主要通过法律控制实现，德、礼、法内在一致性是社会控制有效实施的基础。

中国古代政治控制领先世界。结合社会秩序和政权稳定关系的密切程度，政治控制分为对统治秩序和社会秩序、对行政体制和行政人员、对民间社团及其活动、对宗教事务与家庭关系、对民族关系和少数民族事务五个方面的控制。整个政治控制系统具体、严密，为保障社会稳定作出了巨大贡献。

中国古代经济控制领先世界。制定相关经济法规；对农村土地所有权及其关系进行控制；对民间财产及其关系进行控制；对公共商业活动与市场秩序进行控制；对海外贸易进行控制。法律控制体系适应了当时经济发展的形式和要求，有效地建立了经济利益关系和经济秩序，为社会经济的巨大进步和发展提供了充足的动力。

中国古代文化控制领先世界。秦朝的灭亡留给汉初统治者深刻的教训，证明了单纯的法家治国模式并不能长治久安。汉武帝采纳董仲舒意见，确立儒家治世学说的社会统治地位，开创了“罢黜百家，独尊儒术”的局面。儒学定为一尊，凌驾于社会之上，天道思想、大一统观念、纲常伦理、法律规范、风俗礼仪之间相互联系、相互补充，共同维护着儒学这一精神支柱，表现出高度的内在一致性，这种一致性是皇权实施有效社会控制的文化土壤与精神温床。从社会管理的角度看，中国统治者奉行以礼为主导的综合治理论，实施严密系统的社会控制理论，形成了鲜明的特色，积累了极为丰富的管理经验。

① 郭成伟：《社会控制：以礼为主导的综合治理》，中国政法大学出版社，2008 年；沈大明：《大清例律与清代的社会控制》，上海人民出版社，2007 年。

第二节　法律社会学

一、法律社会学理论

立法是创建新型社会的有力工具。商鞅变法开启了中国法制领先世界两千多年的法制基础。拿破仑用刺刀在欧洲推广了《拿破仑法典》，在欧洲建立了现代法制。法律社会学论著认为，法律的功能领域主要分为经济、政治、公共三个部分。法律的经济功能是指法律对社会经济关系和经济活动直接发生影响的能力，其目的在于建设和维护一定的社会经济关系和经济秩序。法律经济功能主要表现在确认经济关系、调整经济生活、维护经济秩序和服务于经济活动等。法律的政治功能主要表现在协调政治关系、规范政治行为、促进政治发展和解决政治问题等。法律的公共功能，是指法律基于其社会性和共同性，而对社会公共事务所具有的管理能力，即法律调整社会公共事务、执行社会职能的作用能力。在各种历史类型的法律中，以及在不同的国家和一个国家不同的历史发展时期，这种社会公共事务和执行公共事务法律的性质与范围很不相同。但一般分为：第一，维护人类生存的基本自然条件，保证社会劳动力的生息繁衍；第二，促进科技教育事业的发展，维护基本生产、生活的稳定秩序；第三，预防社会冲动，解决社会问题，保全社会结构。

二、中华法系的伟大成就

远在夏商周时期，中华民族已有成文法律，如夏朝的《禹刑》、商朝的《汤刑》、周朝的《九刑》和《吕刑》。儒法融合并非徒然肇始于汉律，秦律已现端倪。秦法奠定了中华法系的完整体系，后来历代有所损益，但法律原则和法律体系没有大变，见唐朝的《唐律疏议》、宋朝的《宋刑统》、西夏的《天盛改旧新定律令》、元朝的《大元通制条格》、明朝的《大明律》和清朝的《大清律例》①。

中华法系主要成形于商鞅变法，使得秦国在100多年时间统一中国。商鞅变法，树立法律平等思想、一切取决于法，王子犯法与庶民同罪。在制度上：①消灭封建土地制度，废井田，开阡陌，允许人们开荒，土地可以自由买卖，赋税按照各人所占土地的多少来平均负担，建立了现代的土地私有买卖制度，奠定了现今的《民法》、《经济法》基础。②废除了封建贵族世袭制，以军功和耕地产量论赏。“有军功者，各以率受上爵，为私斗争，各以轻重被刑”，以奖励军功而禁止私斗。规定爵位依军功授予，宗室非有军功不得列入公族簿籍。③分户令，为鼓励小农经济，规定凡一户有两个儿子，到成人年龄必须分家，独立谋生，否则要出双倍赋税，禁止父子兄弟（成年者）同室居

① 《中华传世法典》（《唐律疏议》、《宋刑统》、《天盛改旧新定律令》、《大元通制条格》、《大明律》、《大清律例》），法律出版社，1999年。

住，推行小家庭政策，从法律上消灭“啃老族”，有利于增殖人口、征发徭役和户口税，发展经济。④取消封建分封制，推行郡县制，通过县的设置，把领主对领邑内的政治特权收归中央，有力地配合了“废井田、开阡陌”政策，用政治手段保证了土地私有，奠定了现代民族国家的基本政治制度。⑤尊重法令，以史为师，烧毁一切反对法令的异端邪说。新法奠定了秦国的帝业。秦始皇统一中国，并将秦法推行全国，以后历代法律都以秦法为基础，加以损益。

张晋藩在《中华法系的回顾与前瞻》一书中总结了中华法系的八大特征：①中华法系的人本主义属性，即“公”的价值取向与人本主义法文化以及执法原情与司法衡平。②中华法系天人合一与自然和谐的法律精神，即“中庸之道”和中国法文化中天人合一的宇宙观、秩序观。③中华法系的宗法伦理主义，即以宗法家族主义为本位的伦理法。④中华法系的法制一统性和世俗性，即重农主义传统与中华法系中根深蒂固的官僚政治法律体系和中国传统社会“法令一统”与“法律多元”。⑤中华法系的民族意识和世界意识，华夏族和各个少数民族是丰富多彩的中国传统法文化和中华法系的缔造者和传承者。⑥中国传统文化以和为贵，讲求中庸之道，崇尚天道和谐，中华法系的形成和巨大的世界性影响立足于和平主义的理想观念。⑦中华法系的法典体例与法律体系，“以刑为主，诸法合体”的法典编纂体例，与同时代世界其他法系存在相似性，是“诸法并存，民刑有分”的法律体系。中华法系的律学成就斐然，与西方两大法系关于纠纷认知、处理样式与法律职业之比较，对于纠纷的基本认知态度，倾向于立足于常识，并根据一个个纠纷的具体情节情境给以完全个别化的把握和处理。⑧中华法系遵循儒家思想，希望达到无讼的境界。

三、中国法制建设大战略

法律是创建新型社会的有力工具。目前中国已经初步形成了法律体系，成就巨大，但还不够。比如关于罢工问题的法律，比如关于企业之间出货付款关系的银行信用证明的法律，等等。在社会经济生活的许多方面，现在中国还没有做到完全有法可依。为了今后中国社会经济平稳、快速发展，为了长治久安，要尽快建立一套较为完善的法律体系。这里从法律社会学角度，对建立这套法律体系的立法原则提出一点看法，供参考。

第一，古为今用，这个法律体系要继承和发展中华法系的精华部分，使中华法系在世界上重新站立起来，成为一极。中国法律人不应该数典忘祖，妄自菲薄。

第二，洋为中用，这个法律体系可以对当今美日欧法律体系采取拿来主义。美日欧的法律，中国现在完全不能用的，就算了。中国现在可用却没有立法的，根据中国的实际和需要，加以修改，尽快颁行。现在可用可不用的，也要根据中国的实践和需要，加以修改，尽快颁行。

第三，着眼未来。法律不是为今天急用而颁行，而是为长治久安而颁行，为创建新型社会而颁行。比如，中国13亿人，近8亿农村户口居民，现在分家的时候，出嫁的女儿没有继承权，舅舅主持分家的情况还很常见。可是《遗产继承法》早就明确规定出嫁的女儿有继承权，遗产应该按遗嘱分配，不应该让舅舅主持分配。《遗产继承法》颁行错了吗？没有错。国家颁行遗产继承法，农民继续舅舅分家，不给出嫁女儿继承权，只当没看见。民不告，官不究。但只要有人告，国家就有法可依，有法必依，执法必严，违法必究。这只是出嫁女儿分家这样一个小小的事例，在经济生活、文化生活、政治生活和社会生活的所有方方面面，事无巨细，都要有立法，都要有详尽的立法。不是为今天，而是为明天，为中华民族的长治久安，为了创建一个光辉灿烂的新型中国社会。

第四，要按体系立法。不能“头疼医头，脚疼医脚”，今天这里立一个法，明天那里立一个法。要根据古今中外人类社会法制发展的规律和大趋势，要瞄准当今世界最发达、最完善的美日欧法律体系，根据中国的实际和需要，为了中国的未来，先确定一个法律体系，然后成体系地大量立法。

第五，立法要快。有法必依、执法必严、违法必究，有一个发展过程，不可能一蹴而就。但有法可依的过程，一定要快。建立上述这样一个继承中华法系精华的、拿来今天美日欧法律体系精华的、世界一流的、指向未来的法律体系，只要集中人力、物力、财力，精心设计、精心施工，十年左右时间就够了。

第三节　越轨社会学与犯罪社会学

一、越轨理论与犯罪理论①

越轨表现为那些违反常规的、不道德的、罪恶的和违反法律的行为，其共同的性质就是这些行为超越了人们认可的惯常的行为方式，用另一种人们很难认同的方式表现出来，而且表现出来后，往往会受到社会的抵制。犯罪的外因，是犯罪主体以外的一切促使个人实施犯罪行为的原因，是犯罪主体以外的社会环境因素。犯罪的内因，指犯罪主体本身的诸种促成其最终实施犯罪行为的原因，主要是指个体的犯罪意识和动因。犯罪行为是犯罪的外因与内因相互作用的结果。

如今，犯罪形式多样化，如盗窃、抢劫、诈骗、强奸、杀人、伤害等，近年来中国增长的犯罪形式有绑架、制贩假币、假冒商标、黑社会犯罪等。其中既有消失多年的犯罪形式死灰复燃，又有一些新的条件下滋生的犯罪形式，一般都具有智能性、凶残性等特点。从犯罪主体来看，青少年犯罪率不断上升，出现了明显的低龄化趋势；农民和妇女犯罪增多；特权阶层的犯罪增多，银行行长和交通厅长等专业领导犯罪增加。

黑社会犯罪的原因可以归纳如下：体制改革和利益调整引起的多种矛盾；盛行拜金主义、享乐主义、极端个人主义；帮会思想、江湖义气的影响、地方党政司法干部包庇、纵容黑社会势力，充当保护伞，甚至直接组织、参与黑社会犯罪，对黑社会犯罪打击防范无力。②

① 皮艺军著有《越轨社会学概论》，吴鹏森著有《犯罪社会学》，本小节内容主要来自这两部著作。
② 何秉松：《有组织犯罪研究》，中国法制出版社，2002年，第385页，

二、当今中国犯罪概况

如表 18－1 所示，民事案件是中国主要案件类型，2008 年共有 540 多万件，刑事案件 76 万多件，行政案件 10 万多件。如图 18－1 所示，1978 年以来，犯罪率逐渐升高。总犯罪率有很大增长，但其中主要是财产犯罪率增长，暴力犯罪率的增长有限。可见犯罪率大幅度上升是实行市场经济不可避免的一个方面。近年来，黑社会性质的犯罪引发关注。政治上的腐败为黑社会性质犯罪提供了掩护体。黑社会性质组织的发展，又进一步促使了腐败现象的蔓延。据有关统计资料显示，黑社会性质犯罪抬头并得到初步发展是 1984—1994 年的 10 年间。沈阳慕马大案、重庆文强大案是新的发展。

表 18－1　中国 30 年来法院一审案件情况　　单位：件

年份	收案	刑事	民事	经济纠纷	行政	海事海商
1978	447 755	146 968	300 787			
1985	1 319 741	246 655	846 391	225 541	916	238
1990	2 916 774	459 656	1 851 897	591 462	13 006	753
1995	4 545 676	495 741	2 718 533	1 275 959	52 596	2 847
2000	5 356 294	560 432	3 412 259	1 290 867	85 760	6 976
2005	5 161 170	684 897	4 380 095		96 178	
2008	6 288 831	767 842	5 412 591		108 398	

注：2005 年经济纠纷汇入民事案件。

资料来源：《中国统计年鉴（2009）》，第 932 页。

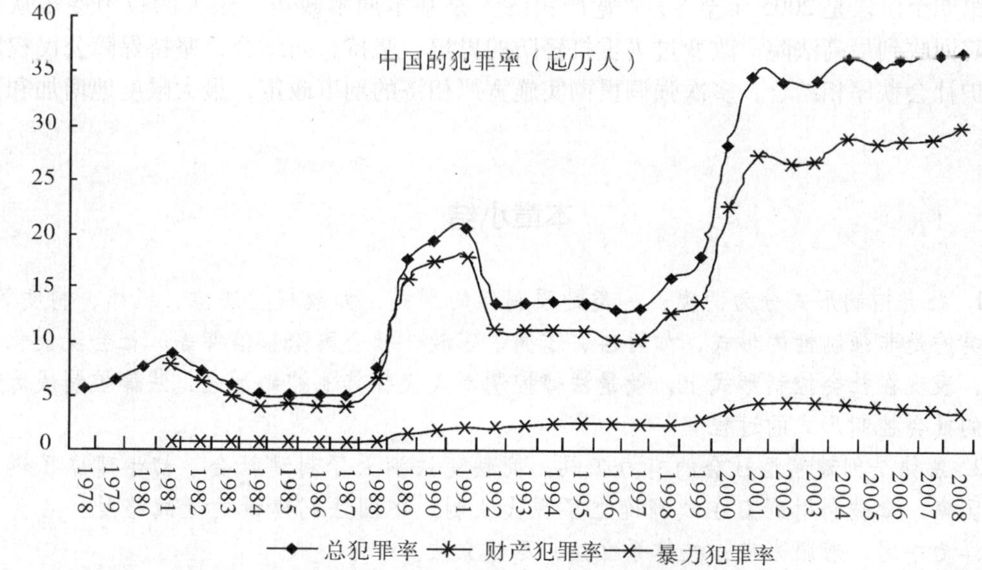

图 18－1　1978—2008 年中国犯罪率

资料来源：历年《中国法律年鉴》。

中国改革网　http：//www. chinareform. net/2010/0201/11651. html

随着市场经济的不断发展，城市化的不断发展，社会流动性的不断加强，中国在今后相当长的一个时期内，犯罪率还会呈继续上升的趋势。打篮球的人多了，犯规总数必然增加。对犯罪问题，只能客观地承认和看待犯罪率的上升，努力提高破案率，努力把犯罪率控制在社会可以承受的尽可能低的程度之内。

三、中国治理犯罪战略①

中国治理犯罪的战略经历四个阶段：

第一个阶段是1949—1965年。新中国成立初期，实行“镇压与宽大相结合”的刑事政策，保证了“镇反”、“三反”、“五反”等运动的胜利完成，有效地解决了敌我矛盾，巩固了新生的人民政权。1956年惩办和宽大相结合的刑事政策正式定型，首恶必办，胁从不问，坦白从宽，抗拒从严，立功折罪，立功者受奖。惩办与宽大，两者密切结合，不可偏废。

第二个阶段是1966—1976年。文化大革命期间，基本刑事政策被严重破坏。1967年颁布“公安六条”即《关于在无产阶级文化大革命中加强公安工作的若干规定》，代替了原有政策。

第三个阶段是1977—2005年。1979年《刑法》第1条将惩办与宽大相结合的刑事政策规定为刑法制定的根据，此后提出社会治安综合治理方针。社会治安综合治理坚持“打击和防范并举，治标和治本兼顾，重在治本的方针”，工作范围主要包括“打击、防范、教育、管理、建设、改造”。在这个阶段，采取“严打”政策。一次又一次的“严打”占据了该时期治理犯罪政策的主流地位。杀人的权力从最高法院逐步下放到县级法院。

第四个阶段是2005年至今。“宽严相济”是基本刑事政策。杀人的权力逐步从县级法院回收到最高法院。改变过去重打轻防的思想，坚持打防结合，坚持保障公民权利与保护社会秩序相结合，多次强调贯彻实施宽严相济的刑事政策，最大限度地增加和谐因素。

本章小结

1. 社会控制形式分为两类：一类是强制性的形式，如政权、法律、纪律、制度等；另一类的是非强制性的形式，如习俗、道德、宗教、社会舆论、信仰等。社会现代化的过程，表现在社会控制形式上，就是法律控制形式代替其他控制形式，法律控制成为最主要的社会控制形式的过程。

2. 法律是创建新型社会的有力工具。商鞅变法消灭了封建社会，初步建立了现代民族国家。拿破仑用刺刀在欧洲确立了现代法制。中国法制建设的大战略是：古为今用，洋为中用，着眼未来，按体系立法，尽快立法。

① 汪明亮：《刑事政策研究新视角》，法律出版社，2008年。

3. 随着社会发展变化，犯罪的种类和构成有所变化。社会经济快速发展期间，犯罪率可能大幅度增加，好比打篮球的人多了，犯规总数就会增加。

名词解释

越轨：不遵从一个群体或社会中的大部分成员所认同的规范或价值观的行动模式。

中文推荐阅读

相关文献

1. 风笑天等：《社会管理学概论》，华中科技大学出版社，1999 年。

2. 童星：《社会管理学概论》，南京大学出版社，1991 年。

3. 张普藩：《中国法制通史》（十卷本），法律出版社，1999 年。

4. 赵震江：《法律社会学》，北京大学出版社，1998 年。

5. 马新福：《法社会学原理》，吉林大学出版社，1999 年。

6.《中华传世法典》（《唐律疏议》、《宋刑统》、《天盛改旧新定律令》、《大元通制条格》、《大明律》、《大清律例》），法律出版社，1999 年。

7. 李俞青：《法律社会学教程》，华东理工大学出版社，2009 年。

8. 李俞青等：《法律社会学经典论著评述》，上海大学出版社，2006 年。

9. 胡平仁等：《法律社会学》，湖南人民出版社，2006 年。

10. 郑良树：《商鞅评传》，南京大学出版社，1998 年。

11. 程步：《真商鞅——成事之道》，昆仑出版社，2009 年。

12. 张晋藩：《中华法系的回顾与前瞻》，中国政法大学出版社，2007 年。

13. ［美］布迪、莫里斯：《中华帝国的法律》，江苏人民出版社，2004 年。

14. 郭成伟：《社会控制：以礼为主导的综合治理》，中国政法大学出版社，2008 年。

15. 沈大明：《〈大清律例〉与清代的社会控制》，上海人民出版社，2007 年。

16. 李龙：《法制建设的回顾与反思——新中国》，中国社会科学出版社，2004.

17. 拿破仑：《拿破仑法典》，商务印书馆，2007 年。

18. 庞德：《通过法律的社会控制》，商务印书馆，1984 年。

19. ［英］因尼斯：《解读社会控制》，中国人民公安大学出版社，2009 年。

20. 张金才：《新时期法制建设进程》，中共党史出版社，2009 年。

21. 本书编写组：《当代世界法制与中国法制建设》，中共中央党校出版社，2005 年。

22. 吴志攀、刘俊：《中国法制建设研究》，中国人民大学出版社，2009 年。

23. 曹康泰：《政府法制建设三十年的回顾与展望》，中国法制出版社，2008 年。

24. 刘国涛：《循环经济　绿色产业　法制建设》，中国方正出版社，2004 年。

25. 高晋康、谈李荣：《开放条件下的中国金融法制建设》，西南财经大学出版社，

2006 年。

26. 王卫国、王广华：《中国土地权利的法制建设》，中国政法大学出版社。

27. 欧阳仁根：《农村经济法制建设——理论与实践研究》，人民出版社，2007 年。

28. 皮艺军：《越轨社会学概论》，中国政法大学出版社，2004 年。

29. 汪明亮，《刑事政策研究新视角》，北京法律出版社，2008 年。

30. 高和荣：《越轨社会学》，吉林大学出版社，2007 年。

31. 吴鹏森：《犯罪社会学》，社会科学文献出版社，2008 年。

32. 宋浩波：《犯罪社会学》，公安大学出版社，2005 年。

33. 康树华：《全面建设小康社会进程中犯罪研究》，北京大学出版社，2005 年。

34. 章友德：《犯罪社会学理论与转型期的犯罪问题研究》，广西师范大学出版社，2008 年。

35. 胡联合：《转型与犯罪：中国转型期犯罪问题的实证研究》中共中央党校出版社，2006 年。

36. 冯中华：《公司经济犯罪研究》，中国方正出版社，2005 年。

37. 康树华：《当代有组织犯罪与防治对策》，中国方正出版社，1998 年。

38. 何秉松：《有组织犯罪研究：中国大陆黑社会犯罪研究》（第 1 卷），中国法制出版社，2002 年。

39. 何秉松：《中国有组织犯罪研究》（第 2 卷），群众出版社，2010 年。

40. 最高人民检察院职务犯罪厅：《中国预防职务犯罪理论与实践研究报告》，中国民主法制出版社，2005 年。

41. 麻安国：《中国的流动人口与犯罪》，中国方正出版社，2000 年。

42. 严浩仁：《中国农村低收入人群和贫困群体犯罪问题研究》，浙江工商大学出版社，2009 年。

43. 贾东军、国章成：《严打刑事政策：反犯罪的中国经验》，中国人民公安大学出版社，2008 年。

相关网站

1. 中央政法委　http：//www. chinapeace. org. cn/
2. 最高法院　http：//www. court. gov. cn/
3. 最高检察院　http：//www. spp. gov. cn/site2006/
4. 公安部　http：//www. mps. gov. cn/n16/index. html

英文推荐阅读

Marsh, Rober M. 2000. Weber's Misunderstanding of Traditional Chinese Law. *American Journal of Sociology*, 106: pp. 281 – 302.

William C. Jones. 1994. *The Great Qing Code*. Oxford University Press.

MacCormack, Geoffrey. 1996. The Spirit of Traditional Chinese Law. University of Georgia

Press.

Huang, Philip C. C. 1996. *Civil Justice in China.* Stanford University Press.

Bodde, Derk, and Clarence Morris. 1967. *Law in Imperial China, Exemplified by* 190 *Qing Dynasty Cases.* Harvard University Press.

Metzger, Thomas A. 1973. *The Internal Organization of the Qing Bureaucracy: Legal, Normative, and Communication Aspects.* Harvard University Press.

Ren, Xin. 1997. *Tradition of the Law and Law of the Tradition: Law, State, and Social Control in China.* Greenwood Press.

MacCormack, Geoffrey. 1990. *Traditional Chinese Penal Law.* Edinburgh University Press.

Bolton, Kingsley, et al. (eds.). 2000. *Trial Societies: Western Accounts foe the History, Sociology and Linguistics of Chinese Secret Societies.* (6 volume set) Routledge.

Hansen, Valerie. 1995. *Negotiating Daily Life in Traditional China: How Ordinary People Used Contracts, 600 – 1400.* Yale University Press.

Huang, Philip C. C. 2001. *Code, Custom, and Legal Practice in China: The Qing and the Republic Compared.* Stanford University Press.

Wakefield, David. 1998. *Fenjia: Household Division and Inheritance in Qing and Republican China.* University of Hawaii Press.

Bernhardt, Kathryn and Huang, Philip C. C. (eds.). 1994. *Civil Law in Qing and Republican China.* Stanford University Press.

Ng, Vivien W. 1990. *Madness in Late Imperial China: From Illness to Deviance.* University of Oklahoma Press.

Dikotter, Frank. 2002. *Crime, Punishment, and the Prison in Modern China, 1895 – 1949.* Columbia University Press.

Martin, Brian G. 1996. *The Shanghai Green Gang: Politics and Organized Crime, 1919 – 1937.* University of California Press.

Sommer, Matthew. 2000. *Sex, Law, and Society in Late Imperial China.* Stanford University Press.

Hershatter, Gail. 1997. *Dangerous Pleasures: Prostitution and Modernity in Twentieth-Century Shanghai.* University of California Press.

McMahon, Keith. 2002. *The Fall of the God of Money: Opium Smoking in Nineteenth Century China.* Rowman & Littlefield.

Meyer, Kathryn and Terry Parssinen. 2002. *Webs of Smoke: Smugglers, Warlords, and the History of the International Drug Trade.* Rowman & Littlefield.

Zhou, Yongming. 1999. *Anti – Drug Crusades in Twentieth – Century China: Nationalism, History, and State-Building.* Rowman & Littlefield.

Baumler, Alan (ed.). 2002. *Modern China and Opium: A Reader.* Michigan Univeristy Press.

Slack, Edward R. Jr. 2000. *Opium, State and Society: China's Narco-Economy and the Guomingdang, 1924 – 1937.* University of Hawaii Press.

Chen Jianfu. 2008. *Chinese Law: Context and Transformation.* Martinus Nijhoff Publishers.

Shaw, Victor N. 1996. *Social Control in China: A Study of Chinese Work Units.* Praeger.

Wang, Yan. 2001. *Chinese Legal Reform.* Routledge.

Peerenboom, Randall. 2002. *China's Long March toward Rule of Law.* Cambridge University Press.

Keith, Ronald and Zhiqiu Lin. 2001. *Law and Justice in China's New Marketplace.* Palgrave.

Liu, Jianhong, et al. (eds.). 2001. *Crime and Social Control in a Changing China.* Greenwood Press.

Tanner, Harold M. 1999. *Strike Hard! Anti-Crime Campaigns and Chinese Criminal Justice, 1979 – 1985.* Cornell University East Asian Program.

Tian, Xiaowen. 2007. *Law and Investment in China.* Accel Development.

Bakken, Borge. 2007. *Crime, Punishment, and Policing China.* Rowman & Littlefield.

Shaw, Victor. 2007. *Crime and Social Control in Asia and Pacific: A Cross-Border Study.* Rowman & Lilttlefield.

思考题

1. 为什么说社会控制现代化的过程就是法制成为主要社会控制形式的过程？
2. 为什么马克思说社会犯罪和社会统治基于同样的社会基础？
3. 基于发展社会学的普遍规律，我国犯罪率和犯罪种类的前景如何？
4. 为什么没有法治就没有现代市场经济？
5. 中国法制建设的大战略是什么？

代后记　创建世界一流社会学

30年前，中国是美苏中“大三角”的一极。中国意识形态、中国社会思想理论在世界上也是“大三角”的一极。中国社会学30年来取得了巨大的成就，有了好几个社会学刊物，有了上百个社会学院、系、所、专业，有几十个硕士点、十几个博士点，研究员、教授、博士数以千计。但是，在当今世界社会学界，没有中国社会学流派，没有中国社会学思想，没有中国社会学大师。中国国内生产总值已经超过日本，不久的将来可能超过美国，当今中国社会学在国际上的地位，与今日中国的国力，极不相称。这里就如何建立与中国国力相称的世界一流社会学，提一点很不成熟的看法，供参考。

古代中国领先世界近两千年，很重要的一个原因就是中国有一个先进的社会思想体系。建立中国自己的社会学，不能不继承这个传统。由于鸦片战争之后百年国耻，人们误以为中国社会思想传统不好，这是误解。和美日欧500年前、1000年前、2000年前的社会思想传统相比，中国社会思想传统要好得多、高明得多。毛泽东社会思想，更是中国社会思想立于世界民族之林的最宝贵的精神财富。建立世界一流的中国社会学，要继承和发展中国社会思想传统，要继承和发展毛泽东社会思想，古为今用，洋为中用，自主创新。

一般认为，新中国成立前中国社会学有学院社会学、乡村建设社会学、革命社会学这三大流派。对学院派，当然要肯定，当然要学习。孙本文的《社会学概论》，就是写得好，今天我们也没有超过，真是汗颜。当时中国社会学在世界上的地位，比今天要高得多。“可以断言，在第二次世界大战前，除了北美和西欧，至少就其思想质量而言，中国是世界上最繁荣的社会学所在地。”① 抗日战争时期，日军从东北一直打到离重庆90公里的地方，可是日本东京大学、帝国大学的社会学系，还一直参考使用中国教育部颁发的社会学教材。对乡村建设派也一样，当然要肯定，当然要学习。乡村建设派是大知识分子，为国为民，到农村去，脚踏实地，艰苦奋斗，追寻改造中国农村的办法。

但是，毋庸讳言，学院派和乡村建设派对中国革命的成功，对结束百年国耻，对中国人重新站立起来，没有起到任何实质作用。对这一点，1979年之后，费孝通先生始终是承认的，始终没有翻过案。再版解放前学术旧作的时候，凡是有关中国应该向何处去的大政方针方面的旧作，费孝通先生建议不予再版，这是非常明智的。无论是学院派还是乡村建设派，对旧中国向何处去，都没有提出任何有用的好主意。对照费孝通的《江村经济》和毛泽东的《寻乌调查》就一目了然。费孝通的《江村经济》，对思考旧中国向何处去，一点用处都没有。学院派和乡村建设派为什么在这个最重要的历史使命上彻底失败了，这个经验教训，应认真总结。

---

① 复旦大学分校社会学系：《社会学文选》，浙江人民出版社，1982年，第207页。

革命社会学是从大量艰苦细致的社会调查中来的。长征之前毛泽东就广泛做社会调查，到陕北后更是大量做。从毛泽东的《寻乌调查》这个代表作就可以看出，革命派的社会调查深入、细致、广泛、深刻。革命派不是为调查而调查，更不是为发文章评职称而调查，而是从一开始就为建立宏观社会理论而调查。从当今中国社会各阶级的分析，到实践论、矛盾论，到中国革命的战略问题，到新民主主义论，革命社会学自始至终都在建构宏观社会理论和中观社会理论，高屋建瓴，大气磅礴。

最伟大之处在于，以毛泽东为代表的革命派，革命理论一经在手，立即实践，在反复实践中不断完善理论，抛头颅，洒热血，前赴后继，牺牲了无数革命烈士，尸积成山，血流成河，幸存者们终于取得了中国革命的胜利，结束了百年国耻，使中国人重新站立起来，最终使新中国今天得以超日赶美。从社会调查，到社会理论，再到社会实践，为中国重回世界第一并长期保持世界第一奠定了坚实的社会思想基础。这是中国建立世界一流社会学最宝贵的精神财富。中国社会学后人，一定要不负先人，建立与中国国力相称的世界一流社会学。

目前中国社会学的理论、方法论、主要分支社会学都严重依附西方社会学，特别是美国社会学。人类社会、亚洲社会，中国社会的过去、现在、将来是个什么样子，有什么规律，不管对不对，美欧日都有自己的看法。中国学者现在没看法，或者脑子里面有，不说出来，人家以为没有，所以人家以为中国社会学没有理论；既然没有理论，那自然也就没有研究理论的方法论；既然没有理论和方法论，那就得用西方，特别是美国的理论和方法论来研究中国、研究亚洲、研究世界，那无论怎么研究，中国社会学都成了美国社会学的中国分支。实际上，从周公、孔子、司马迁到毛泽东，中国人都有理论、有方法、有观点，现在也不难有新理论、新方法、新观点。社会学有近20个主要分支：社会学理论、国际社会学、社会研究方法、分层社会学、组织社会学、城市社会学和农村社会学等。在每个分支社会学领域，世界上都有几个活着的名人，每个人都有名著，30年了，对这几个人是谁、有哪几本书，国内社会学业内人士都是很清楚的，其中有不少也翻译出版了中文版。这些书都是好书，但没有一本是中国人可望而不可即的，相反，都是中国人努力奋斗可以做出来的。

世上无难事，只要肯登攀。只要中国社会学能够集中协调现有的人力、物力、财力，组建中国社会学军团，发愤图强，自主创新，立足中国社会发展和人类社会发展的实际，创立中国社会学自己的理论、方法和观点，只要有10年左右时间，在所有20个分支社会学都能赶上社会学世界先进水平。《民族社会学》[①] 就是一个很好的例子，在体例上，与国际社会学接轨，在容量上，也不输于国际同行。只要集中人力、物力和财力，下决心十年磨一剑，《民族社会学》能做到的，中国20个分支社会学都可以做到。事在人为，与经济发展、军事发展相比，社会科学发展虽然也要钱，但更需要人的主观能动性，更需要能够调动人的主观能动性的战略、制度、路线、方针、政策，正因为如此，中国建立世界一流社会学的步伐完全可以更高、更快、更强。

中国要建立世界一流社会学，除了古为今用，洋为中用，更要从当今中国、当今世

① 马戎：《民族社会学——社会学的族群关系研究》，北京大学出版社，2004年。

界的社会学理论竞争中，百花齐放，百家争鸣，自主创新。至少有两条途径。第一，要尽快与国际同行接轨、争鸣、竞赛、竞争。在竞赛、争鸣、竞争中，产生中国思想、中国学派、中国大师。在任何事情上，美日欧出于各自的国家利益，都有自己的说法。中国出于自己的国家利益，也自然有自己的说法。中国要敢于为全世界大多数人民说话，要敢于说实话，要敢于为世界上被压迫、被剥削、被侮辱的人说话，要仗义执言，要言人所不敢言。如果这样做，自然而然，中国的社会思想、社会学理论，就在世界上站立起来了。第二，更重要的，要在国内的思想理论竞争中，百花齐放，百家争鸣，自主创新。产生思想、学派、大师。特别是要关注新自由主义和新“左派”的激烈争论。当今中国这两大社会思潮，在经济、金融、政治、军事、外交、历史、科学、教育、卫生、文化、体育等所有重大方面，都有针锋相对的严重分歧，都有激烈的思想交锋。观察分析这两个社会思潮的激烈论争，从中国的根本利益和长远利益出发，用中国的实践检验双方，用大国兴衰的经验教训检验双方，在对立统一中自主创新，或许是建立和发展中国社会思想、中国社会学流派、中国社会学大师队伍的捷径。

最后，衷心感谢暨南大学出版社的各级领导。特别要感谢吕肖剑先生，吕先生侠肝义胆，凌厉果断，本书是在吕先生督促下完成的。